普通高等教育"十三五"规划教材

化学文献检索与运用

曾桂生　汤爱萍　钟劲茅　编著

北　京
冶　金　工　业　出　版　社
2023

内容简介

掌握和运用化学文献检索工具和方法，对提高收集、整理和处理信息的能力以及开阔视野和形成合理的知识结构，均具有重要的作用。本书正是为了适应文献检索应用于当代科技快速发展的需要编写而成的。本书反映了化学文献检索最新动态，具有选材新颖准确、系统性强、内容丰富的特点。全书共分11章，包括绪论、图书分类及检索、常用化学手册、科技期刊、美国化学文摘、专利文献、其他特种文献、主要科技索引、科技论文写作及投稿、计算机检索与因特网的使用、文献管理。

本书可作为高等院校化学、材料、环境等专业本科生教学用书，亦可供相关专业科研人员、技术人员阅读参考。

图书在版编目(CIP)数据

化学文献检索与运用／曾桂生，汤爱萍，钟劲茅编著．—北京：冶金工业出版社，2016.7（2023.1重印）

普通高等教育“十三五”规划教材

ISBN 978-7-5024-7275-7

Ⅰ.①化…　Ⅱ.①曾…　②汤…　③钟…　Ⅲ.①化学—情报检索—高等学校—教材　Ⅳ.①G252.7

中国版本图书馆CIP数据核字(2016)第158233号

化学文献检索与运用

出版发行　冶金工业出版社　**电　　话**　(010)64027926

地　　址　北京市东城区嵩祝院北巷39号　**邮　　编**　100009

网　　址　www.mip1953.com　**电子信箱**　service@mip1953.com

责任编辑　杨盈园　美术编辑　彭子赫　版式设计　彭子赫

责任校对　李　娜　责任印制　禹　蕊

北京建宏印刷有限公司印刷

2016年7月第1版，2023年1月第6次印刷

787mm×1092mm　1/16；13.5印张；327千字；205页

定价28.00元

投稿电话　(010)64027932　投稿信箱　tougao@cnmip.com.cn

营销中心电话　(010)64044283

冶金工业出版社天猫旗舰店　yjgycbs.tmall.com

前　言

教学实践表明，目前适合于化学相关专业研究生、本科生所使用的“化学文献检索”课程教材，还没有达到理想、实用的程度。在教材的编写上存在着理论与实践联系不紧密、内容滞后等问题，缺少知识产权教育等方面的内容。尽管化学文献检索课的基本概念、基本原理具有比较高的稳定性，但随着当代科技更新速度的加快，原来作为课程基本内容的教材慢慢失去其原来的地位，而被新的、更重要的、迁移范围更广的原理所代替。因此，需要精选教学内容，不断取舍，使之符合科学发展的水平。目前的教材把重点放在基础理论知识、中外文手工检索工具的使用讲解上，而对光盘数据库检索、网络信息资源检索、特种文献检索以及知识产权、论文的撰写和发表等内容则一笔带过，学生在丰富多彩的网络资源面前仍显得无所适从，更谈不上科研和创新能力的提高。有鉴于此，根据教学大纲，笔者在教学过程中，针对所使用教材的不足，编入了中图分类法、化学化工特种文献检索、网上化学资源、知识产权教育、科技论文的写作和发表等内容。

本书分十一章，其内容包括绪论、图书分类及检索、常用化学手册、科技期刊、美国化学文摘、特种文献（包括专利文献等）、主要科技索引、科技论文写作及投稿、计算机检索与因特网的使用、文献管理等。目的是使学生掌握化学及相关学科文献检索的基本知识和基本能力，为以后的学习和工作打下坚实的基础。

本书注重实用性，对常用化学类文献检索工具的使用和检索方法进行了较详细的介绍，并列举了一些实例。可作为高等院校化学及相关学科专业（包括化工、材料、环境、生物、冶金等）研究生、本科生的教材，也可作为相关科技人员的参考工具书。

本书编写工作得到了罗旭彪、张爱琴、邹建平等老师的指导和帮助，研究生隋幸桢、上官平也做了大量工作，在此表示感谢。对本书所引用参考资料的作者也一并表示感谢。

感谢国家自然科学基金（51266011、51568050）的资助，感谢本书作者所在单位南昌航空大学和冶金工业出版社对本书出版的支持。

本书如有不妥之处，望读者批评指正。

作　者
2016 年 3 月

目　录

1 绪论

文献是人们从事生产实践和科学实验的记录。文献在现代的解释为“记录有用信息和知识的一切有形载体”。换言之，文献是将知识、信息用文字、符号、图像、音频等记录在一定的物质载体的结合体。化学文献就是其中重要的组成部分，其数量和递增速度在各门学科中始终处于领先地位，它是人类共同精神财富的一部分。

1.1 文献检索基础知识

1.1.1 信息、知识、情报和文献

当今时代是一个信息时代，信息对于经济和社会的发展、科技文化的进步都起着至关重要的作用。在这个信息时代中，谁掌握了最新信息，谁就掌握了主动权。信息是一种普遍联系的形式。知识、情报和文献都属于信息的范畴。

1.1.1.1 信息

从字面上理解，信即信号，息即消息，通过信号带来消息就是信息。信息具有差异和传递两要素。没有差异就不是信息，如两端加相同电压的导线没有电流通过，即不产生信息；同样，即使有差异但不经过传递，也不形成信息。信息是物质存在的反映，不同的物质各自发出不同的信息，根据发生源的不同，信息一般可分为自然信息、生物信息、机器信息和人类信息四大类。本书中所讲到的“信息”一词属于“人类信息”的范畴，信息本身是看不见、摸不着的，它必须依附于一定的物质形式，即载体，比如文字、文献、声波、电磁波等。

1.1.1.2 知识

提到知识，大家首先想到的可能是“知识就是力量”，因为知识是人们在社会实践中积累起来的经验，是对客观世界物质形态和运动规律的认识。人们在社会实践中不断接受客观事物发出的信号，经过人脑的思维加工，逐步认识客观事物的本质，这是一个由表及里、由浅入深、由感性到理性的认识过程。所以，知识的产生来源于信息，通过信息传递，并对信息进行加工的结果。因此，知识是信息的一部分。

1.1.1.3 情报

情报是被传递的知识，它是针对一定对象的需要传递的，并且是在生产实践和科学研究中起继承、借鉴或参考作用的知识。情报是知识的一部分，即被传递的部分。知识要转化为情报，必须经过传递并为使用者所接受，发挥其使用价值。

1.1.1.4 文献

文献是记录有用知识的一种载体。凡是用文字、图形、符号、声频、视频记录下来，具有存储和传递知识功能的一切载体都称为文献。

信息、知识、情报和文献之间的关系可以用图形（见图1－1）来表示，从图形中可以更直观地了解四者之间的关系。

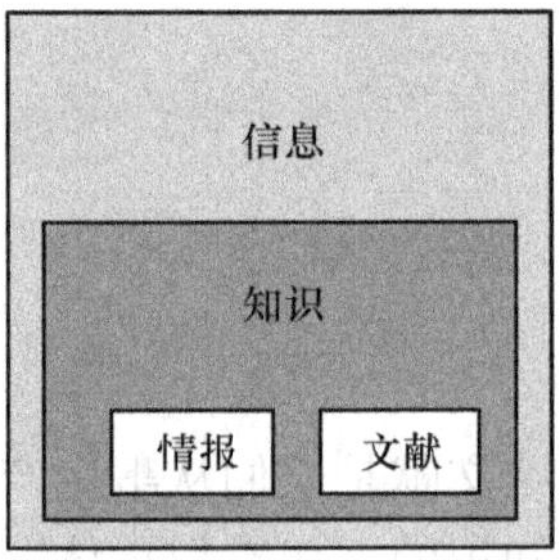

图1－1 信息、知识、情报和文献之间的关系

近年来，随着信息技术的飞速发展，电子出版物大量涌现，使文献、情报、信息这三者之间趋向同一，逐渐淡化了三者在概念上的差别。尤其在与国际交往中情报与信息是同一概念（Information），所以目前在国内科技界已倾向于用“信息”一词替代“情报”。

1.1.2 文献检索

文献是通过各种形式的载体记录下来的一切有价值的人类知识，是通过文字、图形、符号、声频、视频等手段记录和传播人类最宝贵的物质和精神财富的载体。如何从庞大的文献中查找自己所需的资料就是“文献检索”课程所要学习的内容。

文献信息是从文献实体结构中抽象出来的内容，它借助于文献这种载体显示出知识的信息，通过文献进行存储和传播，无论是自然信息还是社会信息，只要是借助于文献来传递的内容，都属于文献信息。

文献检索又叫信息检索，是指将信息按一定的方式组织和存储起来，并根据信息用户的信息需求查找所需信息的过程和技术，所以文献检索的全称又叫“信息存储与检索”。狭义的文献检索，仅指从信息库中找出所需信息的过程，也就是利用信息系统、检索工具或数据库查找所需信息的过程。信息检索可粗略地分成手检时代和机检时代，20世纪90年代后开始进入机检时代。文献检索是以文献全文为检索对象的一种检索，凡是查找某一主题、学科、时代、地区、著者、文种的有关文献均属于这一范畴。例如，查找有关中国某化工生产的行业标准或文章等。

1.2 文献检索的作用和意义

信息检索方法是打开知识宝库的金钥匙。特别是在科学技术进步的今天，信息资料猛增。近代和现代科学史的大量事实证明，没有科学上的继承和借鉴，就没有提高；没有科学上的交流与综合，就没有发展。科学上的继承和借鉴、交流和综合，在当代物质条件下，主要是通过文献检索来实现的。就科技工作者自身或者社会总体而言，信息检索的重要作用和意义就在于：

（1）调查研究，立足创新。任何人从事某一特定领域的学术活动，或者开始做一项新的科研工作前都要花费大量时间，对有关文献进行全面的调查研究，了解国内和国外是否有人做过或者正在做同样的工作，取得了一些什么研究成果，或者存在什么样的问题，以便我们借鉴、改进和部署自己的工作。只有这样才能做到心中有数，才能有所发现、有所创新、有所前进。

（2）拓宽知识面，改善知识结构。新的科学技术使人类社会生产的产业结构处在急剧的新旧蜕变中。生产不断发展，知识需要更新。边缘科学大量涌现，知识需要拓宽。化学文献检索方法的传授和学习，有助于大学生和化学工作者掌握理工科知识和自学系统的建立。

(3) 启迪创造性思维。文献资料既是对过去经验的总结，又是对未来的向导，古今中外一切有成就、有贡献的科学家，都是在广泛吸收借鉴前人和同代人的知识，得到启迪而取得成功的。牛顿曾经说过，他的成功是站在巨人的肩膀上的。大学生和科技人员如果能在大学期间或者在工作中学会独立获取知识的能力，了解检索的基础知识，将在以后的事业生涯中产生难以估量的效益和深远的影响。

(4) 提高自学和独立工作能力。现在高等教育不仅仅是知识的传授，还包括自学能力、思维能力、研究能力、表达能力和组织管理能力的锻炼。对受教育者来说，学会文献检索与利用，掌握独立获取新知识的途径和方法，可以增强捕获信息的情报意识，提高吸收信息和选择知识的能力，有助于从根本上提高自学能力和独立研究问题的能力。授人以鱼，一饭之需；授人以渔，受用终身。联合国一位官员曾经预言："未来的文盲，不再是不识字的人，而是没有学会学习方法的人"。在面向世界、面向未来的新形势下，强化文献检索与利用的教育对于提高大学生的素质有着至关重要的作用。

(5) 避免重复劳动或者走弯路，节省科研经费和工程投资，使各项工作建立在新成就、新成果的基础上。例如：我国葛洲坝工程二江电站提出的方案，由于信息人员及时搜集、查阅、分析了大量国内外信息资料，提出采用高压架空线路方案的建议，被采纳后，仅投资一项就节约了400万元。又如在美国阿波罗宇宙飞船登月计划中，有一项钛合金空舱压力试验。他们用了20个钛合金空舱充甲醇做试验，结果因出现穿孔而报废，经济损失高达150万美元。事后才知道只要事先查一查美国的《化学文摘》就可以完全避免这一损失。因为早在10年前的文献中，就已经出现可解决这个问题的办法，只要在甲醇中加2%的水就可以。

(6) 节省时间，加快科研步伐。根据20世纪60年代日本和美国的统计资料，科学工作者在他们从事科研活动中，用于翻阅检索信息资料的时间，约占50.9%。如果熟悉信息检索的方法，就能大大节省查找资料的时间，从而加快科研速度，早出科研成果。

(7) 为人们更新知识、实现终生学习提供途径。在当代社会，人们需要终生学习，不断更新知识，才能适应社会发展的需求。掌握信息检索的方法与技能，是合理掌握知识和更新知识的重要手段，是做到无师自通、不断进取的主要途径。

1.3 文献的类型及特点

1.3.1 科技文献的类型

1.3.1.1 按文献的载体形式划分

A 印刷型文献

以纸张为载体，记录手段为手写、打字、印刷和复印等。此类型文献有期刊、图书等。印刷型文献便于直接阅读，使用方便，但是较笨重，存储密度低，不便于加工、整理和收藏。

B 缩微型文献

以感光材料为载体，记录手段为缩微照相。缩微型文献存储密度较大，体积小，便于收藏保存及远距离传递，但是不能直接阅读，需借助缩微阅读机才能阅读。此类型文献有缩微胶卷、缩微胶片等。

C 声像型文献（视听资料）

以磁性和感光材料为载体，记录手段为借助于特殊的机械装置（如复录机、摄像机、录像机等）直接记录声音、图像等。声像型文献直观、生动，但是制作成本较高，需要借助于一定的设备才能阅读。此类型文献有唱片、录音带、录像带、幻灯片、电影片、多媒体资料等。

D 电子型文献（以前称为机读型）

以磁性材料为载体，记录手段为利用计算机进行存储。电子型文献存储密度高，存取速度快，识别和提取易于实现自动化，但是需要借助于计算机等先进技术设备才能阅读。此类型文献有全文数据库（电子期刊和电子图书）、书目数据库及数据事实数据库等。

1.3.1.2 按出版的形式划分

A 图书

图书是指对某一领域的知识进行系统阐述或对已有研究成果、技术、经验等进行归纳、概括的出版物。按学科划分为社会科学和自然科学图书；按用途划分为普通图书和工具书；按文种划分为中文图书和外文图书。图书内容比较系统、全面、成熟、可靠，但是出版周期较长，传递信息速度慢。

B 连续出版物

连续出版物是期刊、报纸、年刊、丛刊等定期或不定期连续出版的一类文献的统称。

（1）期刊（也称为杂志）一般是指定期或不定期连续出版的刊物。按内容性质可划分为社会科学期刊、科技期刊；按文种划分为中文期刊和外文期刊；按出版周期划分为不定期期刊、期刊、半月刊、月刊、双月刊、季刊、半年刊、年刊等。期刊出版周期短、反映情报快，材料原始，内容新颖，信息含量大，学科面广、内容丰富。

（2）报纸是一种以刊载新闻和评论为主的定期出版物。它与期刊有相同的特点，但是比期刊时间性更强，出版周期更短，报道信息更快，报纸的学术内容虽较少，但与人们的日常生活关系很密切，所以拥有大量的读者。按内容划分为综合性报纸、专门性报纸、知识性报纸和参考性报纸；按出版周期划分为日报、周报、旬报等。

C 特种文献

特种文献通常指那些出版发行方式或获取途径比较特殊的文献，包括科技报告、会议文献、专利文献、学位论文、标准文献等。

（1）科技报告是科研机构在科研过程中对研究课题的进展所作的记录报告。

（2）在学术会议上宣读或交流的论文称为会议文献。

（3）专利文献是指有关专利申请说明书、批准公报及分类、文摘索引等记录载体材料的总称，主要是指专利说明书，其内容新颖、出版迅速，涉及技术领域广泛、实用性强，具有法律效力，技术上具有单一性和保守性，重复量大。

（4）学位论文是指高等院校或研究机构的学生为获取某种学位而撰写的学术论文，分为学士论文、硕士论文和博士论文。

（5）标准文献指与标准化工作有关的一切文献，具有权威性、规范性、法律性、协调性、时效性等的特点。

(6) 政府出版物是指各国政府部门及其所属机构所颁发、出版的文献。

(7) 其他类型资料：包括产品样本、技术档案和视听资料等。

1.3.1.3 按文献的加工深度划分

A 零次文献

零次文献指未经正式发表或尚未形成正规载体的一种文献形式，如原始实验数据、手稿、书信、笔记、记录等。零次文献本身非出版物，是一种特殊形式的情报信息源，不能通过检索工具检索的较新的信息。零次文献是非常重要的文献，一般都是保密级的。具有客观性、零散性、不成熟性的特点。

作为新一代的科技工作者，要全身心地投入科研工作中，要发扬合作精神，同时对自己的成果要严加保密。例如，金属离子作用下废旧锂离子电池生物浸出及机理中铜离子催化条件下渣中各种元素的含量（并非真实数据），见表 1 -1。

表 1-1 铜离子催化条件下渣中各元素的含量 （质量分数/%）

加入的铜离子/$g \cdot L^{-1}$	w(Co)	w(O)	w(S)	w(Fe)	w(Cu)
0.00	8.19	38.58	10.63	31.39	0
0.01	7.61	38.78	10.27	33.70	0
0.10	4.49	38.47	11.01	41.21	0
0.75	0.09	38.51	11.52	46.67	0
1.0	2.01	38.58	12.04	44.06	0
10	3.41	36.94	12.14	41.80	0

在发表论文时，由于铜离子浓度是关键的条件，要加以保护。发表论文时数据如表 1 -2 所示。

表 1-2 铜离子催化条件下渣中各元素的含量 （质量分数/%）

加入的铜离子/$g \cdot L^{-1}$	w(Co)	w(O)	w(S)	w(Fe)	w(Cu)
某一浓度	8.19	38.58	10.63	31.39	0
某一浓度 +0.01	7.61	38.78	10.27	33.70	0
某一浓度 +0.10	4.49	38.47	11.01	41.21	0
某一浓度 +0.75	0.09	38.51	11.52	46.67	0
某一浓度 +1.0	2.01	38.58	12.04	44.06	0
某一浓度 +10	3.41	36.94	12.14	41.80	0

B 一次文献

一次文献（也称原始文献）指作者以本人在生产、科研或理论探讨中所获得的第一手资料为基本素材撰写的文献。如大多数学术专著、期刊论文、科技报告、专利文献、会议文献、学位论文、技术档案等都是一次文献。具有创造性、新颖性、系统性、数量庞大且分散的特点。不但零次文献要加以保密，在发表一次文献时也要对自己的成果加以保护。

C 二次文献

二次文献（也称检索工具）指将分散的无组织的一次文献进行搜集、提炼、浓缩、加工、整理，并按一定的科学方法，组织编排、编辑出版的文献。如书本式目录、题录、文摘及机读型书目数据库等。具有浓缩性、汇集性和系统性的特点。

D 三次文献

三次文献指利用二次文献查得一次文献，并根据特定的需求和目的，对其内容进行深入分析、研究、对比、综合、评述、概括而撰写的文献。如综述、述评、年度进展报告、百科全书、手册、年鉴等。具有综合性、针对性强，参考价值高等的特点。

1.3.2 文献检索的特点

当代科技文献具有以下特点：

(1) 文献数量剧增。

(2) 文献类型繁多。

(3) 文献交叉重复严重。

(4) 文献的新陈代谢加快，更新周期缩短。

(5) 文献语种增多。

(6) 文献载体数字化。

(7) 文献信息密度大。

(8) 文献出版日趋分散。

(9) 文献内容真伪难辨。

(10) 文献质量不稳。

1.4 文献检索的方法、语言、工具途径及步骤

1.4.1 检索方法

检索从技术方法上可分为手工检索（手检）和计算机检索（机检）两种：

(1) 手工检索。以手工方式，利用图书馆卡片目录和书本式文摘、索引等检索工具进行的检索活动。

(2) 计算机检索。信息资源的计算机检索实质是利用计算机与远程通信技术来实现信息的采集、处理、存储、检索和传递。借助于计算机设备进行人机对话的方式进行检索，可分为计算机光盘检索和计算机网络在线检索。包括图书馆的公共书目（online public access catalogue，OPAC）、各种联机数据库、Internet 上的信息资源等。需经历脱机检索、联机检索、国际联机检索、单机光盘检索、光盘网络检索、Web 信息资源检索等阶段。

1.4.1.1 脱机检索（20 世纪 50 年代末 ~60 年代中）

该阶段是计算机检索的原始时期，只能进行简单的检索。为满足专业检索人员定期批量处理用户的情报要求，用户不能立刻获得检索结果。

1.4.1.2 联机检索（60 年代末～70 年代初）

60 年代初，美国洛克希德导弹与宇航公司的情报实验室建立了“人—机”对话的联机情报检索系统（DIALOG 的前身），此后在 60 年代末～70 年代初联机检索系统得以快速发展。国际著名的 DIALOG 系统、ORBIT 系统、MEDLINE 系统都是从这个时期发展起来的。用户可随时浏览检索结果，但由于这个阶段的计算机网络主要是通过电话线连接，因而联机检索受到地区的限制。

1.4.1.3 国际联机检索（70 年代中期至今）

卫星通讯技术的出现，使得联机检索系统打破了地域限制。而数据库生产的迅速发展及微机大量的涌现，更使得国际联机检索蓬勃发展，联机检索系统进入发展的黄金时期，实现了人类情报资源的共享。

1.4.1.4 单机光盘检索（80 年代至今）

CD－ROM 技术促使计算机检索成本迅速下降（一张光盘可存储 600（MB）兆字节机读数据，成本价格便宜，而一张 DVD 光盘的容量最少可达 4.7G）。

1.4.1.5 光盘网络检索（90 年代至今）

光盘网络是一种计算机网络，如图书馆局域网，可实现光盘多用户资源共享。

1.4.1.6 Web 信息资源检索（90 年代末至今）

进入 90 年代后，随着网络技术的发展，尤其是互联网的迅猛发展，使计算机检索进入一个崭新的时期。检索方法更简单，检索结果更全面。

常用的检索方法如下：

（1）直接法（工具法、常用法）。即利用检索工具查找文献的一种方法。它又分为顺查法、倒查法、抽查法。

1）顺查法。以课题研究的起始年代为起点，由远及近，利用检索工具逐年进行查找，一直查到近期为止。此方法查全率与查准率都比较高，但是费时费力，一般用于大型课题的查检。

例如：查检“聚氯乙烯”课题，首先要弄清楚起始时间，即“聚氯乙烯”产生的时间是哪一年，然后，从这一年开始查起，一直查到当前“聚氯乙烯”方面的相关文献为止。这样，“聚氯乙烯”课题才算检索完毕。

2）倒查法。由近及远，逆着时间的顺序利用检索工具进行文献信息检索的方法。其重点是放在近期文献上，只需查到基本满意即可。此方法可以最快地获取新资料，又可以反映最新的水平和动向，比较省力，一般在查找新课题或有新内容的老课题时可以用这个方法。节约时间，但是漏检率高。

3）抽查法。抓住学科发展的兴旺时期进行查找。兴旺时期，文献数量远远高于其他时期，而且新的观点、新的理论也会在这个时期产生。因此检索时间比较少，获得文献较多，检索效率高。但是，必须建立在熟悉学科发展特点的基础上，也就是说，只有对该学科或课题的发展熟悉的情况下才适合使用。

（2）追溯法。利用在文献后面所附的参考文献为线索，由近及远，逐一追踪的查找方法。该方法不需要利用检索工具，查找方法简单，但是效率不高，漏检率高。

（3）综合法（又称循环法）。将以上两种检索方法结合起来交替使用的方法。该方法检索效率比前两种方法单一使用要高，效果也比较好，是一种“立体型”的检索法。

1.4.2 检索语言

1.4.2.1 概述

检索语言即情报检索语言，是根据信息检索的需要所创造出来的一种人工语言，是在文献检索领域中用来描述文献特征和表达信息检索提问的一种专用语言。检索语言是一种受控语言，它依据一定的规则对自然语言进行规范，将其编制成表，供信息标引以及检索时使用。

1.4.2.2 检索语言的结构

（1）描述文献外表特征的语言。题名（书名、篇名）、著者、文献序号（如ISBN号、专利号、报告号等）、文献类型、出版事项。

（2）描述文献内容特征的语言。分类语言、主题语言。

1.4.2.3 检索语言的种类

（1）按照标识的性质与原理划分。可分为分类法语言、主题法语言和代码语言三大类：

1）分类法语言，是指以数字、字母或字母与数字结合作为基本字符，采用字符直接连接并以圆点（或其他符号）作为分隔符的书写法，以基本类目作为基本词汇，以类目的从属关系来表达复杂概念的一类检索语言。著名的分类法有《国际十进分类法》、《美国国会图书馆图书分类法》、《国际专利分类表》、《中国图书馆图书分类法》等。

2）主题法语言，是指以自然语言的字符为字符，以名词术语为基本词汇，用一组名词术语作为检索标识的一类检索语言。以主题语言来描述和表达信息内容的信息处理方法称为主题法。主题语言又可分为标题词、元词、叙词、关键词。

3）代码语言，是指对事物的某方面特征，用某种代码系统来表示和排列事物概念，从而提供检索的检索语言。例如，根据化合物的分子式这种代码语言，可以构成分子式索引系统，允许用户从分子式出发，检索相应的化合物及其相关的文献信息。

（2）按照表达文献的特征划分。可分为表达文献外部特征的检索语言、表达文献内容特征的检索语言。

1）表达文献外部特征的检索语言，主要是指文献的篇名（题目）、作者姓名、出版者、报告号、专利号等。将不同的文献按照篇名、作者名称的字序进行排列，或者按照报告号、专利号的数序进行排列，所形成的以篇名、作者及号码的检索途径来满足用户需求的检索语言。

2）表达文献内容特征的检索语言，主要是指所论述的主题、观点、见解和结论等。

1.4.3 检索途径

不同的检索工具有不同的检索方法和途径，因此需要熟悉每种检索工具的特点进行选择。检索途径大致分以下几种：

（1）书名途径。利用书、刊、杂志名称进行查找文献，是查找文献最方便的途径。

（2）著者途径。按文献著者或团体的名称译者和编者的姓名编制的索引进行查找的一种方法。个人著者姓在前，名在后，姓用全称，名用缩写，姓名之间用逗号或空格隔开，分别按姓名的字母顺序排列。团体著者按原名字顺排列，加国别以资区别。

（3）序号途径。利用文献的各种代码、数字编制的索引查找文献名称序号途径，如专利号、化学物质登记号、科技报告的报告号、技术标准的标准号等，按代码字顺或数字的次序由小到大排列。

（4）分类途径。根据文献主题内容所属的学科属性分类编排，将类目按照学科知识体系的内在逻辑关系来排列，以学科属性为分类标准，属族性检索。能反映学科概念上的隶属、等级、派生和平行关系，由上级到下级，分类法简明易记，层次分明，同类书、刊集中，检索容易。但是涉及相互交叉的学科或分化较快的学科时，此法专指性不强。

（5）主题途径。按主题词的字顺排列，便于查找与主题词相关内容的文献。其特点是适应性、直观性及通用性强，表达概念准确灵活。虽不如分类法那样系统、稳定，但能适应学科相互交叉、相互渗透的课题进行检索。

（6）关键词途径。即直接从文献中抽出来的具有实质性意义的词，其主要特征是未经规范化处理，也不受主题词表控制的词，又称自由词，用于计算机作为自然语言检索。作为自然语言检索，关键词按字顺排列，实际属主题法系统，不需查主题词表，因而编制关键词索引速度快。因未做规范化处理，不能进行选择和控制，故索引质量粗糙。它又分为“题内关键词”和“题外关键词”两种。前者仅在题目内找实质性的词作关键词，后者从文摘或正文中找出关键词。

（7）分类主题途径。即分类途径及主题途径相结合，如美国生物学文摘的目次表即属这一类。

（8）其他检索途径。如化学物质的分子式途径、生物分类、属类等。

1.4.4 检索工具

检索工具是用来报道文献、存储文献和提供查找文献线索的工具（为印刷型）。它详细描述文献的内容特征、外表特征；每条文献记录必须有检索标识；全部文献条目按一定顺序形成一个有机整体；能够提供多种检索途径。

1.4.4.1 检索工具的结构

大致由4个部分组成：

（1）编辑使用说明。为使用者提供必要的指导，包括编制目的、使用范围、收录年限、各种著录格式、查找方法及注意事项，常以编辑说明加以介绍。

（2）正文部分。检索工具记录的不是文献的全文，仅著录文献的外部特征和内容特征，包括文献篇名、著者和文源正文部分。它是检索工具的主题，如为文摘式，除上述项目外还有文摘供读者进行文献筛选。

（3）索引部分。检索工具正文部分多按分类编排，检索时为提高检索效率，可利用各种索引，如主题索引、著者索引、专利索引等，索引种类越多，检索途径越多，检索效率越高。

（4）附录部分。包括摘用的刊物、各种名称的缩写、文字的翻译、术语和文献入藏单位及代号等。

1.4.4.2 检索工具的类型

大致分为目录型检索工具、题录型检索工具和文摘型检索工具三种：

(1) 目录型检索工具。描述一个完整的出版物的外部特征，作为记录的基本单位。此检索工具分为馆藏目录、联合目录、国家书目、出版社与书店目录四种，著作对象为单位出版物，如一种图书、一种期刊等。

(2) 题录型检索工具。描述以一个完整的出版物中的某一个知识单元，作为记录的基本单位，著录对象为单篇文献。

(3) 文摘型检索工具。文摘是在题录的基础上再加文献的内容摘要构成的文献款目。此检索工具分为指示性文摘、报道性文摘和评论性文摘三种类型，著录对象为单篇文献。

1.4.5 检索步骤

在从事研究工作之前查阅资料时，就要开始了解到自己所要使用的工具书并检索自己的需要，在从事化合物制备生产等研究时，除了完成必要的工具书检索外，还需要查阅原始文献和现刊，以便完整、全面地获得资料。

(1) 分析研究课题，确定检索范围。因为课题所涉及的内容多种多样，如纯物质或混合物的各种物性数据，化合物的制备、分离和提纯以及化工设备等。不同的课题有不同的性质和要求，认真分析研究课题才能做到有的放矢。

(2) 选择检索工具。根据需要检索不同的内容，就可以确定需要的工具书或者是依靠计算机来进行检索。

(3) 选择适当的检索方法。完成那些必要的文件检索，同时尽量减少无关检索，从而有效地提高效率。在计算机引领的信息时代，计算机检索也是现在最常用的检索方法，计算机检索也有着更为快捷、信息全面等优势。

(4) 确定检索途径。检索途径也是根据检索内容和检索工具确定的，从而确定出检索的指向。

(5) 查找文献线索，获取原始文献。通过上述步骤即可找到文献线索，再进一步找到自己所需要的原始文献。

2 图书分类及检索

图书分类法又称为图书分类词表，是按照图书的内容、形式、体裁和读者用途等，运用知识分类的原理，采用逻辑方法，将所有学科的图书按其学科内容分成几大类，每一大类下再依次分类，最后每一种书都可以分到某一个类目下，并在该类目获得一个分类号。本章将介绍几种国内外图书分类方法及图书的检索方法。

2.1 图书分类法

世界图书分类法分为九大类，具体见图 2－1。

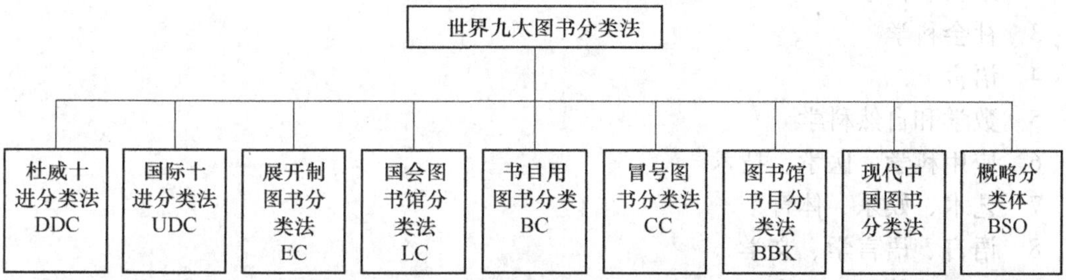

图 2－1　世界九大图书分类法

2.1.1 杜威十进位图书分类法

杜威十进位图书分类法（Dewey Decimal Classification），简称杜威法或 DDC/DC 法，是目前国外使用较广泛、较有影响的图书分类法，由美国图书馆学家麦威尔·杜威于 1876 年创制。目前已被翻译成西班牙文、中文、法文、挪威文、土耳其文、日文、僧伽罗文、葡萄牙文、泰文等 30 多种语言，并有大约 130 个国家使用这一分类体系。在美国，几乎所有公共图书馆和学校图书馆都采用这种分类法。2003 年 9 月 OCLC 正式出版了 DDC 第 22 版的印刷版，即 DDC22，其电子版已于 2003 年 6 月推出。

杜威十进制图书分类法于 1876 年首次发表。该分类法以三位数字代表分类码，共分为 10 个大分类、100 个中分类及 1000 个小分类（见表 2－1）。除了三位数分类外，一般

表 2－1　DDC 法十大类

000	100	200	300	400	500	600	700	800	900
通用一般（总类）	哲学和相关科学	宗教	社会科学	语言	纯科学	技术（应用科学）	艺术	文学（纯文学）	普通地理和历史

会有两位数字的附加码，以代表不同的地区、时间、材料或其他特性的论述，分类码与附加码之间则以小数点“.”隔开。例如 330 表示经济学 +.9 表示地区别论述 +.04 表示欧洲 =330.94 表示欧洲经济学。

2.1.2 国际十进位图书分类法

国际十进位图书分类法（Universal Decimal Classification，UDC），又称通用十进制分类法，是世界上规模最大、用户最多、影响最广泛的一部文献资料分类法。1927 ~ 1929 年第一次以法文出版，以后陆续翻译成英、德、日、西班牙、意、俄等文字出版，1958 年出中文版。UDC 是以美国的杜威十进分类法（DDC）为基础编制而成的，但是比杜威十进分类法更为深入，被广泛应用于科学论文的分类。

体系结构 UDC 由主表和辅助表及索引组成。主表分为以下 10 大类（据 1989 年英文中文版）

0 总类、科学和知识
1 哲学、心理学
2 宗教、神学
3 社会科学
4 语言
5 数学和自然科学
6 应用科学、医学、技术
7 艺术、娱乐、体育
8 语言、语言学、文学
9 地理、传记、历史

简表：

类号	类名	类号	类名
000	总论	510	数学
100	哲学、心理学	520	天文学、地质学
200	宗教、神学	530	物理学、力学
300	社会科学	540	化学、晶体学、矿物学
400	语言、文字学	550	地质学、气象学
500	自然科学	560	古生物学
600	应用科学	570	生物学、人类学
700	艺术、文体	580	植物学
800	文学	590	动物学
900	历史、地理	610	医学
621	机械和电气工程	620	工程和技术科学
622	采矿工程	621.1	蒸汽动力工程
623	军事工程	621.22	水力机械
624	土木工程	621.3	电气工程
625	道路工程	38	电子学

626　水力工程
627　河道、港湾、海洋工程
628　卫生工程
629　交通工程
25.　农业
26.　家政
28.　化学工业
30.　特种行业、仪表、手工业
33.　机床及加工
39　通信工程
621.4　内燃机工程
621.5　气动机械与制冷工程
621.6　泵、管道工程
621.7　弹、塑性成形及加工
27.　商业管理、交通
29.　制造业
31.　建筑业、材料科学
32.　机械零件及材料

1964年，"语言"类被并入第八大类内，空出来的第四大类的号码拟作扩充科技类目之用。

UDC的辅助表有语言、文献类型、地点、民族和种族、时间、观点、材料、人物等8个。

由于UDC在等级列举制的基础上采用了多种符号进行组配，因而发展成一部等级列举与组配相结合的混合式分类法。

标记符号 UDC采用单纯阿拉伯数字作为标记符号。它用个位数（0～9）标记一级类，十位数（00～99）标记二级类，百位数（000～999）标记三级类，以下每扩展（细分）一级，就加一位数。每三位数字后加一小数点。如：

6　应用科学、医学、技术
62　工程、技术（总论）
621　机械工程总论、核技术、电气工程、机械制造
621.3　电工程、电技术、电气工程
621.39　电信技术
621.396　无线电通讯设备和方法
621.396.9　雷达

为了揭示主题复杂的文献，UDC采用表2－2所示的辅助符号（UDC并规定凡含有辅助符号的类号，须按表2－3次序排列）。

表2－2　UDC法十小类

000	通用一般（总类）	010	目录学	020	图书馆和信息科学	030	普通百科全书	040	未使用或已失效
050	普通连续性出版品及其索引	060	普通会社和博物馆学	070	新闻媒体期刊出版品	080	普通收藏品	090	手抄本
100	哲学和相关科学	110	形而上学	120	认识论，因果论，人类	130	超自然的现象和行为	140	特殊哲学观点
150	心理学	160	逻辑学	170	伦理学（道德哲学）	180	古代的、中世纪的、东方的	190	现代的西方哲学

续表 2-2

200	宗教	210	自然神学	220	圣经	230	基督教理论	240	基督教信念和祈祷
250	地方教会和宗教职务	260	世俗和教会的神学	270	教会的历史和地理	280	基督教教派和宗教	290	其他的
300	社会科学	310	统计学	320	政治学	330	经济学	340	法律
350	公共行政	360	社会问题和服务	370	教育	380	贸易、通讯、交通	390	风俗、礼仪、民俗
400	语言	410	语言学	420	英语与古英语	430	日耳曼语，德语	440	罗曼语言，法语
450	意大利语、罗马尼亚语、列托 - 罗曼斯语	460	西班牙语和葡萄牙语诸语言	470	里打理的诸语言拉丁语	480	希腊语系古典希腊语	490	其他语言
500	纯科学	510	数学	520	天文学及其相关科学	530	物理学	540	化学及关联科学
550	地球科学	560	古生物学，古动物学	570	生命科学各学科	580	微生物学，真菌，藻类	590	动物科学各学科
600	技术（应用科学）	610	医学	620	工程及相关操作	630	农业及相关技术	640	家庭经济学及日用技术
650	管理及附属服务	660	化学品及相关技术	670	制造业	680	特殊用途的制造	690	建筑
700	艺术	710	城市及景观艺术	720	建筑艺术	730	视觉艺术，雕塑	740	素描和装饰艺术
750	绘画艺术与作品	760	平面艺术，版画与印刷品	770	摄影艺术与作品	780	音乐	790	娱乐和表演艺术
800	文学	810	美国文学	820	英国及昂格罗 - 撒克逊文学	830	日耳曼语言文学	840	罗曼语言文学
850	意大利语、罗马尼亚语、里托 - 罗曼语文学	860	西班牙语和葡萄牙语的诸语言文学	870	意大利的诸语言拉丁语文学	880	希腊语系希腊语文学	890	其他语言文学
900	普通地理和历史	910	地理及旅行	920	传记、系谱学、纹章	930	古代史	940	欧洲历史
950	亚洲历史，远东	960	非洲历史	970	北美洲历史	980	南美洲历史	990	其他地区历史

表2-3 UDC采用的辅助符号

符号	符号名称	符号	符号名称
+	并列符号	(=···)	种族民族通用复分号
/	连接符号	"···"	时间通用复分号
:	关联符号	A/Z	字母
::	固定关联符号	.00···	观点通用复分号
=	语种通用复分号	—···	专用复分号
(0···)	类型通用复分号	.0···	专用复分号
(···)	地区通用复分号		

必须指出，国际十进分类法的所谓“十进”，是指它采用十进阿拉伯数字标记，并不是每一类必须分10类。而UDC类号中的每隔三位加一圆点，只是为了醒目和帮助记忆，没有其他意义。

UDC在辅助符号上比DDC有了很大发展，增加了一些辅助符号，例如：

（1）并列符号“+”。并列符号可用来把两个和两个以上的类别并列起来，以扩大主类的范围。例如：622+669 采矿和冶金。

（2）扩充符号“/”。扩充符号可用来把所代表的范围，由主类扩充到相连的下一类或几类。例如：592/599 动物分类学（即592+593+594+…+599）。

（3）关联符号“:”。关联符号可以用来表明两个或两个以上的主题间所具有的关系，因而可以把主类的范围限制在某一有关的范围内。例如：543.42:669.14 钢的光谱分析。

由于引入了这些符号，使得分类表的功能无限制地增加了，因而揭示文献内容时更深入。

UDC是欧洲第一部文献分类表，也是世界上规模最大、影响最广泛的一部文献分类法。它最早提出概念分析和组配原则，被称为分面组配式分类法的先驱。由于UDC多语种、多版本、类目详细、组配灵活、标引能力强，因而不仅能适用于成册文献的分类和排架，也能满足单篇文献的分类要求，不仅适用于手工检索，也被成功地应用于机器检索，从而成为一种国际通用的情报检索语言之一。到20世纪80年代后期，全世界已有50多个国家使用UDC，用户总数超过10万个，UDC目前已成为名副其实的国际通用文献分类法。英国、匈牙利和西班牙把UDC定为国家标准。前苏联则规定UDC为类分科技文献的分类法。许多国家出版的期刊论文和特种技术资料都标有UDC类号。中国国家标准（GB）上也标有UDC的类号。

2.1.3 美国国会图书馆图书分类法

美国国会图书馆图书分类法（Library of Congress Classification），简称国会法或LC分类法，是目前美国大多数图书馆采用的分类方法。国会法是目前世界上最大型的列举式分类法，其类目设置与次序并无严格的科学系统，未细致照顾学科之间的亲疏远近、并列从属等关系，而是以本馆藏书实际情况为依据，由各门类有关专家就自己领域逐类列表，众多不同类被安排为便于实用的次序。国会法分为二十一个大类，分别由 A 到 Z 的 21 个字母构成，采用拉丁字母与阿拉伯数字组成的混合号码为标记，字母表示基本大类和二级类，多位传统学科和知识门类，子目用数字为标记，从 1 至 9999，类目标记具有弹性，可无限延展至小数点以后，各大类均有详细索引及专用的复分表。

《美国国会图书馆图书分类法》主要类目表如下：

A 总论

B 哲学、心理学及宗教（注：有不少心理学内容其实归入了社会科学，如青少年问题、性学等）

C 历史学及相关科学总论

D 古代史及世界各国史

E 美国历史

F 美洲历史

G 地理、人类学、休闲活动

H 社会科学

J 政治学

K 法律

L 教育

M 音乐

N 艺术

P 语言及文学

Q 科学

R 医学

S 农业

T 技术及工程

U 军事科学

V 航海科学

Z 图书馆学

《美国国会图书馆图书分类法》中各代码的含义：

每一本书的索书号可以分为 4 ~5 个部分，例如："SB189.53.W53 1998"。

（1）"S"代表大类（S 代表农业）。

（2）"B"代表大类之下的纲目（SB 代表植物栽培）（在某些特殊例子中，会用上第三个字母代表进一步细分的纲目）。

（3）"189.53"是纲目之下的细分，可以进一步细分至小数点后。严格来说，只有首三部分才是分类号的组成部分，连同后两部分组成索书号。

（4）".W53"是书次号（一般称为著者号），书次号用以区别同一分类号之下的不同作品，每部作品都有一个独一无二的书次号。书次号可以从著者/编者名称或书名而来（所以称为著者码是不准确的说法），按照标准表格（cutter table）转换而成（注意在这里的"."是书次号起点的标示，与上面分类号所用的小数点是两回事）。

（5）"1998"是出版年份，用以区别同一作品的不同版本。

2.1.4 中国科学院图书分类法

中国科学院图书馆编制的等级列举式分类法，简称《科图法》。1954 年开始编写，1957 年 4 月完成自然科学部分初稿，1958 年 3 月完成社会科学部分初稿，1958 年 11 月由科学出版社出版。1959 年 10 月出版索引。1970 年 10 月开始修订，1974 年 2 月出版第 2 版的自然科学、综合性图书和附表部分；1979 年 11 月出版第 2 版的马克思列宁主义、毛泽东思想、哲学和社会科学部分；1982 年 12 月出版第 2 版的索引。

《科图法》设有马克思列宁主义、毛泽东思想，哲学，社会科学，自然科学，综合性图书等 5 大部类，共 25 大类。其部类、大类及其标记符号如下：

00 马克思列宁主义、毛泽东思想
10 哲学
20 社会科学
21 历史、历史学
27 经济、经济学
31 政治、社会生活
34 法律、法学
36 军事、军事学
37 文化、科学、教育、体育
41 语言、文字学
42 文学
48 艺术
49 无神论、宗教学
50 自然科学
51 数学
52 力学
53 物理学
54 化学
55 天文学
56 地质、地理科学
58 生物科学
61 医药、卫生
65 农业科学
71 技术科学
90 综合性图书

54 化学
·54.1 普通化学
·54.2 物理化学（理论化学）、化学物理学
·54.4 无机化学
·54.5 有机化学

·54.6 分析化学
·54.7 应用化学
·54.9 晶体学（结晶学）

《科图法》包括主表和附表两部分。主表设有大纲、简表和详表。附表又分为通用附表和专类附表两种。第1版共设有8个通用附表：总类复分表、中国时代排列表、中国地域区分表、中国各民族排列表、国际时代表、世界地域区分表、苏联地域区分表、机关出版品排列表。第2版删去了使用较少的后两种附表，第1版和第2版均编有索引。

《科图法》采用阿拉伯数字为类目的标记符号，号码分为两部分：第一部分为顺序数字，即用00～99标记5大部类25大类及主要类目；第二部分为"小数制"，即在00～99两位数字后加一小数点"."，小数点后基本上按小数体系编号，以容纳细分的类目。类号排列时，先排顺序数字，后排小数点后的层累数字，例如：11.1，11.11，11.12，11.13，…，11.2，11.21，11.22，11.23，…，11.29，11.3，…，12，13，…。

《科图法》具有以下特点：

（1）自然科学类目比较详细。

（2）采用交替、参见等方法，较好地解决了相关类别的图书在目录和藏书组织中既可集中又能分散的问题。

（3）标记符号单纯、简洁，易于排检。

（4）编有相关索引。

《科图法》主要被中国科学院系统图书馆、国内其他一些科学研究机构和高等学校的图书馆采用，1979年使用单位达1000多个。其分类号被印在北京图书馆和上海图书馆编制的统一编目卡片上。

2.1.5 中国图书馆图书分类法

随着文献检索计算机化和期刊编辑工作逐步规范化，我国许多期刊要求论文作者在正文前不仅要写出论文摘要、关键词，还要求作者标出《中图法》分类号。

我国文献分类的主要依据是《中国图书馆图书分类法》（简称《中图法》）（Chinese Library Classification）。中图分类号是指采用《中国图书馆图书分类法》对科技文献进行主题分析，并依照文献内容的学科属性和特征，分门别类地组织文献，所获取的分类代号。

《中图法》是由中国政府部门编制的一部大型综合性图书分类法。1973年完成初稿，1975年由中国科学技术文献出版社出版，此后不断修订，1998年《中国法》第四版正式出版，对现代中国图书馆事业产生了深远影响。近年来，在中国，更以主流图书分类法取代其他分类方法，独领风骚，近于"普及"了。这是中国当代具有代表性的图书分类法，被推荐为中国标准图书分类法，广泛使用于图书馆和情报部门。

根据《中国图书馆图书分类法》第四版，将文献知识分为5大部类，即马克思列宁主义、毛泽东思想；哲学；社会科学；自然科学；综合性图书。下分22个基本大类（见表2-4）。例如，O数理科学、化学；Q生物科学；R医药卫生；Z综合性图书。采用汉语拼音字母与阿拉伯数字相结合的混合号码，用一个字母代表一个大类，以字母顺序反映大类的次序，在字母后用数字作标记。为适应工业技术发展及该类文献的分类，对工业技术二级类目，采用双字母。并以等级制为标记制度，依照总—分、一般—特殊、低级—高级、简单—复杂的逻辑次序，逐层展开各门学科知识的类目等级体系，系统地组织文献。在5个基本部类基础上进一步展开为22个基本大类。

表2-4 中国图书分类法查询表

A马克思列宁主义、毛泽东思想、邓小平理论	B哲学、宗教	C社会科学理论	D政治、法律
F经济	G文化、科学、教育、体育	H语言、文字	I文学
J艺术	K历史、地理	N自然科学总论	O数理科学和化学
Q生物技术	R医药、卫生	S农业科学	T-TN工业技术
TP自动化技术、计算机技术	TQ化学工业	TU建筑工业	TV水利工程
U交通技术	V航空、航天	X环境科学、安全科学	Z综合性图书

《中图法》的标记符号采用拉丁字母与阿拉伯数字相结合的混合号码制。其中拉丁字母表示大类，其他各级类目用阿拉伯数字表示。"T工业技术"类的二级类目太多，也采用字母表示。例如："TB9"，T代表一级类目——工业技术，B代表二级类目——一般工业技术，9代表三级类目——计量学。

《中图法》基本采用层累制作为编号制度，但又对三、四级以下类目表现较为灵活：对10~17个同位类的编号采用八分法来处理，即前8个类目用1~8个标识，从第9个类目起，展开成两位数字，如1、2、3、…、8、91、92、93、…、99；当同位类超过17个时，一般采用双位制编号，即同位类的类号用双位数字表示，如11、12、…、21、22、…、31、32、…、98、99；少数类目为了缩短分类号，或对重点类目给予较宽裕的号码，采用借号法，即下位类借用上位类或上位类借用下位类的分类号；小数之间留有空号，便于以后修改时增添新发展的学科。

示例：

【大类】 O 数理科学和化学

【二级类】 O1 数学

O3 力学

O4 物理学

O6 化学

O7 晶体学

【三级类】 O6-0 化学原理和方法

O6-1 化学现状与发展

O6-3 化学实验（实验化学）

O6-6 化学参考工具书

O61 无机化学

O62 有机化学

O63 高分子化学（高聚物）

○ 64 物理化学（理论化学）、化学物理学
○ 65 分析化学
○ 69 应用化学

【四级类】 ○ 641 结构化学
○ 642 化学热力学、热化学、热力学平衡
○ 643 化学动力学、催化作用
○ 644 光化学、辐射化学、超声波作用的化学过程
○ 645 溶液
○ 646 电化学、电解、磁化学
○ 647 表面现象的物理化学
○ 648 胶体化学（分散体系的物理化学）
○ 649 半导体化学

【五级类】 ○ 645.1 液态溶液
○ 645.2 固体溶液
○ 645.3 气体溶液（气体混合物）
○ 645.4 熔盐
○ 645.5 熔盐和溶液中的结晶作用

如果论文涉及多个主题有以下两种情况：

(1) 可以给出多个分类号。例如，"apoE 基因多态性与高血压及早老性痴呆的研究"有三个主题，生物化学、内科学、精神病学，可以给出三个分类号：Q 5，R544.1，R749.16。

(2) 如果编辑部要求只给出一个分类号，则按以下几种情况处理：

1) 几个主题是并列关系的，以排在前面的学科归类；

2) 几个主题是从属关系的，以主要学科归类；

3) 一门学科应用到另一门学科，依应用到的学科归类。

值得注意的是有的新兴学科在《中图法》中不能直接找到分类号，应视具体内容确定其分类号。

利用《中图法》类分资料是一门专业知识，在此介绍的是这门学科中非常基础的部分，目的是使科研论文作者对《中图法》有一个基本的了解。如果论文作者不能确定分类号，或因论文内容比较复杂而无法确定分类号，可向图书馆编目人员咨询，以便确定准确的分类号。

需注意文献标识码与中图法分类号是不同的。文献标识码（Document code）是按照《中国学术期刊（光盘版）检索与评价数据规范》规定的分类码，作用在于对文章按其内容进行归类，以便于文献的统计、期刊评价、确定文献的检索范围，提高检索结果的适用性等。根据《中国学术期刊（光盘版）检索与评价数据规范》的规定，对文献的标识码规定如下：

A——理论与应用研究学术论文（含综述）

B——实用性技术成果报告

C——业务指导与技术管理性文章

D——一般动态性信息（通讯、报道、会议活动、专访等）

E——文件、资料

2.1.6 中国人民大学图书馆图书分类法

《中国人民大学图书馆图书分类法》，简称《人大法》，1953 年为第一版，到 1996 年已出版第六版，《人大法》是新中国成立后第一部科学性、实用性较强的图书分类法，当时以社会科学见长。分类法由四大部分、十七个大类、九个复分表和两个附表组成。类目标识完全采用阿拉伯数字，一个数字代表一个类号，用 1～17 的数码表示 17 个基本大类；对两位一类的数码标识在号码数字后加小圆点；对全部类目等级列举次第展开，反映类目之间的种属和并列关系。

《中国人民大学图书馆图书分类法》（第六版）主表示例：

马克思列宁主义、毛泽东著作

哲学

社会科学、政治

经济

军事

法律

文化、教育、科学、体育

艺术

语言、文字

文学

历史

地理

自然科学

医药、卫生

工程技术

农业科学技术

综合性科学、综合性图书

2.2 图书的检索

2.2.1 检索方法

进入图书总库，含下列目录项：全部、书名、作者、ISBN、主题、分类号、索书号、典藏册条码、登录号、册条码、记录索引号等，由于有些条目太专业，所以本书只介绍几种常用机检检索方法。

（1）分类检索法。在检索空格中填写需要检索图书的分类号，如：小说 I267.5，然后点击检索按钮。

（2）书名检索法。在检索空格中填写需要检索图书的书名或书名的汉语拼音，然后点击检索按钮。

（3）作者检索法。在检索空格中填写需要检索图书的作者名或作者名的汉语拼音，然后点击检索按钮。

（4）主题词检索法。在检索空格中填写需要检索图书的主题词，如：长篇小说、农业、航天等，然后点击检索按钮。

当检索命中后，如果有多个命中记录，则出现一个页面，显示记录的简要信息，如此页没有所需的图书，可点击下部继续检索栏，然后选择所需要的图书信息点击，观察详细信息。

2.2.2 检索工具

用于存储、查找和报道档案信息的系统化文字描述工具，是目录、索引、指南等的统称。检索工具具有以下特点：

（1）详细描述文献的内容特征、外表特征。

（2）每条文献记录必须有检索标识。

（3）文献条目按一定顺序形成一个有机整体，能够提供多种检索途径。

检索工具的类型包括：

（1）目录型检索工具（如馆藏目录，联合目录，国家目录，出版社与书店目录）。

（2）题录型检索工具。

（3）文摘型检索工具（如知识型文摘，报道型文摘）。

检索工具按不同的标准可以划分为不同的种类。例如：

（1）按信息加工的手段或设备划分：

1）手工检索工具；

2）机械检索工具；

3）计算机检索工具。

（2）按信息载体形态划分：

1）书本式检索工具，包括期刊式、单卷式和附录式；

2）卡片式检索工具；

3）缩微式检索工具；

4）磁性材料式检索工具。

（3）按收录范围划分：

1）综合性检索工具；

2）专科性检索工具；

3）专题性检索工具；

4）全面性检索工具；

5）单一性检索工具。

（4）按时间范围划分：

1）预告性检索工具；

2）现期通报性检索工具；

3）回溯性检索工具。

（5）按编制方法划分：目录、文摘、题录和索引等。

2.3　网上图书数据库

在 Internet 上的化学化工资源无论是内容还是形式都非常广泛。许多服务器大都提供某一学科的各种资源与资源的链接，通过提供的这些资源与资源的链接，用户可以方便地找到所需要的信息。电子图书也称为数字图书或 eBook，是在计算机飞速发展的环境下纸质图书的数字化表现形式。电子图书包括两种类型：一类是转换为数字格式的印刷版书籍，另一类是编辑出版发行都是电子文本的数字出版物。网上图书馆信息主要由两部分组成：一是各图书馆的主页，上面有关于图书、杂志的检索和查询工具；二是在 Internet 网站上建立的虚拟图书馆或网上图书馆。

2.3.1　国内著名的网上图书馆

2.3.1.1　中国国家图书馆

中国国家图书馆（www. nlc. gov. cn）是收集、加工、存储、开发、交流和传播知识信息的综合性研究型图书馆，是国家总书库。现在馆藏居亚洲之首，是世界五大国家图书馆之一，也是我国联网最早的图书馆之一，并已成立中国国家数字图书馆（见图 2－2）。

图 2－2　中国国家图书馆主页

2.3.1.2　中国科学院国家科学数据图书馆

中国科学院国家科学数据图书馆（CSDL；www. csdl. ac. cn），旨在建立和维护中国科学院全院网络共享的科技信息保障环境。CSDL 提供中外文的电子期刊、会议录、学位论文、专利、科学引文索引和网络信息导航（学科信息门户）等类型的文献数据库 128 个，内容涉及数学、物理、化学、生命科学、资源环境、工程技术等。用户利用其跨库检索引擎可直接查询上百个全文、文摘和馆藏目录数据库，并获取电子版全文；CSDLR 的随易通（电子钥匙）服务，使用户在任何地点上网，均可查询所在单位购买开通的数据库。CSDL 的网页界面（见图 2－3）。

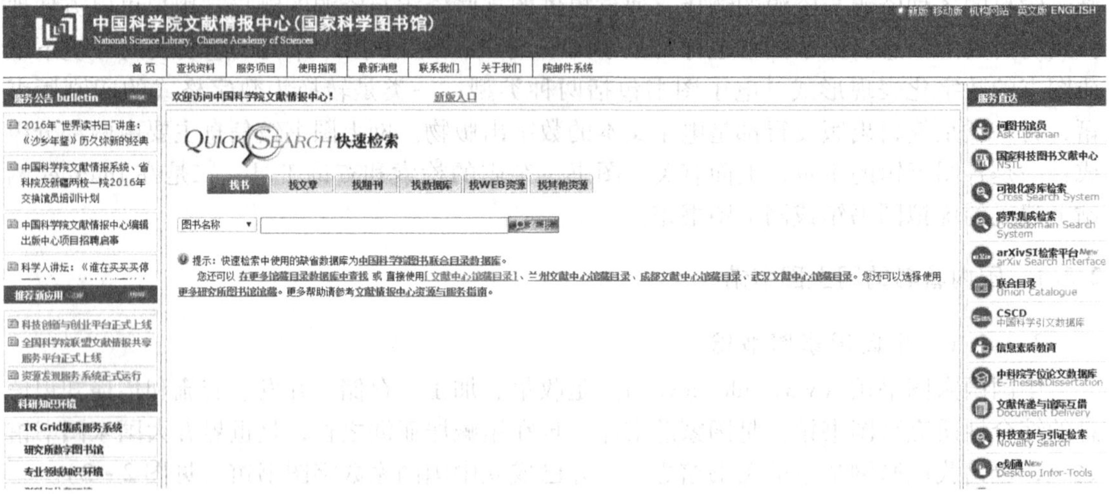

图 2－3 中国科学院国家科学数据图书馆主页

2.3.1.3 超星数字图书馆

目前世界最大的中文在线数字图书馆（见图 2－4）。超星数字图书馆（http://www.ssreader.com）提供大量的电子图书资源以供阅读，其中包括文学、经济、计算机等五十余大类，数十万册电子图书，300 万篇论文，全文总量 4 亿余页，数据总量 30000GB，大量免费电子图书，并且每天仍在不断增加与更新。超星图书馆的服务方式有

图 2－4 超星图书馆主页

两种：一是网络服务，用户注册为会员，购买读书卡或充值，进行在线阅读；二是镜像服务。

2.3.2 国外著名的网上图书馆

2.3.2.1 美国国会图书馆

美国国会图书馆（The library of Congress，www. loc. gov）建于1800年，是美国的四个官方国家图书馆之一，也是全球最重要的图书馆之一（见图2－5）。美国国会图书馆是在美国国会的支持下，通过公众基金、美国国会的适当资助、私营企业的捐助及致力于图书馆工作的全体职员共同努力建成的，它是美国历史最悠久的联邦文化机构，已经成为世界上最大的知识宝库，是美国知识与民主的重要象征，在美国文化中占有重要地位。它保存各类收藏近1.21亿项，超过2/3的书籍是以多媒体形式存放的。其中包括很多稀有图书、特色收藏、世界上最大的地图、电影胶片和电视片等。

图2－5 美国国会图书馆主页

2.3.2.2 英国不列颠（大英）图书馆

英国不列颠（大英）图书馆（The British Library，www. bl. uk）的参考部收藏1000万余册印刷本图书、12万册手写本图书、10万件印玺及3000余册纸莎草纸上的抄写本和其他资料。外借部约有图书1300万册，现有期刊、报纸92000种和缩微胶卷文件350万件，以及300万份录音资料。图书分两大部分：人文和社会科学为一部分；科学、技术以及工业为另一部分。图书馆拥有英国出版的每一册书，每一份报纸；期刊以及乐谱都必须有一份拷贝存放在该图书馆。人文及社会科学部有1300万卷藏书，包括东方以及印度室的收藏、国家音声档案、手稿、音乐、地图、报纸以及邮票。网页界面见图2－6。

2.3.2.3 施普林格在线图书馆

施普林格出版集团（Springer Group）是德国第三大出版公司，国际著名科技图书出

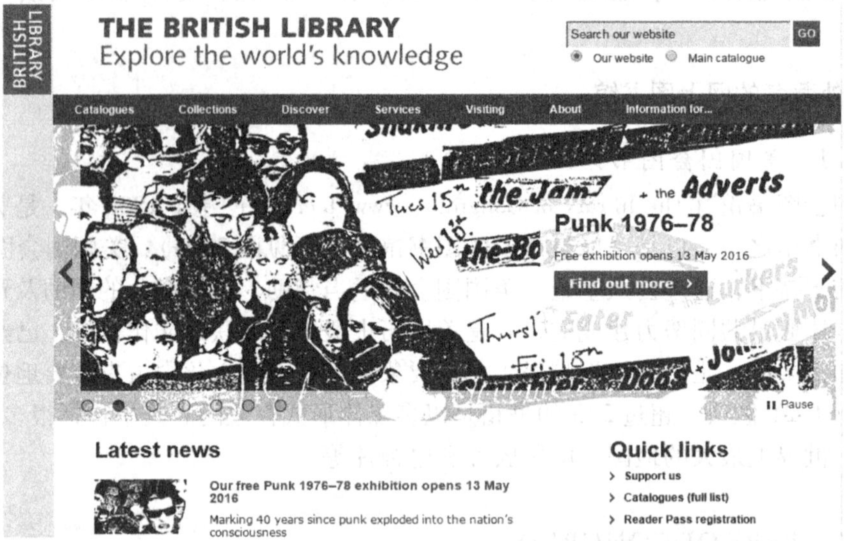

图2-6 英国不列颠（大英）图书馆主页

版集团，其子公司遍布全球（见图2-7）。现出版医学、理学和工学各类专业图书。1999年1月，世界媒体巨头贝塔斯曼集团拥有施普林格出版集团87%的股份，从而施普林格出版集团成为贝塔斯曼集团的子公司。施普林格出版集团每年出版新书2000多种，期刊500多种，其中400多种期刊有电子版。再版图书19000种，其中60%是英文版。图书除销往德语国家外，还销往美国和亚洲国家。其1998年图书销售额的60%来自德国以外市场。施普林格出版集团出版的图书，按专业分为化学、计算机技术、经济与管理、工程技术、环境科学、地球科学、法律、生命科学、数学、医学、药学、物理、心理学和统计学等。

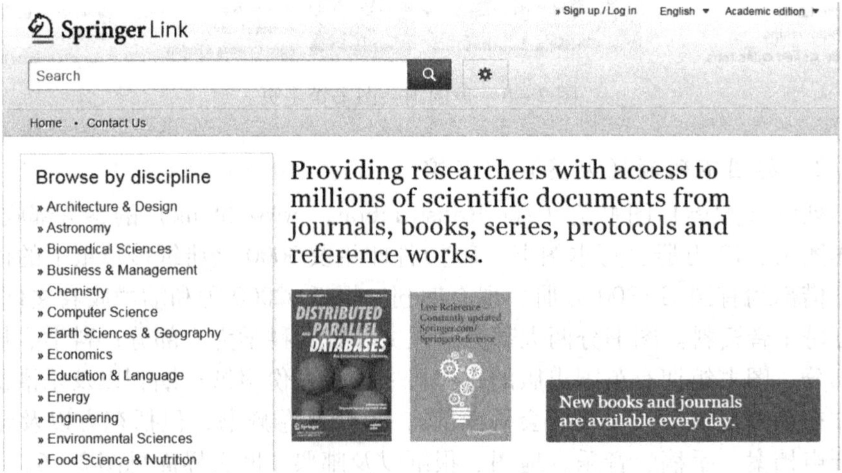

图2-7 施普林格在线图书馆（link. springer. com）主页

3 常用化学手册

3.1 物理化学数据手册

物理化学数据对于科学研究、生产实际和工业设计等具有很重要的意义。因此，在物理化学和物理化学实验课程的学习中，必须重视学习、掌握查阅文献数据的方法。由于发表、记载实验数据的书刊很多，在此仅介绍一些重要的手册和杂志，作为初学者的引导。物理化学数据手册分为一般和专用两种。

3.1.1 一般物理化学手册

这类手册归纳及综合了各种物理化学数据，提供一般物理化学数据查阅。属于这类手册的有：

（1）"CRC Handbook of Chemistry and Physics"（化学与物理学手册），1913 年出第一版，至今已出多版。Robert C. Weast 担任该书主编达 30 多年，从第 71 版起改由 David R. Lide 任主编。此书每年修订一次，由美国 CRC（化学橡胶公司）出版，前有目录，后有索引，并附有文献数据出处，内容丰富，使用方便。从 71 版起，该书标题由原来的 6 个调整改为 16 个，除保留原内容外，又增加了新的内容。每一新版都收录有最新发表的重要化合物的物性数据。

（2）"International Critical Tables of Numerical Data, Physics, Chemistry and Technology"（物理、化学和工艺技术的国际标准数据表），1926 ~ 1933 年出版，共七大卷，另附索引一卷。所搜集的数据是 1933 年以前的，比较陈旧；但数据比较齐全，为一本常用的手册。I. C. T. 原以法国的数据年表（Tables Annuelles）前五卷为基础，后来 Tables Annuelles 继续出版，自然就成为 I. C. T. 的补充。

（3）"Landolt Bornstein" 郎 - 彭氏（L. B.）手册（第 6 版），德文全名为 "Zahlenwerte und Funktionen aus Physik, Chemie, Astronomie, Geophysik und Technik"（物理、化学、天文、地球物理及工艺技术的数据和函数）。该手册收集的数据较新、较全，因此在 I. C. T. 不能满足要求时，常可查阅郎 - 彭氏手册。这个手册系按物理性质先分成许多小节，如以上所引的目录所示。在每一小节中再按化合物分类，分类方法见各分册卷。

1961 年该书开始出版新辑（L. B. Neue Serie），重新作了编排，书名改为 "Landolt-Boernstein Zahlenwerte und Funktionen aus Naturwissenschaften und Technik"（自然科学与技术中的数据和函数关系），到目前已陆续出版了 5 大类，50 余卷，涉及的内容很广泛。

第 6 版的卷 Ⅰ ~ Ⅳ已译成英文：

卷Ⅰ：原子和分子物理。

卷Ⅱ：各种聚集状态的物理性质。

卷Ⅲ：天文和地球物理。

卷Ⅳ：基本技术。

每卷又分为若干分册，例如第一卷有 5 个分册：

Ⅰ/1：原子和离子。

Ⅰ/2：分子Ⅰ（核架）。

Ⅰ/3：分子Ⅱ（电子层）。

Ⅰ/4：晶体。

Ⅰ/5：原子核和基本粒子。

第二卷有九个分册：

Ⅱ/1：尚未出版。

Ⅱ/2a：多相体系平衡的热力学常数，蒸气压、密度、转化温度、凝固点降低、沸点升高以及渗透压。

Ⅱ/2b 和Ⅱ/2c：溶液平衡。

Ⅱ/3：熔点平衡（相图），界面平衡的特征常数（表面电荷、接触角、水上的表面膜、吸附、色层、纸上色层）。

Ⅱ/4：量热数据、生成热、熵、焓、自由能，有分子振动时热力学函数计算表，焦－汤效应，低温时的热磁效应和顺磁盐以及混合物溶液的热力学函数。

Ⅱ/5：未出版。

Ⅱ/6：金属和固体离子的电导，半导体，压电晶体的弹性，压力和介电常数、介电特性。

Ⅱ/7：电化体系的电导、电动势，电化体系中的平衡。

Ⅱ/8：光学常数，反射，磁光凯尔（Kerr）效应，折光率、旋光、双折射，压电晶体的光学性质，法拉第效应，色散。

Ⅱ/9：磁学性质，铁磁性，法拉第效应，凯尔效应、顺磁共振、核磁共振。

（4）"Handbook of Chemistry"（化学手册），第 1 版至第 10 版由 N · A · 兰格（Lange）先生主持编纂，原书名《化学手册》。兰格先生逝世后，从第 11 版开始至第 15 版由 J · A · 迪安（Dean）任主编，并更名为现名，以纪念兰格先生。最新版第 16 版于 2004 年 12 月 20 日发行，由 J · G · 斯佩特（JAMES G. SPEIGHT）任主编，仍保持和前版相同的格式。全书英文版共 1600 余页，分 11 部分，该书包括数学、综合数据和换算表、原子和分子结构、无机化学、分析化学、电化学、有机化学、光谱学以及热力学性质等。该手册第 13 版（1985）已由尚久方等译成中文版《蓝氏化学手册》，由科学出版社于 1991 年出版。

（5）"Taschenbuch für Chemiker und Physiker"（化学家和物理学家手册），1983 ~ 1992，D'Ans Lax 编。

（6）"Handbook of Organic Structure Analysis"（有机结构分析手册），Y. Yukawa 等编（1965）。该书内容有紫外、红外、旋光色散光谱；等张比容；质子碰共振和核四极矩共振；抗磁性；介电常数；偶极矩；原子间距，键角；键解离能；燃烧热、热化学数据；分子体积；胺及酸解离常数；氧化还原电势；聚合常数。

(7)"Chemical Engineers' Handbook"（化学工程师手册）第5版，R. H. Perry和C. H. Chilton主编（1973），可供化学工程技术人员参考的手册，附有各种物理化学数据，可供查阅参考。

(8)"Handbook of Data on Organic Compounds"（有机化合物数据手册）第2版，R. C. Weast等编（1989）。

(9)"Journal of Physical and Chemical Reference Data"（物理和化学参考资料杂志），自1972年开始，由美国化学会和美国物理协会负责出版。

(10)"Journal of Chemical and Engineering Data"（化学和工程数据杂志），1956年开始刊行，每年一卷共四本，每季度出一本。后改为双月刊。每本后面有"New Data Compilation"（新资料编纂），介绍各种新出版的资料、数据手册和期刊。

(11)"Tables of Physical and Chemical Constants"（物理和化学常数表），Kaye和Laby编（1966）。

(12)"Handbook of Chemical Data"（化学数据手册），F. W. Atack编（1957）。这是一本袖珍手册，内容简明，介绍了无机和有机化合物的一些主要物理常数以及定性和定量分析部分，可供一般性查阅。

(13)《物理化学简明手册》，印永嘉主编，高等教育出版社出版（1988）。该手册汇集了气体和液体性质、热效应和化学平衡、溶液和相平衡、电化学、化学动力学、物质的界面性质、原子和分子的性质、分子光谱、晶体学等九部分，简明实用。

3.1.2 专用手册

3.1.2.1 热力学及热化学

(1)"Selected Values of Chemical Thermodynamic Properties"（化学热力学性质的数据选编），D. D. Wagman等编（1981）。

(2)"Handbook of the Thermodynamics of Organic Compounds"（有机化合物热力学手册），R. M. Stephenson编（1987）。

(3)"Thermochemical Data of Pure Substances"（纯物质的热化学数据），Ihsan Barin编（1989）。

(4)"Thermodynamic Data for Pure Compounds"（纯化合物热力学数据），Smith Buford等编（1986）。

(5)"Selected Values for the Thermodynamc Properties of Metals and Alloys"（金属和合金热力学性质的数据选编），Ralph Hultgren等编（1963）。

(6)"The Chemical Thermodynamics of Organic Compounds"（有机化合物的化学热力学），D. R. Stull等编（1970）。

(7)"Thermochemistry of Organic and Organometallic Compounds"（有机和有机金属化合物的热化学），J. D. Cox和G. Pilcher编（1970）。

3.1.2.2 平衡常数

(1)"Dissociation Constants of Organic Acids in Aqueous Solution"（水溶液中有机酸的解离常数），G. Kortiuem等编（1961）。

（2）“Dissociation Constants of Organic Bases in Aqueous Solution”（水溶液中有机碱的解离常数），D. D. Perrin 等编（1965）。

（3）“Stability Constants of Metal-Ion Complex”（金属络合物的稳定常数）（1964），该手册分为两部分：

第一部分：无机配位体，由 L. G. Sillen 编。

第二部分：有机配位体，由 A. E. Martell 编。

（4）“Instability Constants of Complex Compounds”（络合物不稳定常数），Yatsimirskii 编（1960）。

（5）“Ionization Constants of Acids and Bases”（酸和碱的解离常数），A. Albert 编（1962）。

3.1.2.3　溶液、溶解度数据

（1）“Solubility Data Series”（溶解度数据丛书），A. S. Kerters 主编，IUPAC 数据出版系列中的一套丛书，包括各种气体、液体、固体在各种溶液中的溶解度，篇幅大，数据可靠，截至 1990 年已出版 42 卷。

（2）“Physicochemical Constants of Binary System in Concentrated Solutions”（浓溶液中二元体系的物理化学常数），共四卷，J. Timmermans 编（1959 ~ 1960）。

（3）“Solubilities of Inorganic and Metalorganic Compounds”（无机和金属有机化合物的溶解度）第 4 版，W. F. Links 编。

（4）“Solubilities of Inorganic and Organic Compounds”（无机和有机化合物的溶解度），H. Stephen 等编。

卷Ⅰ：Binary system（二元体系），1963 年。

卷Ⅱ：Ternary and Multicomponent Systems（三元和多组分体系），1964 年。

（5）“Solvents Guide”（溶剂手册），第 2 版，C. Marsden 编。

3.1.2.4　气压、气—液平衡

（1）“Vapor Pressure of Organic Compounds”（有机化合物蒸气压），J. Earl Jordan 编（1954）。

（2）“Vapor-Liquid Equilibrium Data”（气—液平衡数据），Ju Chin Chu 编（1956）。

（3）“Azeotropic Data”（恒沸数据），Lee H. Horsely 编（1962）。

（4）“The Vapor Pressure of Pure Substances”（纯物质的蒸气压），Boublik Tomas 编（1984）。

（5）“Vapor-Liquid Equilibrium Data Collection”（气—液平衡数据汇编），J. Gmehling 等编（1977），为 Chemistry Data Series（化学数据丛书）的第一卷。

3.1.2.5　二元合金

（1）“Constitution of Binary Alloys”（二元合金组成），第 2 版，ax Hansen 等编（1958）。

（2）“Binary Alloy Phase Diagrams”（二组分合金相图），T. B. Mascalski 等编（1987）。

3.1.2.6　电化学

（1）“Electrochemical Data”（电化学数据），D. Dobes 编（1975），另外，Meites Louis 等于 1974 年出版了 Electrochemical Data。

（2）“Handbook of Electrochemical Constants”（电化学常数手册），Pago 佃编（1959）。

（3）“Selected Constants of Oxidation - Reduction Potentials of Inorganic Substances in Aqueous Solutions”（水溶液中无机物的氧化还原电势常数选编），G. Charlot 编（1971）。

3.1.2.7 化学动力学

（1）“Tables of Chemical Kinetics，Homogenous Reactions”（化学动力学表，均相反应）（1951）。续编 No. Ⅰ，1956 年；续编 No. Ⅱ，1960 年；续编 No. Ⅲ，1961 年。

（2）“Liquid-Phase Reaction Rate Constants”（液相反应速率常数），E. T. Denisov 编（俄，1971），R. K. Johnston 译（英，1974）。

3.1.2.8 色谱数据

（1）《气相色谱手册》，中国科学院化学研究所色谱组编（1977），该书附有有关色谱的参考资料。

（2）“Compilations of Gas Chromatographic Data”（气相色谱数据汇集），J. S. Lewis 编（1963），1971 年Ⅱ版补编Ⅰ。

（3）《气相色谱实用手册》，吉林化学工业公司研究院编（1980）。

（4）《分析化学手册》第四分册上册，成都科学技术大学分化学教研室编（1984）。

3.1.2.9 谱学数据

（1）“Crystal Data”（晶体数据），第 3 版，G. Donmay 等编。

（2）“International Tables for X-Ray Crystallography”（X 射线结晶学国际表），K. Lonsdale 编。

（3）X 射线粉末衍射数据卡片，简称 P. D. F. 卡（即原 ASTM 卡片）。

（4）“Sadtler Standard Spectra Collections”（萨德勒标准谱图集），由美国 Sadtler Research Laboratories，Inc. 编纂出版的标准光谱图集，内容包括红外光谱、紫外光谱、核磁共振波谱、拉曼光谱等。该标准光谱图集开本很大，但采用活页本形式装订，时有补充或更新，备有多种索引，查阅十分方便。

（5）“Practical Handbook of Spectroscopy”（实用谱学手册），J. W. Robinson 编（1991）。

（6）“A Handbook of Nuclear Magnetic Magnetic Resonance”（核磁共振手册），Freeman Ray 编（1987）。

（7）“Raman/Infrared Atlas of Organic Compounds”（有机化合物的拉曼，红外谱集），Bernhard Schrader 编（1989）。

（8）“Handbook of Infrared Standards”（红外手册），由 Guy Guelachvili，K. N. Rao 编（1986）。

3.1.2.10 偶极矩

（1）“Tables of Experimental Dipole Moments”（实验偶极矩表），A. L McClellan 编（1963）。

（2）“Selected Values of Electric Dipole Moments for Molecules in the Gas Phase”（气相中分子电偶极矩数据选编），美国国家标准局编，1967 年出版。

3.1.3 手册的检索应用

物理化学数据手册可以利用以下关键词物质性质等进行检索：英文名称（name）、分子式（Mol. Form.）、CAS 登录号（CAS RN）、分子量（Mol. Wt.）、物理状态（Physical Form）、溶点（mp/℃）、沸点（bp/℃）、密度（Den/g · cm^{-3}）、折射率（Refractive index）、溶解性（Solubility）。

举例：写出有机化合物的希尔分子式，在 CRC 手册选择第三部分有机化合物常数，利用 PDF 搜索功能，输入希尔分子式进行检索。因为有希尔分子式相同，但物质不同的情况，所以要利用检索结果中的结构式来判断要查找的有机化合物。例如：乙醇和乙醚的希尔分子式都是 C_2H_6O。

另外，因为每一种化学物质都有唯一的 CAS 登录号，所以可以先获得化学文摘登录号后，再通过 CRC 物理化学手册进行查询。特别是对英语不太熟悉的用户，这种方法更管用。

3.2 Gmelin 无机化学手册

3.2.1 简介

《Gmelin 无机化学手册》，又称《Gmelin 无机化学大全》，是德国化学家 Gmelin 教授一生中最有影响力的成就。1817 ~1819 年出版了第 1 版，Gmelin 教授生前编辑出版了 1 ~ 4 版，后转由德国化学会主编，1946 年成立了 Gmelin 研究院，由几百位专家编辑负责编纂工作，至 20 世纪 70 年代已经出版了 8 版，之后不再出版第 9 版，而是以出版新补编代替第 9 版。该手册对每种元素和化合物的历史、物性、制备表征、用途等都做了详尽的叙述，是世界上最权威和最完整的一套无机化合物手册，是化学、化工领域最重要的参考工具书。

3.2.2 手册编排格式

该手册的编写方式与一般手册不同，每种元素是分别编写的。多数元素有固定的系统号。共有 71 个系统号，每一个号算一编。除 3 种同族元素外，每种元素和氨均有一系统号。但系统号的确定不是按元素名称顺序，也不是按周期表的顺序，而是根据阴离子型元素的系统号较小、阳离子型元素系统号较大这样一个原则确定的，同时，几种元素的化合物以“最后位置优先的原则”排列。

3.2.3 收录内容

该手册对每种无机物的摘录内容一般为：化合物的发现、生成和制备；物理性质（包括熔点、密度、晶体结构、光谱线、磁性质等）；化学性质（对空气、水、热、非金属、金属、酸、有机物质等的反应）。

3.2.4 Gmelin 无机化学手册的索引

目前已出版综合性分子式索引，并按照 Hill 体系的英文字母顺序排列。

3.2.5 Gmelin 无机化学手册数据库和计算机检索

例如：查询抗病毒剂的合成路线及 Gmelin 相关文献。

第 1 步：进入 CrossFire Gmelin 数据库。

第 2 步：选择检索字段 Citation Basic Index。

第 3 步：选择 Guide 检索方式。

第 4 步：输入检索字段代码 TI，检索词 antiviral，synthesis 确定逻辑符 and。

第 5 步：点击 Start Search 按钮。

3.3 Beilstein 有机化学手册

3.3.1 简介

该大全是目前世界上最完备的有机化学手册，全书内容按有机化合物的结构分为 31 卷，1~27 卷为各类有机化合物，28~29 卷为索引，30~31 卷为天然有机物。

3.3.2 分类系统

（1）由化合物的母体骨架结构确定大部别。

（2）杂环化合物类。

（3）各大部内按官能团种类定类别。

（4）以系统号连贯正编和补编各卷化合物。

3.3.3 收录内容和编制原则

对收录的化合物依次列出命名、结构式、构型、来源、制备、物理性质、化学性质、分析方法以及盐、加成化合物和衍生化合物。

3.3.4 Beilstein 有机化学手册的索引

（1）该手册的第 28 卷和 29 卷是完整的主题索引和分子式索引。

（2）每卷卷末都有主题词索引和分子式索引，还有几卷索引以及百年索引。

3.3.5 手工查阅 Beilstein 有机化学手册

（1）利用各种索引查阅。

（2）利用系统号查阅。

（3）利用 Beilstein 的分类规则查阅。

3.3.6 Beilstein 有机化学手册的数据库和计算机检索

CrossFire Beilstein 可检索数据包括：

（1）化合物：969 多万种化合物的结构式信息，及其所有相关科学事实和数据，包括所有相关化学属性数据、物理属性数据、生物活性数据（包括描述药效数据、环境毒物学数据）。

（2）反应式：1012多万条反应式，详细记载了化合物的制备（包括反应物及中间产物的合成路线）、反应条件，方便用户通过反应式检索选择、研究特定的反应路径。

（3）文献：包括203多万篇引文、篇目及文摘，自由与化合物、反应式结果互相超链连接。

CrossFire Beilstein 计算机检索时，主界面主要包括四个区域：检索字段限制选择区、内容显示区、检索修饰区、检索输入区。其中检索字段限制选择区包括：

（1）基本检索（Basic Search）可从化学物质名称及片断检索、化学物质索引、化学反应索引、相关文献索引途径检索。

（2）书目文献检索（Bibiliographic Information）可从文献编号、著者姓名、文献题名等途径检索。

（3）化学物质特征检索（Substance Characterizatio）可从化学物质各种特征如分子式排列、分子式、重量、等途径检索。

（4）物理常数检索（Physical Properties）可从熔点、沸点、光学特性、分光镜等途径检索。

（5）化学常数检索（Chemical Properties）可从化学反应类型等途径检索。

点击这些字段名称，在内容显示区显示字段的代码和详细说明，并且可以选择字段进行限定检索。检索字段限制选择区选择数据库内容显示区检索词输入框。

在选择检索方法时，可以是关键词输入检索、高级检索、结构检索、综合检索。例如通过关键词检索：通过字段限制选择区选择字段后，在 Search All Text 检索框中输入要检索的关键词，可以输入一个也可以同时输入多个关键词，词与词之间可以用“near”、“and”、“next”、“not”、“or”以及“proxinity”等6种算符进行组配。

3.4 网络版化学手册数据库

Elsevier（爱思唯尔）是一家经营科学、技术和医学信息产品及出版服务的世界三大出版集团之一，其出版历史可追溯至1880年。遍布25个国家的74个分支机构，有7500名员工。每年出版2000多种期刊和1900种新书，其领域涵盖医学、生命科学、自然科学和社会科学等，占全球科技期刊的25%。成为180个国家、3000万科研人员必不可少的科技信息资源，也是全球最全面的科学期刊和在线期刊及科学数据服务商。主要产品有：Scopus——全球最大的文摘与引文数据库；ScienceDirect——全球最大的外文期刊全文数据库；CrossFire：Beilstein——全球最全的有机化学数值和事实库；Patent Chemistry——化学专利数据库；Gmelin——当今最全面的无机与金属有机化学事实数据库；Reaxys——CrossFire 的升级产品；PharmaPendium——综合性药物安全性数据的关键来源。

3.4.1 Reaxys 发展背景

目前 Reaxys 是 Elsevier 旗下的新产品，是一个内容丰富的化学数值与事实数据库。Reaxys 为 CrossFire Beilstein/Gmelin 的升级产品。Reaxys 将贝尔斯坦(Beilstein)、专利化学数据库(Patent Chemistry)和格梅林(Gmelin)的内容整合为统一的资源,包含了2800多万个反应、1800 多万种物质、400 多万条文献。CrossFire Beilstein Database 是世界最全的有机化学数值和事实库，时间跨度从 1771 年至今，包含化学结构相关的化学、物理等方面的性质；化学反应相关的各种数据；详细的药理学、环境病毒学、生态学等信息资源。

Patent Chemistry Database 是 Beilstein 的完美补充，涵盖的国际专利类别［IPC］（1976 年之后）有 C07 有机化学、A61K 药物（医药、牙医、化妆品制备）、A01N 生物杀灭剂（农用化学品、消毒剂等）、C09B 染料（可能具有药理学活性）。

CrossFire Gmelin Database 是全面的无机化学和金属有机化学数值和事实库，1772 年至今，3 个月更新一次，包含详细的理化性质、地质学、矿物学、冶金学，材料学等方面的信息资源。

Reaxys 的发展史如图 3－1 所示。

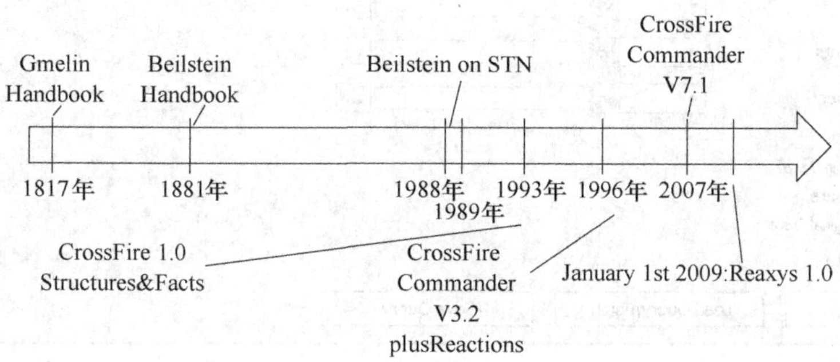

图 3－1　Reaxys 的发展史

3.4.2　Reaxys 特点

Reaxys 可提供广泛的信息，包括：一步和多步反应数据；催化剂信息；化合物的性能实验数据；反应操作步骤；专家精选的数据。Reaxys 包括的期刊和专利文献的内容都是经过化学专家们一再筛选、并且经过试验验证的化学反应和化合物数据。

（1）全球最大的 Organic Chemistry、Inorganic Chemistry、Organometallic Complex 事实型数据库，将 Beilstein/Patent/Gmelin 三个数据库整合为一个。

（2）合并了化合物属性和化学反应数据的集中信息源。

（3）准确的、经验证的实验数据源。

（4）支持对化合物相关的化学反应、化学结构、性质和文献进行检索的信息源，还能把检索结果按收得率、催化剂等条件进行二次过滤。

（5）支持合成路线/工艺的优化而设计的工具，能自动生成一条合成路线。

（6）简洁的用户界面，符合大众使用习惯，容易上手。

（7）基于 Web 的服务 Reaxys 不需要安装客户端软件，使用方便。

3.4.3　Reaxys 的检索方式

3.4.3.1　关键字检索

举例：检索 CAS 号为 34014－18－1 的化合物（见图 3－2～图 3－5）。

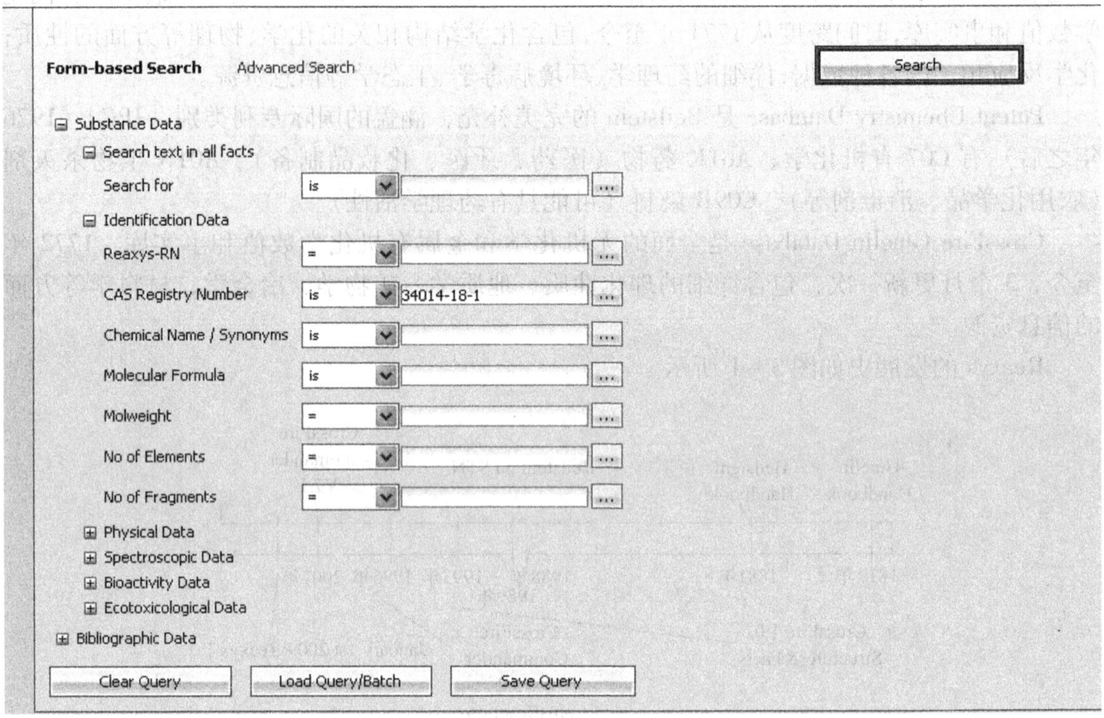

图 3－2　检索 CAS 号为 34014－18－1 的界面

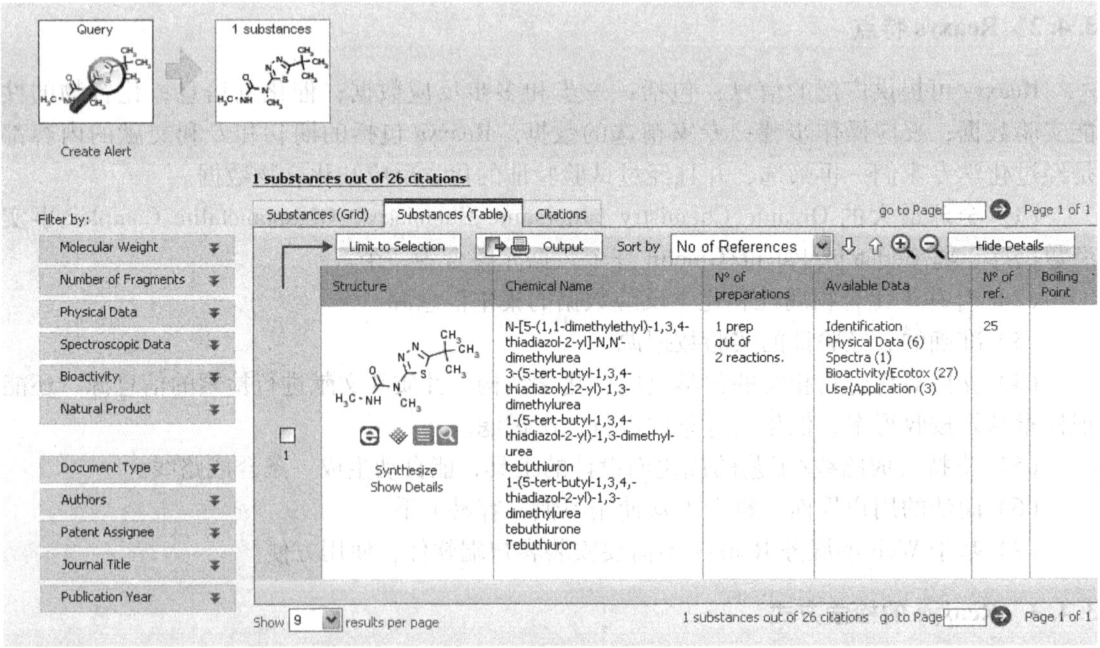

图 3－3　基于表单物质与 Reaxys 检索界面

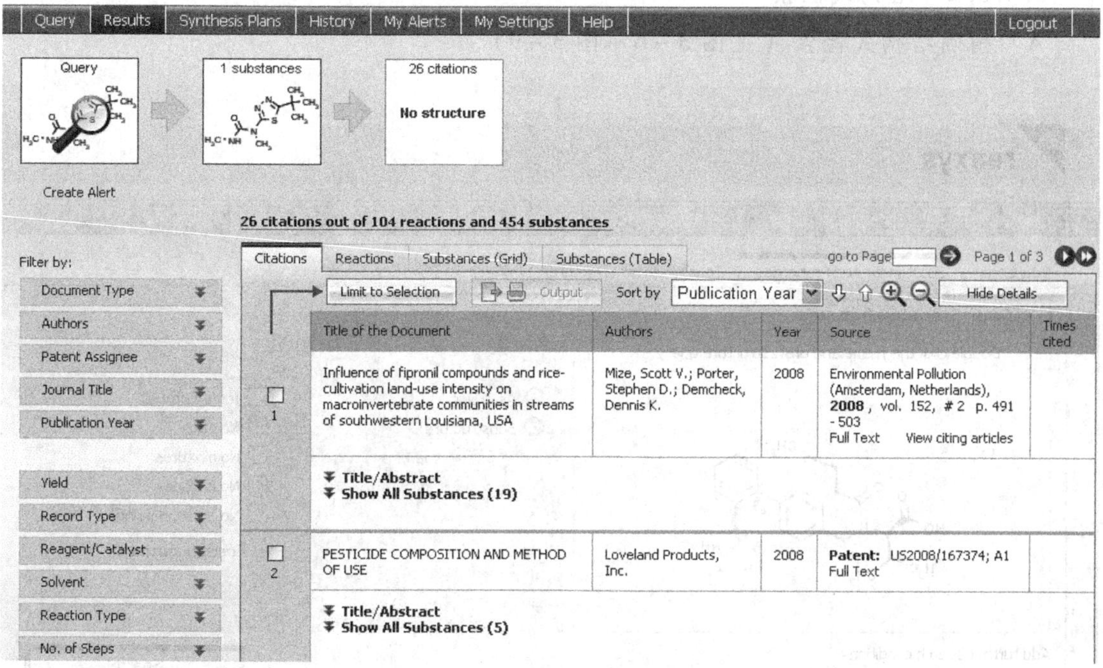

图 3－4　26citations out of 104 reactions and 454 substances 检索界面

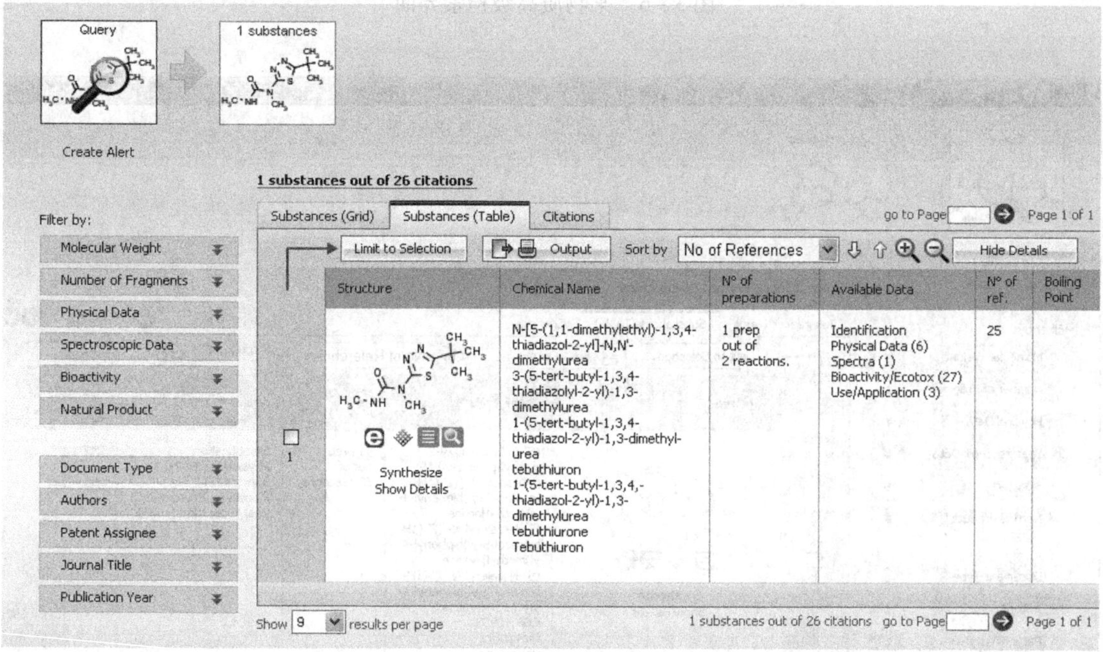

图 3－5　反应在表视图中检索结果

3.4.3.2 结构式检索

A 精确结构式检索（见图 3－6～图 3－9）

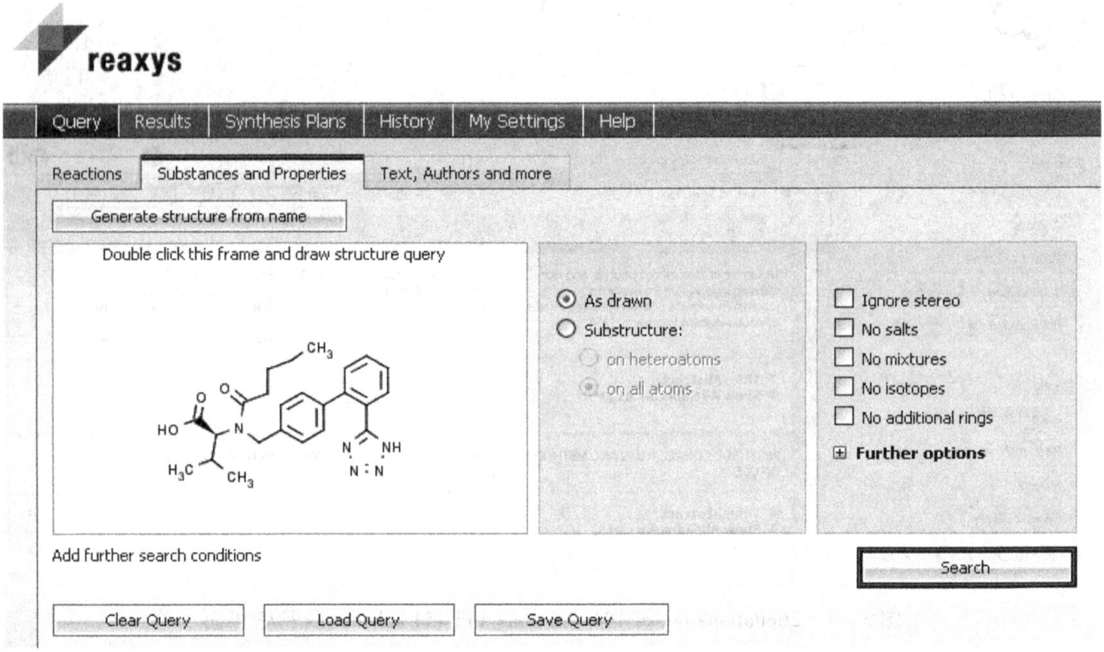

图 3－6 某物质高级检索界面

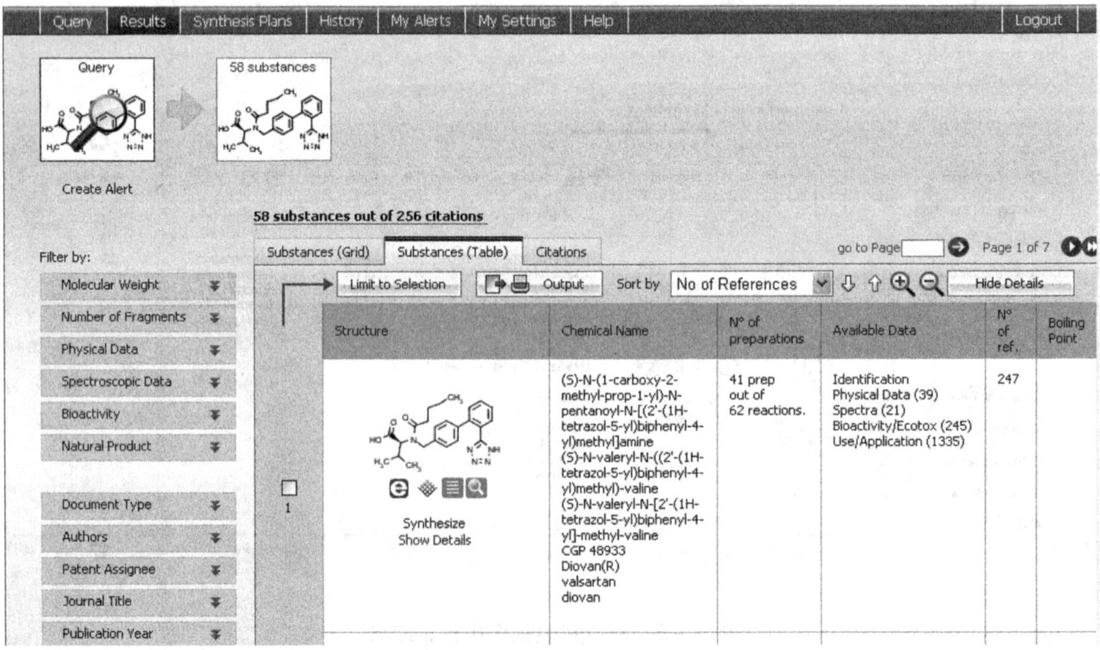

图 3－7 高级检索结果界面

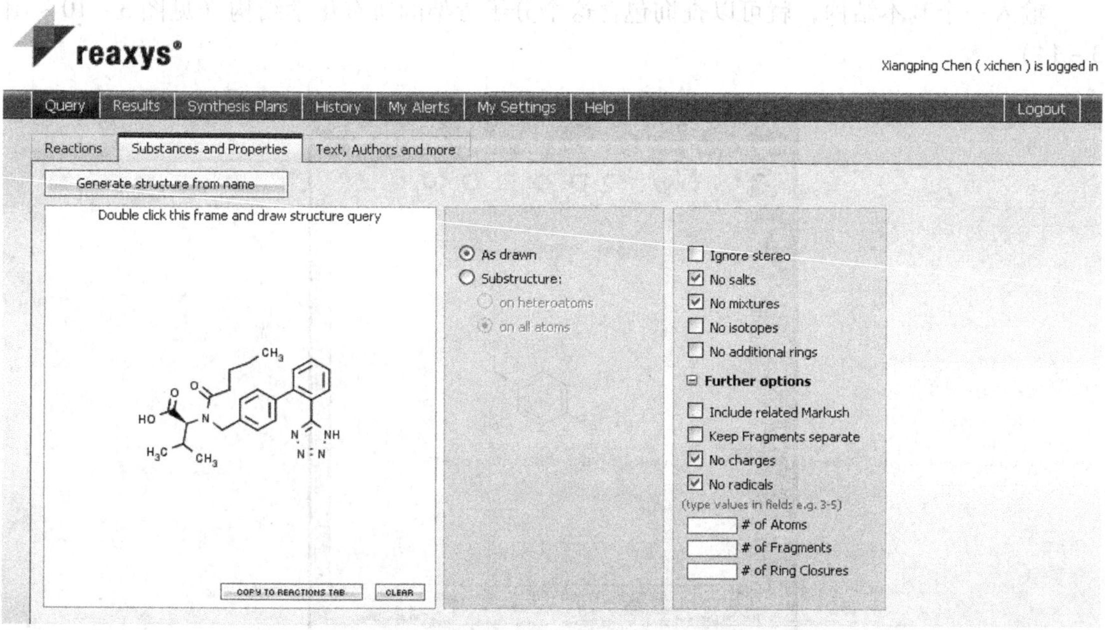

图 3－8　某一物质选取条件检索界面

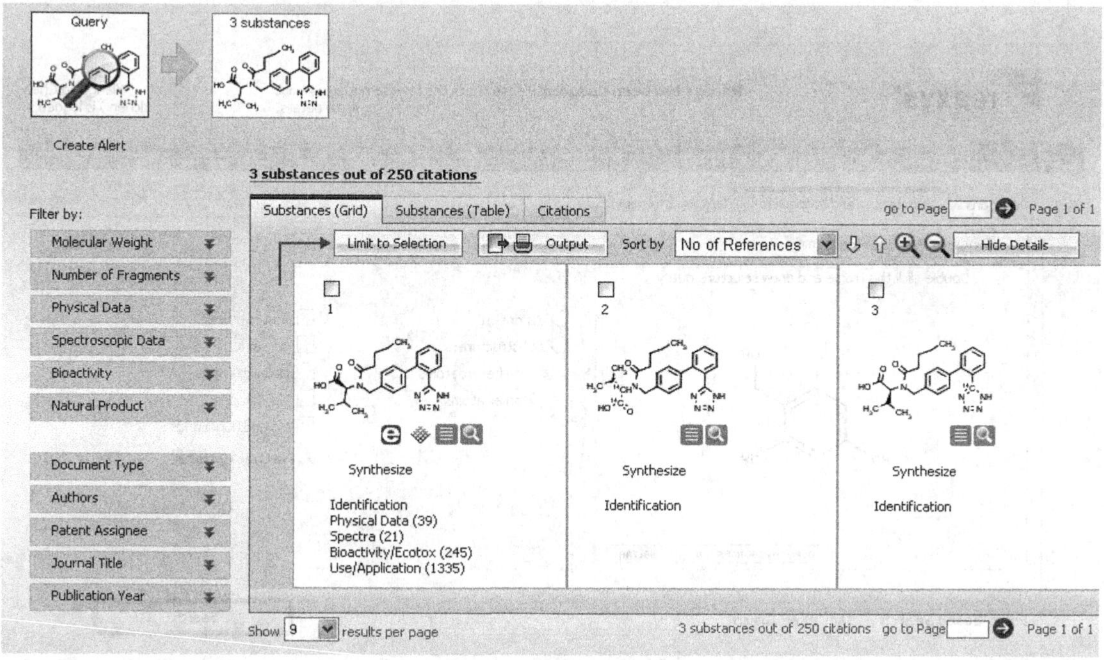

图 3－9　条件选取检索结果

B 子结构检索

输入一个基本结构，就可以查询包含这个分子骨架的所有化学结构（见图 3 - 10 ~ 图 3 - 14）。

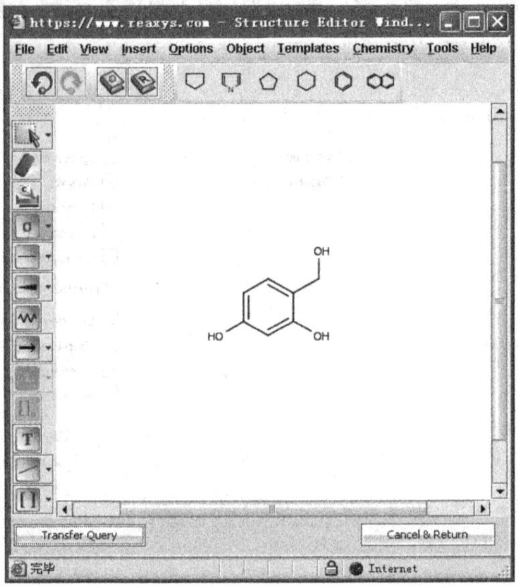

图 3 - 10 输入分子骨架页面

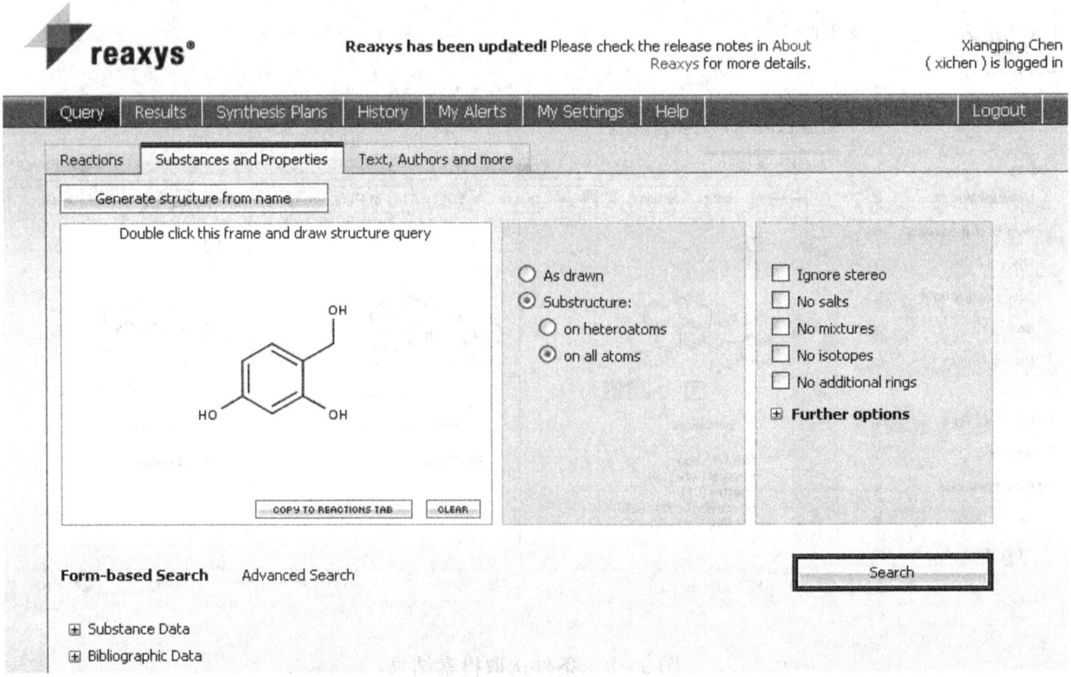

图 3 - 11 分子骨架高级检索界面

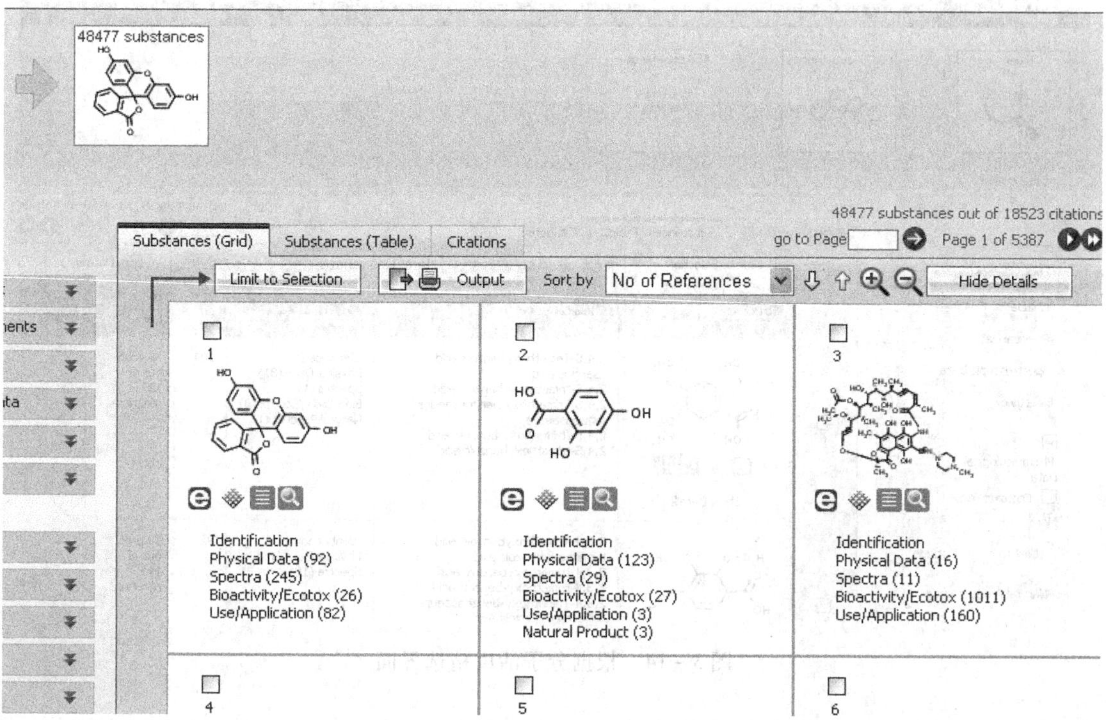

图 3－12 分子骨架检索结果

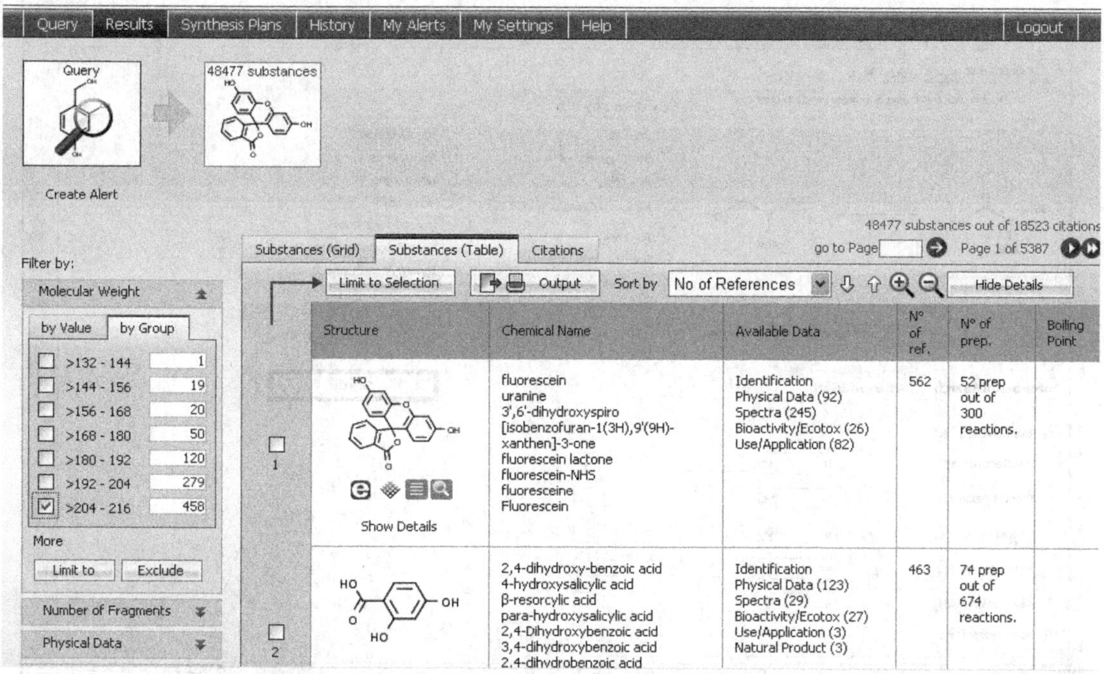

图 3－13 根据分子质量进一步检索

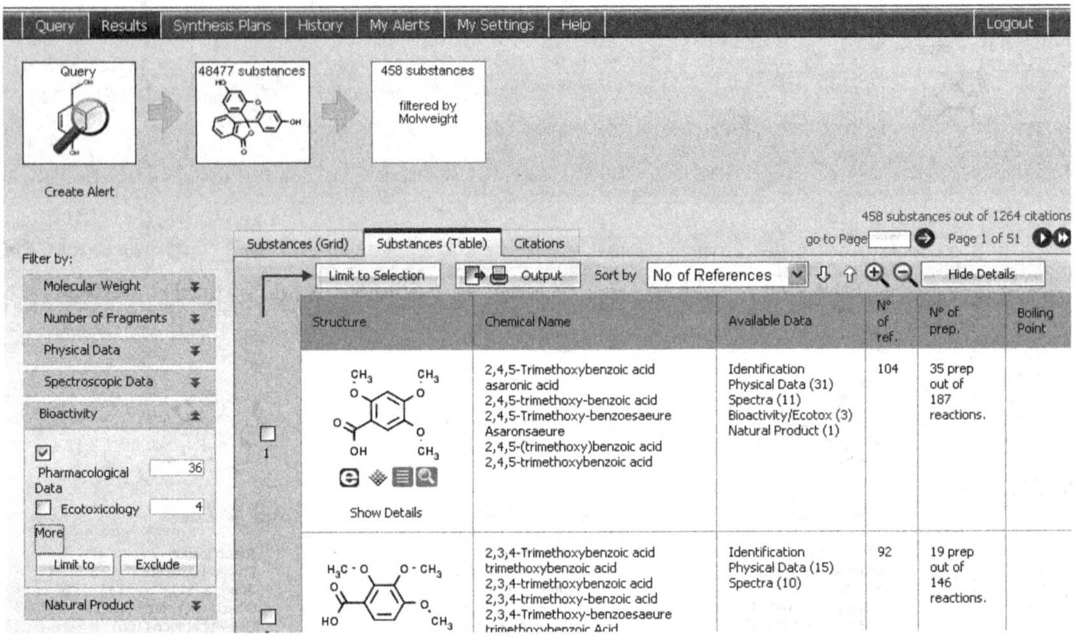

图 3－14　根据分子活度精选界面

C　联合检索（关键字与结构式）

联合检索见图 3－15～图 3－17。

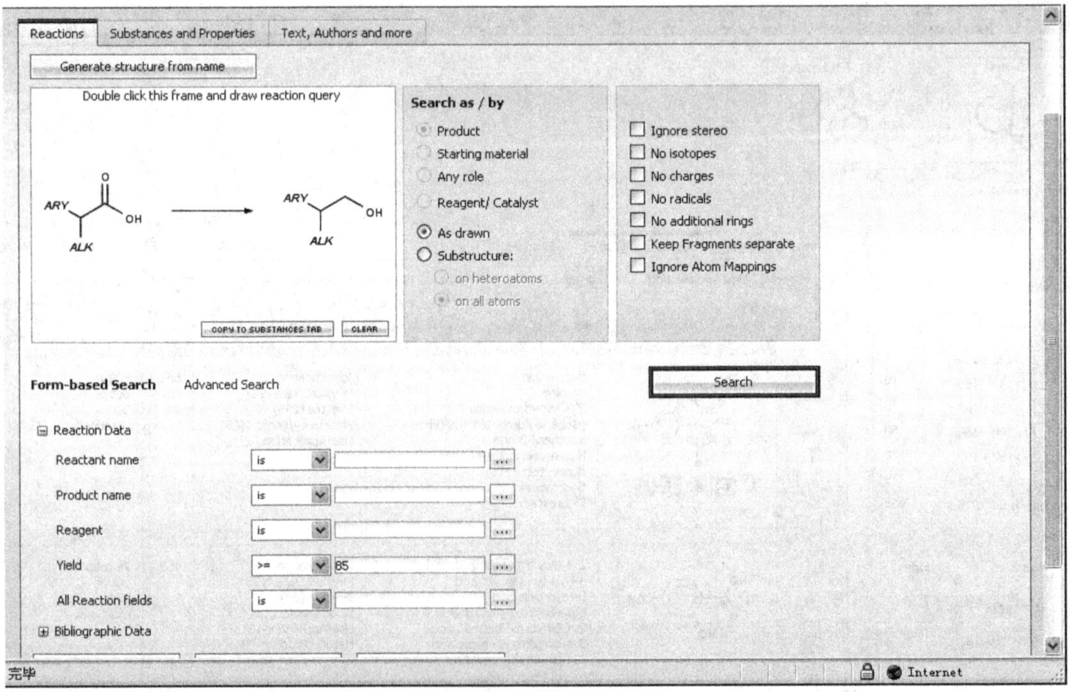

图 3－15　联合检索界面

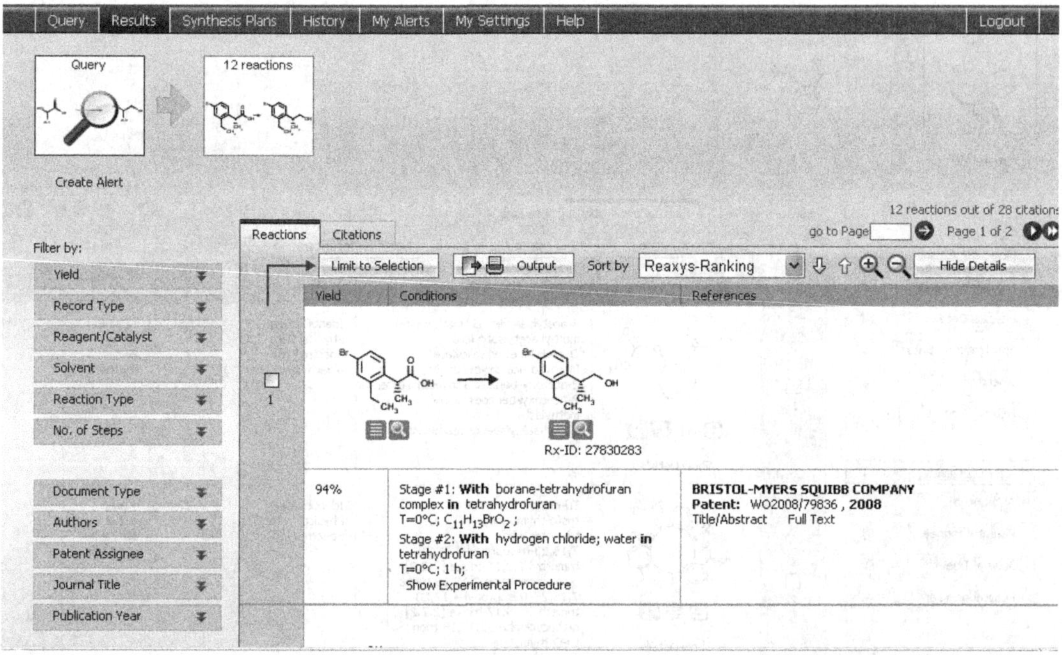

图 3 – 16 联合检索结果界面

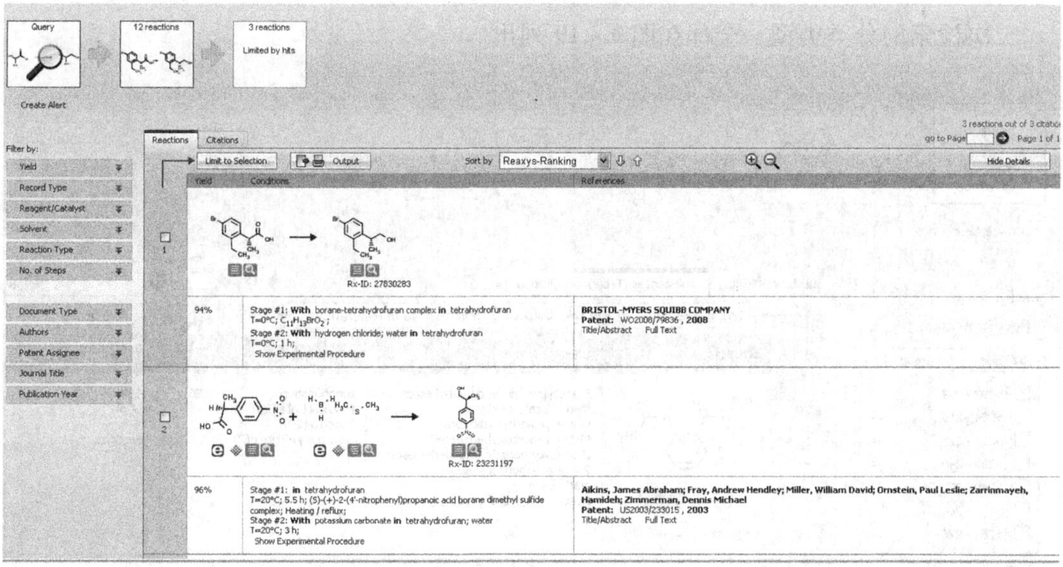

图 3 – 17 精细联合检索界面

D 二次筛选的应用

第一次检索结果较多，想直接筛选出符合自己需要的检索条目或者有些检索记录是不需要的，需要从检索条目中去除因避免检索时检索条件太严格而漏掉有用信息。二次筛选功能是快速、高效检索文献的利器见图 3 – 18。

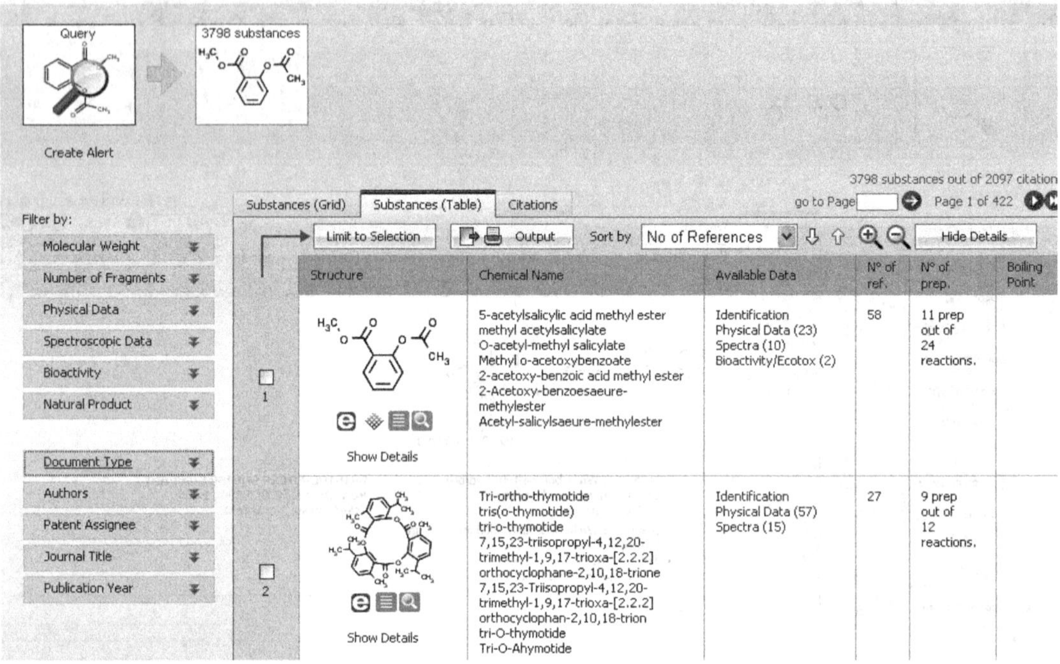

图 3－18　二次筛选界面

二次检索的分类类型，全部在图 3－19 列出。

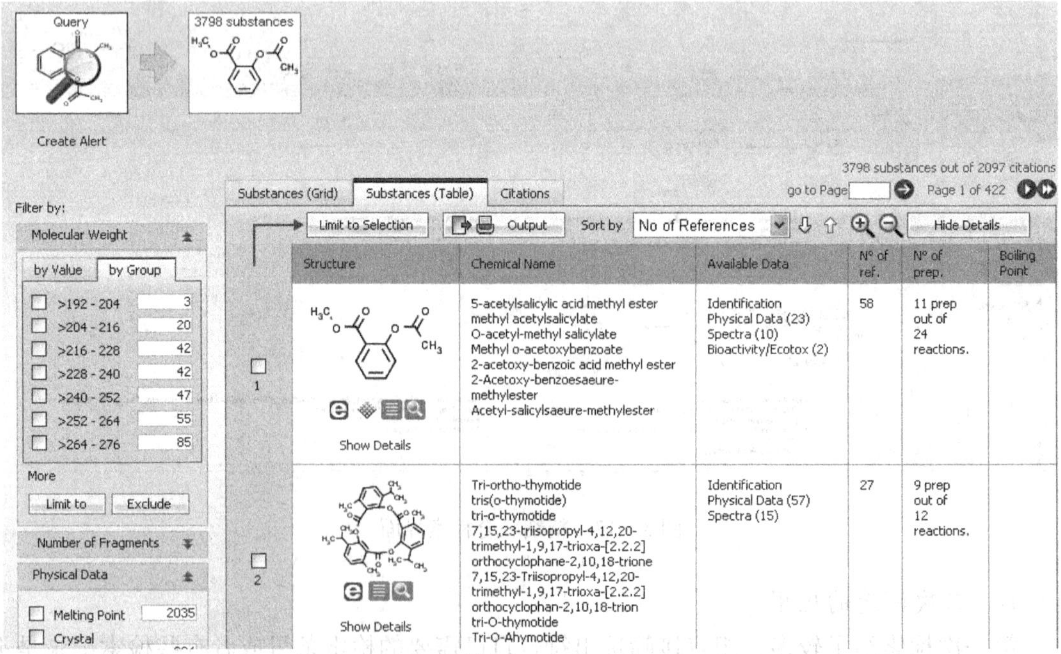

图 3－19　二次检索分类类型界面

展开后的二次检索栏目，已经自动分类。

E 合成路线的智能设计

举例：Gefitinib（吉非替尼，商品名：易瑞沙）：第一个批准上市治疗非小细胞肺癌的 EGFR 抑制剂（见图 3-20～图 3-25）。

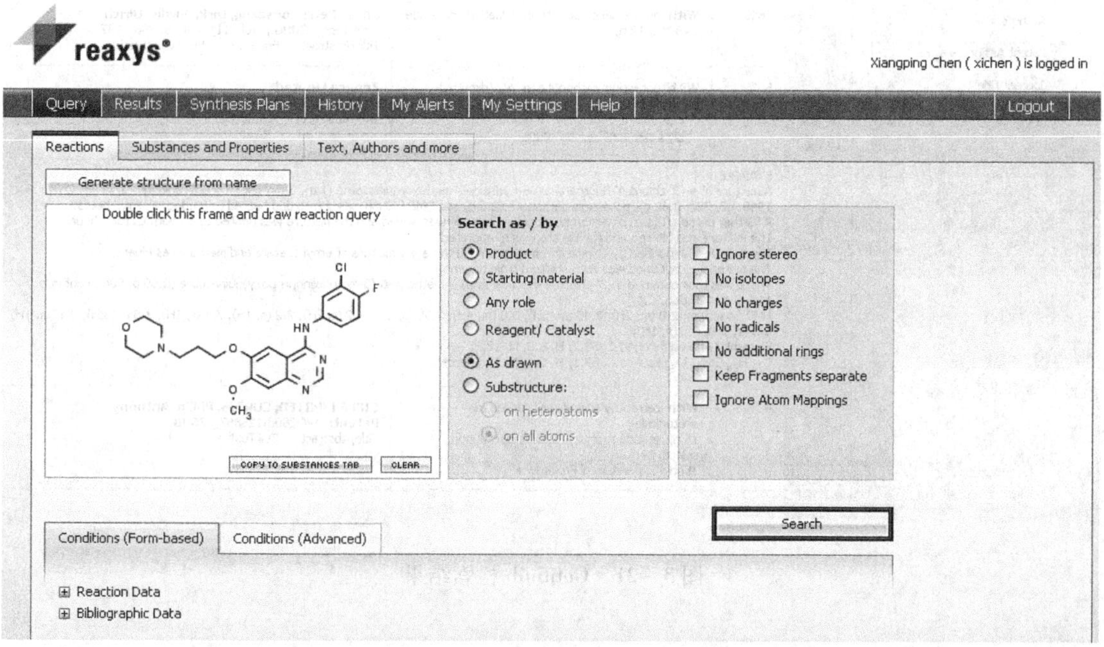

图 3-20 Gefitinib 结构图界面

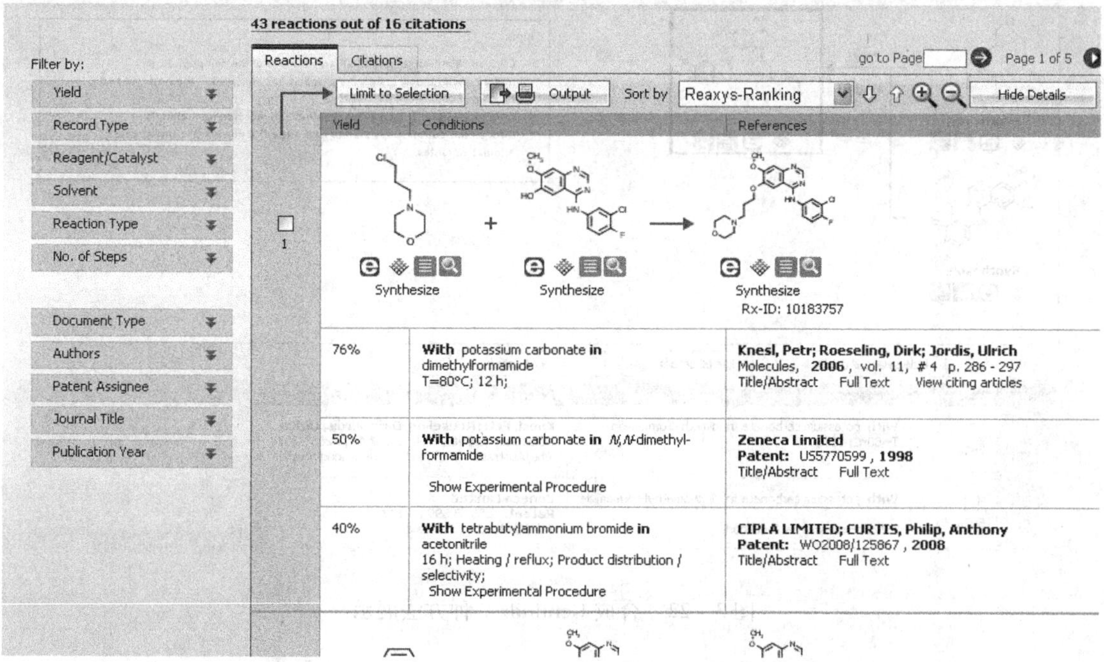

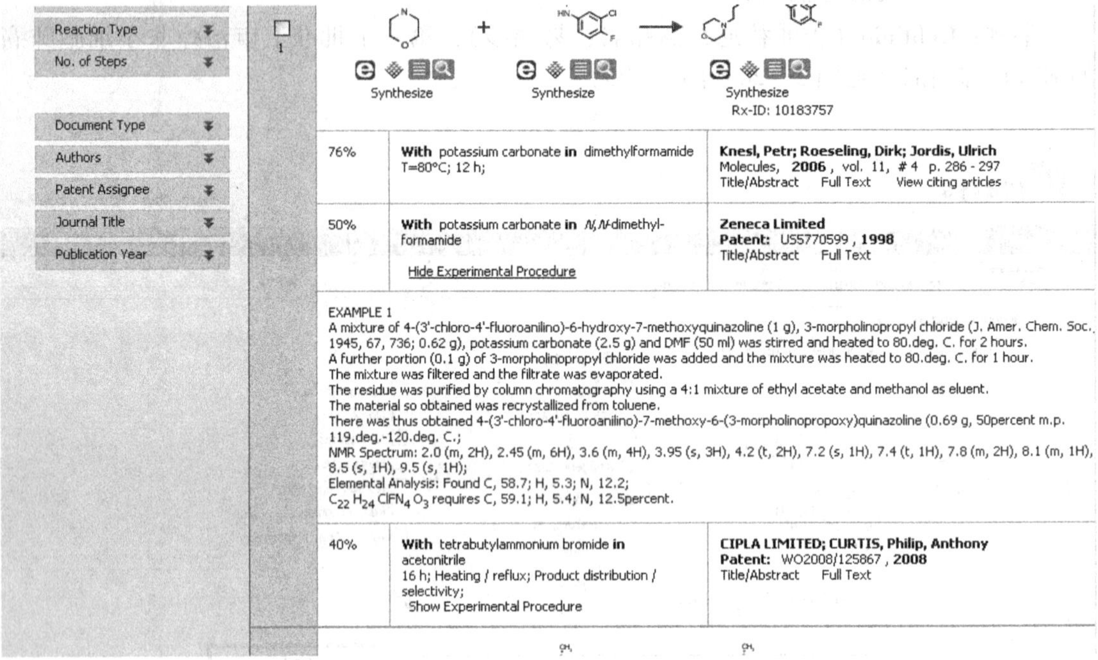

图 3－21 Gefitinib 检索结果

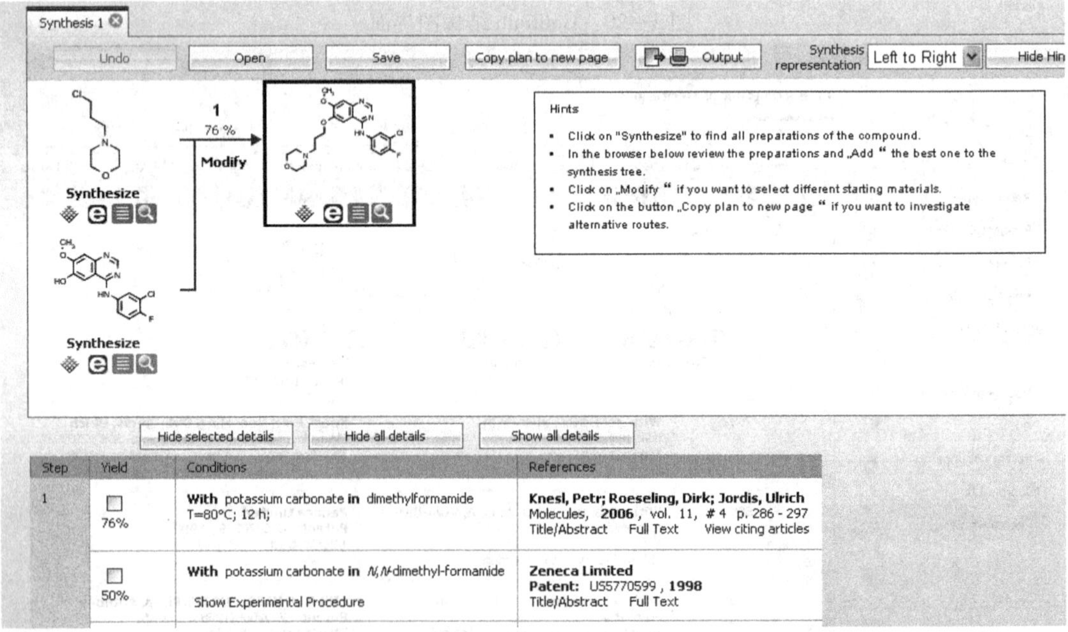

图 3－22 合成 Gefitinib 一种方法展示

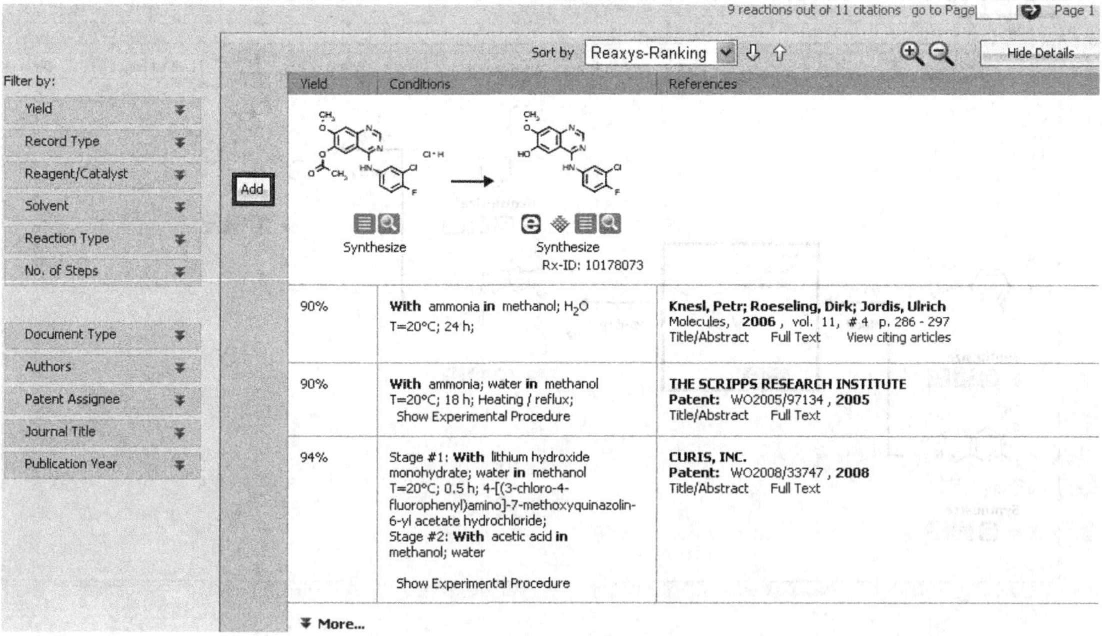

图 3－23　检查最优条件界面

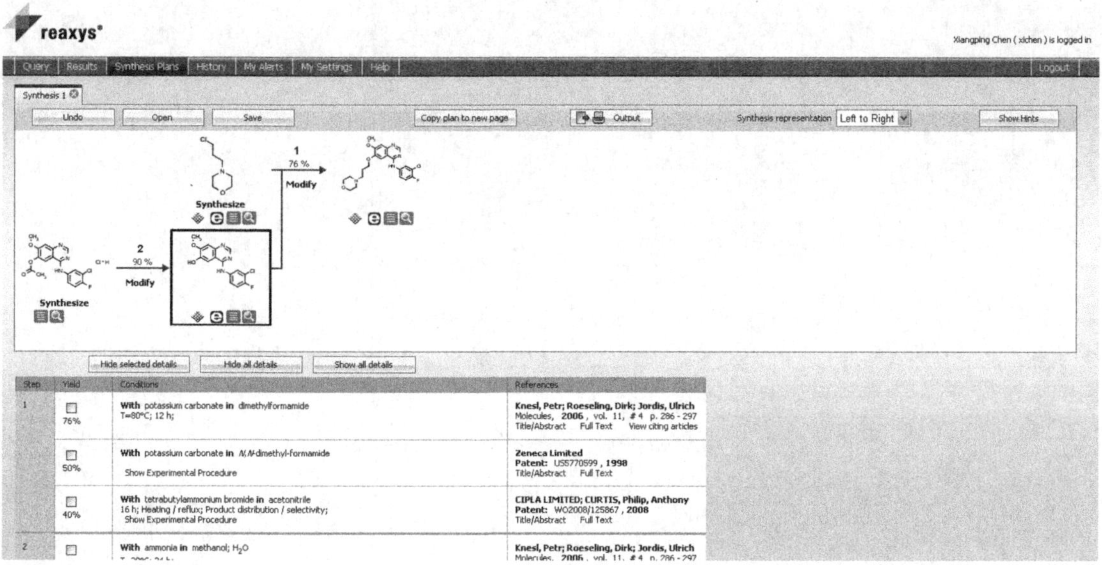

图 3－24　确定最终合成路线界面

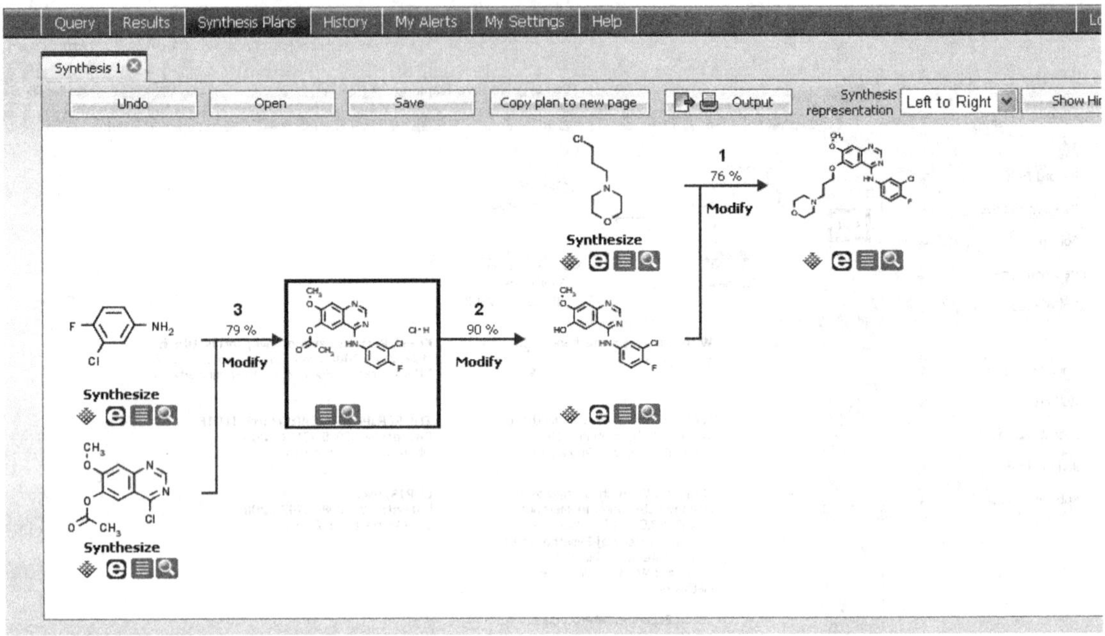

图 3－25 下载最终合成路线的界面

4 科技期刊

科技期刊是相对于图书的另一类出版形式的文献，它具有内容新颖、发行与影响面广等特点，在科技活动中一直起着非常重要的作用。了解并掌握科技期刊的检索对于文献检索学习是十分必要的。

4.1 概　　述

期刊，又称为杂志（Journal，Magazine），一般是指具有固定题名、定期或不定期出版的连续出版物。如《化学学报》、《环境化学》、《燃料学报》、《Fuel》、《Environment Science & Technology》等，都是科技期刊。科技期刊是检索的最终目标之一，不管是用 CA 还是用 PA，查到的科技论文，最终都要查阅科技期刊。

科技期刊在检索工具的文摘中，往往有卷、期、页的标志（如 J. Am. Chem. Soc 84 (36), 74 (1997)）。与图书比较，其出版周期短、刊载论文速度快、内容新颖深入、发行与影响面广、能够及时地反映各国的科学技术水平。期刊论文多数是未经重新组织的，即原始的一次文献。在科学技术界已形成了通过科技期刊发表科研成果的传统，许多新的理论、新的观点、新的方法往往首先在期刊上刊登。科技期刊在科技技术活动中一直起着非常重要的作用，是科技交流的主要工具。它在科技文献中占有非常突出的地位，直到今天，科技期刊作为一种情报来源，在各种科技文献中仍然牢固地居于首要地位。在科学家和专家们所利用的全部科技情报中，由科技期刊提供的占 70% 左右。期刊中的文献，常常是学习和研究中经常需要查阅的。掌握期刊信息的查检方法是进行学术研究不可或缺的一个重要环节。

科技期刊是一种快速传递科技信息的信息资源，是一种广泛传播的大容量科技信息资源，同时也是一种有广泛影响的科技信息资源。它是传递科技信息、交流学术思想的最普遍、最常用、最有效的手段之一，是科技工作者获取知识的重要源泉。科技工作者通过阅读科技期刊可了解本专业、本学科的研究现状和水平，学习借鉴别人的经验，启发自己的研究思路，站在高起点上进行科技开发，从而收到事半功倍的效果。因此，科技期刊对推动科学技术的发展和社会进步起着十分重要的作用。

科技期刊有两种主要形式：学术型期刊和检索型期刊。学术型期刊以发表科研方面的论文为主，具有较强的学术性，是科技期刊的主体；检索型期刊是提供科技文献线索的主要工具型刊物，属于二次文献。

《中文核心期刊要目总览》由中国知网、中国学术期刊网和北京大学图书馆期刊工作研究会联合发布中文核心期刊目录，由北京大学出版社出版。已于 1992~2015 年出版过 7 版，主要是为图书情报部门对中文学术期刊的评估与订购、为读者导读提供参考依据。第 7 版核心期刊的定量评价，采用了被索量、被摘量、被引量、他引量、被摘率、影响因子、他引影响因子、被重要检索系统收录、基金论文比、Web 下载量、论文被引指数、互引指数 12 个评价指标，选作评价指标统计源的数据库及文摘刊物达 50 余种。2009 ~ 2011 年统计文献量 65 亿余篇次，涉及期刊 14700 余种。定性评价共有 3700 多位学科专家参加了核心期刊评审工作。经过定量评价和定性评审，从我国正在出版的中文期刊中评选出 1983 种核心期刊，分属 7 大编 74 个学科类目。该书由各学科核心期刊表、核心期刊简介、专业期刊一览表等几部分组成，不仅可以查询学科核心期刊，还可以检索正在出版的学科专业期刊，是图书情报等部门和期刊读者不可或缺的参考工具书。

4.2 国内外主要化学期刊

4.2.1 综合性自然科学期刊

4.2.1.1 国内相关的自然科学期刊

（1）科学通报。1950 年创刊，主要是报道自然科学各学科基础理论和应用研究方面具有创新性、高水平和重要意义的研究成果。报道及时快速，文章可读性强，力求在比较宽泛的学术领域产生深刻影响。设有点评、进展、评述、前沿、论文、快讯、论坛、争鸣、动态和书评等栏目。《科学通报》是我国自然科学基础理论研究领域里权威性的学术刊物，在国内外都有着长期而广泛的影响。近几年来，随着刊物国际知名度的不断提高，越来越多的国外学者通过该刊物来关注中国自然科学的发展。

（2）中国科学。《中国科学》（中文版）和《Science in China》（英文版）是中国科学院主管、中国科学院和国家自然科学基金委员会共同主办的自然科学综合性学术刊物，由中国科学杂志社出版。主要刊载自然科学各领域基础研究和应用研究方面具有创新性的、高水平的、有重要意义的研究成果。目前《中国科学》（中文版）和《Science in China》（英文版）各有 A ~ G 辑，共 7 辑：A 辑为数学；B 辑为化学；C 辑为生命科学；D 辑为地球科学；E 辑为技术科学；F 辑为信息科学；G 辑为物理学、力学和天文学。从 2008 年起，均为月刊。从 2006 年起，《中国科学》A ~ G 辑英文版全部由 Springer 独家代理海外发行，并纳入 SpringerLink 网络平台。《中国科学：化学》（中文版）和《SCIENCE CHINA Chemistry》（英文版）主要报道化学基础研究及应用研究方面具重要意义的创新性研究成果。涉及的学科主要包括理论化学、物理化学、无机化学、有机化学、高分子化学、生物化学、环境化学、化学工程等。中、英文版是两个相对独立的刊物。

（3）清华大学学报，自然科学版。创刊于 1915 年，已有百年历史，是中国最早同时以“大学校名”和“学报”冠名的期刊，是以客观的学术语言记录清华大学发展的编年史。《清华大学学报（自然科学版）》被多家国际性文献检索机构，如 Ei、CA、MR、РЖ、INSPEC、Zbl 等及国内多家全国性文献检索机构收录。在国内历次全国性科技期刊评比中均获一等奖，1999 年新中国成立 50 周年评优活动中获“首届国家期刊奖”，2001 年《清华大学学报（自然科学版）》以“双高”期刊进入“中国期刊方阵”，2002 年获“第二届国家期刊奖”。

（4）北京大学学报，自然科学版。《北京大学学报（自然科学版）》创刊于 1955 年 12 月，是北京大学主办的自然科学（包括技术科学）综合类学术性期刊。当前为双月刊，设研究论文、研究简报、述评等栏目，主要刊登基础科学、应用科学和交叉科学等领域的研究论文及综述性文章。

(5) 复旦学报，自然科学版。《复旦学报》（自然科学版）（中、英文混合版）是复旦大学主办的自然科学综合性学术刊物（双月刊，国内外发行）。创刊于1935年6月30日，由复旦大学出版委员会编辑发行，是中国最早的大学学报之一。《复旦学报（自然科学版）》主要刊登在物理、数学、生命科学、化学、管理科学、材料与技术科学、药学等领域的基础研究和应用研究方面的学术论文、研究快报、研究简报等。

此外，还有上海交通大学学报、中山大学学报、南京大学学报等比较著名的大学学报。

4.2.1.2 国际著名的自然科学期刊

（1）Nature。英国著名杂志《自然》（Nature）周刊是世界上最早的国际性科技期刊，官网地址：http：//www.nature.com/nature/index.html。《自然》每周刊载科学技术各个领域中具有独创性、重要性，以及跨学科的研究，同时也提供快速、权威的、有见地的新闻，还有科学界和大众对于科技发展趋势的见解的专题。它是世界上最权威的科学杂志之一，2014年它的影响因子为41.456。

《自然》的主要读者是从事研究工作的科学家，但杂志前部的文章概括使得一般公众也能理解杂志内最重要的文章。杂志开始部分的社论、新闻、专题文章报道科学家一般关心的事物，包括最新消息、研究资助、商业情况、科学道德和研究突破等栏目。杂志也介绍与科学研究有关的书籍和艺术。杂志的其余部分主要是研究论文，这些论文往往非常新颖，有很高的科技价值。

（2）Science。《科学》（Science）是美国科学促进会出版的一份学术期刊，为全世界最权威的学术期刊之一，官网地址：http：//www.sciencemag.org。《科学》是发表最好的原始研究论文以及综述和分析当前研究和科学政策的同行评议的期刊之一。《科学》属于综合性科学杂志，它的科学新闻报道、综述、分析、书评等部分，都是权威的科普资料。该杂志也适合一般读者阅读。其主要关注点是出版重要的原创性科学研究和科研综述，此外《科学》也出版与科学相关的新闻、关于科技政策和科学家感兴趣的事物的观点。不像大多数科学期刊专注于某一特定领域，《科学》和《自然》期刊一样，涵盖了所有学科。2014年它的影响因子为31.477。

（3）Cell。《细胞》（Cell）是关于生命科学领域中最新研究发现的杂志，由美国爱思维尔（Elsevier）出版公司旗下的细胞出版社（Cell Press）出版发行。《细胞》为同行评审科学期刊，主要发表生命科学领域中的最新研究发现。《细胞》刊登过许多重大的生命科学研究进展，与《自然》和《科学》并列，是全世界最权威的学术杂志之一，2014年它的影响因子为32.242。

4.2.2 综合性化学期刊和化学评论期刊

4.2.2.1 国内主要化学化工期刊

(1) 化学学报。1933年4月创刊，原名《中国化学会志》，1952年改为化学学报，1966~1974年停刊，1975年复刊（月刊），是中国化学会主办的涉及化学科学各领域的学术性刊物，由中国科学院上海有机化学研究所编辑，科学出版社出版。它主要报道学术价值比较大，实验数据完整，具有原始性、创造性的研究成果，工作量较少或阶段性的研究成果和重要研究工作的最新进展。

（2）化学通报。1934 年 1 月创刊，原名《化学》，1952 年 7 月改为现名，1966～1972 年停刊，1973 年复刊，是中国化学会主办的综合性化学学术刊物，由《化学通报》编辑委员会编辑，科学出版社出版。它主要反映国内外化学及其边缘学科的进展和动向，介绍新的基础知识和实验技术，交流科研成果和工作经验。

（3）高等学校化学学报。《高等学校化学学报》是综合性学术刊物。以研究论文、研究快报、研究简报和综合评述等栏目集中报道我国化学学科及其交叉学科、新兴演算及边缘学科等领域中新开展的基础研究、应用研究和开发研究中取得的最新研究成果。坚持以新、快、高为办刊特色，载文学科覆盖面广，信息量大，学术水平高，创新性强。被 SCIE、SCI 收录。在美国化学文摘千种表中居科技期刊前列。

（4）化工学报。《化工学报》（月刊）是由中国科学技术协会主管、中国化工学会和化学工业出版社共同主办、化学工业出版社出版的我国化工领域的综合性学术期刊，创刊于 1923 年，是我国创刊较早的科技期刊之一。《化工学报》的前身是创刊于 1923 年的中华化学工业会会刊《中华化学工业会会志》和创刊于 1934 年的中国化学工程师学会会刊《化学工程》。前者于 1929 年随总会由北京迁至上海后更名为《化学工业》。新中国成立后，《化学工业》与《化学工程》于 1950 年合并，定名为《化学工业与工程》，并开始立卷。该刊自 1952 年第 4 期起更名为《化工学报》，著名化工专家、中国化学工业的先驱侯德榜先生亲自为刊物题写了刊名，并沿用至今。《化工学报》编委会以本届编委为第一届编委会成员。创刊以来，《化工学报》经历了由半年刊改为季刊、双月刊直至月刊的发展过程。我国许多著名化工专家在《化工学报》上发表过论文，许多著名化工专家曾担任《化工学报》的编委会主任、执行主任、副主任或编委。中国科学院资深院士时钧先生在该刊创刊 80 周年发表的纪念文章中说："《化工学报》在引领中国化学工业与工程的前进上功不可没，可以说，它是我国现当代化工史的一个见证、一面镜子，其中浓缩着我国化工界开拓者和后继者几代人的希望、追求、奋斗与业绩。"

（5）化学世界。1946 年 5 月创刊，1966～1979 年停刊，1980 年 1 月复刊，由上海市化学化工学会编辑出版。它主要刊载无机工业化学、有机工业化学、高分子材料化学、工业分析、化学工程与化工自动化、节能、综合利用、知识介绍、化学园地、专题讲座、国内外信息等内容。

（6）应用化学。1983 年 12 月创刊，双月刊，由中国科学院长春应用化学研究所编辑出版。主要报道我国化学学科诸领域在应用基础研究方面有一定创新的成果。

4.2.2.2 国际知名化学期刊

（1）美国化学会会志（Journal of the American Chemical Society）。1879 年创刊，初系半月刊，从 1967 年（第 89 卷）起改双周刊，是世界各国摘引最广的刊物之一。主要发表化学领域各方面的原始论文与研究简讯，包括普通化学、物理化学、无机与有机化学、生物化学及高分子化学等方面的内容。2014 年影响因子为 12.113，总引用数 489761 次。它的总引证次数和被引次数均雄踞第一（远远超过第二名），这说明 JACS 的覆盖面、信息量是无与伦比的。而且影响因子评价中总文章数是分母，很大型的期刊影响因子不容易显著提高，不过也不容易波动。加上 JACS 既有简讯类文章，又有全文型的文章，这也是影响它影响因子的重要原因。综合而论，JACS 以其总优势可以当之无愧地执掌化学类期刊之牛耳。

（2）德国应用化学杂志（Angewandte Chemie International Edition）。它是德国的化学类期刊，属于化学领域的顶级期刊，由 Wiley 公司出版，分德语版和英语版。2014 年的影响因子为 11.261。Angew. Chemie 上收录的文章以简讯类为主，简讯主要分布在有机化学、生命有机化学、材料学、高分子化学等领域，无机化学、物理化学涉及相对较少。收录的论文要求具有原创性、结果的重要性、惊奇性、内容的通俗性以及科学的正确性。

（3）化学评论（Chemical Reviews）。1924 年由美国化学会出版，初系双月刊，现为月刊。主要刊载化学领域方面的评论性文章，以及关于普通化学、物理化学、无机与有机化学及高分子化学等理论方面最近研究成果的综述，而非原创研究。每期关注一系列主题。每个主题都会有若干篇相关的评论。当然期刊内也会有跨主题的内容。该期刊 2014 年的最新影响因子为 46.568。

（4）化学通讯（Chemical Communications，ChemComm）。它是化学领域国际著名刊物，1982 年创刊，是英国皇家化学会（简称 RSC）主办的著名刊物之一。自 2005 年起为周刊。该期刊发表了跨越全部化学科学范围的快讯，从纳米科学到超分子化学，从合成方法学到有机材料，内容丰富。2014 年 ChemComm 的影响因子为 6.834。

（5）分析化学（Analytical chemistry）。1947 年创刊，美国化学会出版，是分析化学领域最有影响力的杂志。该期刊 2014 年的最新影响因子为 5.636。

（6）分析家（Analyst）。它是国际上著名的、历史悠久的主流分析化学期刊之一，1876 年创刊，英国皇家化学学会（Royal Society of Chemistry，RSC）出版，每年出版 24 期。《Analyst》在分析化学领域的影响力较高，致力于发表分析化学和生物分析科学领域具有原创性的基本原理的发现、创新及应用文章。2014 年影响因子为 4.107。

（7）化学研究报道（Accounts of Chemical Research）。1968 年至今，月刊，美国化学会出版。主要针对当前的化学研究进展重要论题，作出扼要、深刻的评述，并讨论新的发现与假说。

（8）英国化学（Chemistry）。1965 年至今，月刊，英国化学会出版。主要刊载化学进展现状与动向的文章与评述。

（9）化学会评论（Chemical Society Reviews）。1972 年至今，季刊，英国化学会出版。主要刊载化学理论与技术问题，以及化学进展方面的研究论述。

（10）纯粹与应用化学（Pure & Applied Chemistry）。1960 年至今，不定期，为国际纯粹与应用化学联合会机关刊物，由 Pergamon 出版。主要收载在该会及其分支机构各种会议上提出的报告、论文与特邀讲演，也包括该会所属命名、符号及标准分析程序等。

（11）化学学报（Chemische Berichte）（德文）。1868 年至今，月刊，原联邦德国化学家学会编辑，Verlag Chemie 出版。主要发表化学各领域原始学术报告、偏重于物理化学、有机化学、无机化学等方面研究。均附有英文摘要。

（12）化学纪事（Annales de Chimie）（法文）。1914 年至今，主要刊载有机与无机化学、物理化学、分析化学及生物化学等方面的研究论文。

（13）印度化学会会志（Journal of the Indian Chemical Society）。1924 年至今，月刊，印度化学会刊。主要刊载印度化学家关于有机化学与无机化学、生物化学、物理化学与分析化学、工业化学、化学工程等方面的原始研究论文。

（14）意大利化学杂志（Gazzetta Chimica Italiana）（英文）。1871 年至今，月刊，意

大利化学会刊。

（15）加拿大化学杂志(Canadian Journal of Chemistry/JournalCanadien de Chimie)(英、法文)。1929年至今,原为月刊,1966年以后改为半月刊。由加拿大国家研究院出版。

（16）澳大利亚化学杂志（Australian Journal of Chemistry)(英文)。1948年至今，月刊，澳大利亚联邦科学与工业研究组织出版。

（17）应用化学（附化学与技术新闻）（Angewandte Chemie，mitNachrichten aus Chemie und Technik)。1888年至今，半月刊。原联邦德国化学家协会编辑。专门刊载理论与应用化学，包括有机、无机与生物化学的发展，化学分析与试验研究，以及核子反应与化学工艺学等方面的论述。副刊化学与技术新闻，刊载化学与化工方面的消息、学会动态、新书新刊介绍等。

（18）普通化学杂志（Журнап общейхимиu)。1869年至今，月刊，原苏联科学院编辑。刊载研究文章和简讯。

（19）全苏门捷列夫化学会杂志（Журнапвсесоюэноsо химическoгo общества им. Д. И. Мeнeneeва)。1956年至今，双月刊，刊载研究论文和简讯。

（20）化学成就（Успехи химии）1932年至今，月刊，原苏联科学院编辑。刊载评介、综述化学领域新进展的文章。

（21）应用化学杂志（Журнан Прикпанойхимии)。1928年至今，月刊，原苏联科学院编辑。有英文译本。

（22）日本化学会志（化学と工业化学)。1972年至今，月刊，其前身为日本化学杂志（1880～1971)。

（23）日本化学会刊。内容分类：1）物理化学、工业物理化学；2）无机化学、无机工业化学；3）络合物化学；4）地球化学、宇宙化学；5）放射化学、核化学；6）分析化学；7）有机化学、有机工业化学；8）天然物有机化学与生物化学；9）高分子化学、高分子化学工业；10）化学工学；11）环境化学。

（24）化学的领域（化学の领域)。1947年至今，月刊，日本综合性化学杂志。由南江堂出版。刊载文章涉及整个化学领域。

（25）化学的领域增刊号（化学の领域增刊号)。1949年至今，不定期，为化学の领域月刊的增刊，每期为一个专题。

（26）化学与工业（化学と工业)。1948年至今，月刊，由日本化学会出版。

（27）日本化学会通报（Bulletin of the Chemical Society of Japan）（英、法、德文)。1926年至今，月刊。

4.3 网上检索化学期刊

现阶段，对于期刊的检索应用大多是通过网络检索，然后进行下载。网络检索有着资源广、检索便捷等优势。中文化学全文期刊主要收录在中国知网、维普资讯网和万方数据库。它们中收录了绝大多数的期刊全文文献，用户可通过高校图书馆或其他图书馆购买使用权后使用，也可以自行通过网络购买权限使用。

外文全文化学化工期刊分布在众多的数据库中,目前规模最大的是 Elseviser SDOS 数据库，共包含约1200种全文科技期刊，是当前利用率最高的商业化全文科技期刊数据库，中国主要大学、科学院和国家图书馆已通过集团联合购买方式引进该数据库，并在清华大学和上海交通大学建立了镜像站点，可供相应用户使用。其中化学化工类的全文期刊有约220种。

4.3.1 中国知网的网上期刊检索概要及示例

中国知网（www. cnki. net），即中国期刊网（www. edu. cnki. net/index. htm），是国家知识基础设施（China National Knowledge Infrastucture，CNKI）的资源系统。中国知网包括如下数据库：

（1）中国期刊全文数据库；

（2）中国优秀博硕士学位论文全文数据库；

（3）中国重要会议论文全文数据库；

（4）中国重要报纸全文数据库；

（5）中国图书全文数据库；

（6）中国引文数据库；

（7）中国年鉴全文数据库；

（8）中国专利数据库。

普通用户可通过互联网，在搜索主页（scholar. cnki. net）输入检索词进行搜索，如图4－1所示。点击其中所需的文献标题，就可以得到摘要、标题、作者等主要信息，但无法得到全文。

图4－1 中国知网搜索主页

要进行全文下载，首先进入CNKI各自学校或科研单位的镜像站点，然后进入全文数据库，输入检索词，再逐步选择，如图4－2、图4－3所示。在得到所需文章信息界面中，点击“PDF 下载”或“CAJ 下载”，如图4－4 所示。PDF 和 CAJ 是 CNKI 为全文提供的两种显示格式，它们的阅读软件都可以免费获得。

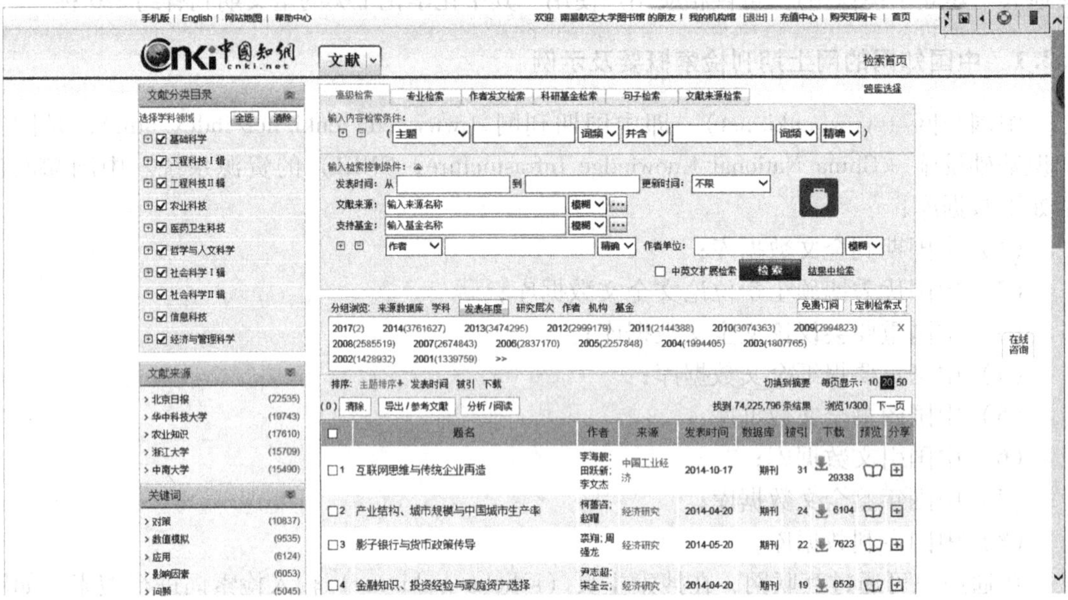

图4－2　中国知网镜像入口界面

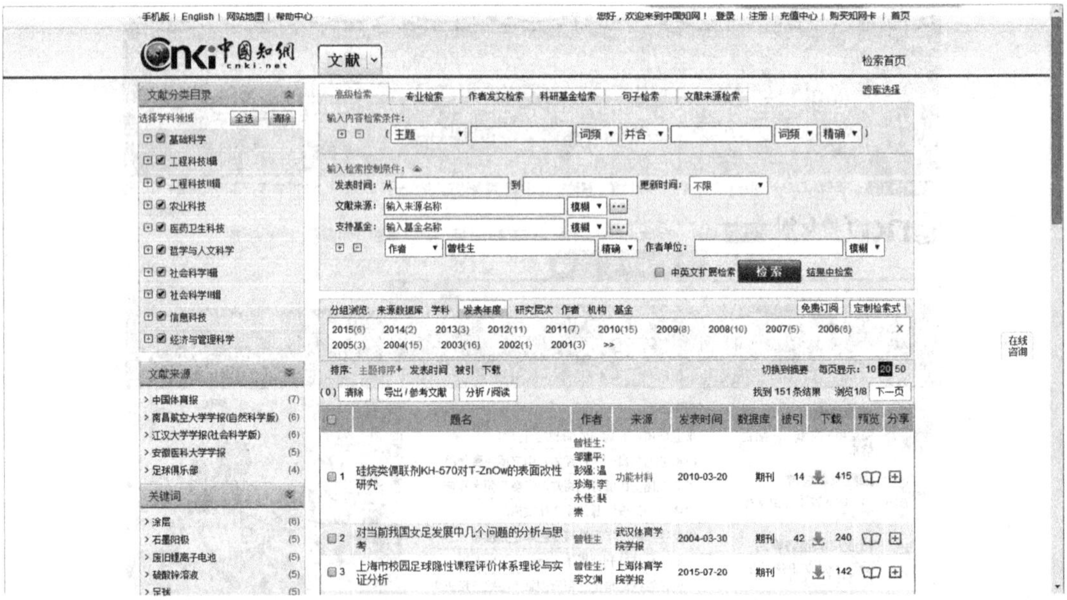

图4－3　中国知网检索结果

4.3.2　维普资讯网的网上期刊检索与示例

维普资讯网，即《中国科技期刊数据库》，它源自于重庆维普资讯有限公司 1998 年

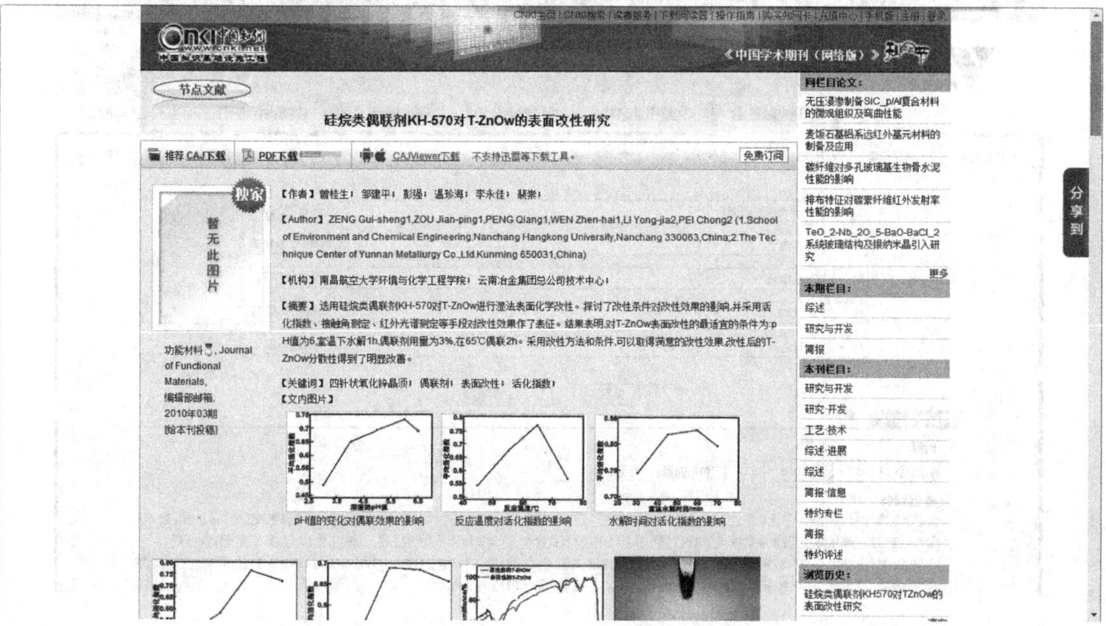

图 4－4 中国知网查看及下载资料页面

创建的《中国科技期刊篇名数据库》，经过历年的推广使用和完善已成为国内各高校文献保障系统的重要组成部分。

同样，在通过高校或其他机构镜像点登入维普，就可以搜索、下载所需文献。网络登入使用见图 4－5～图 4－7。

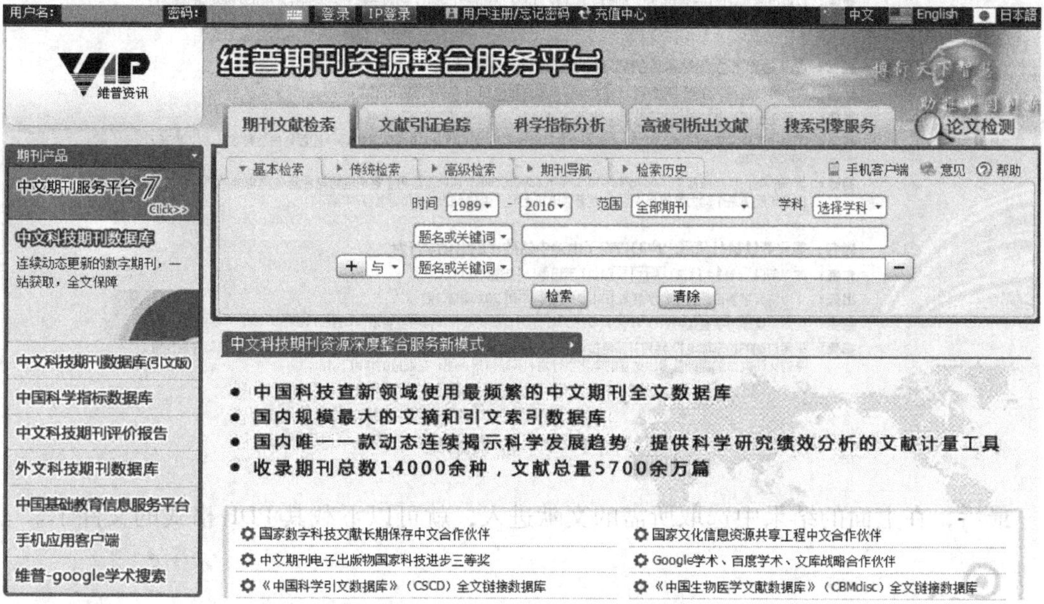

图 4－5 维普资讯网搜索界面

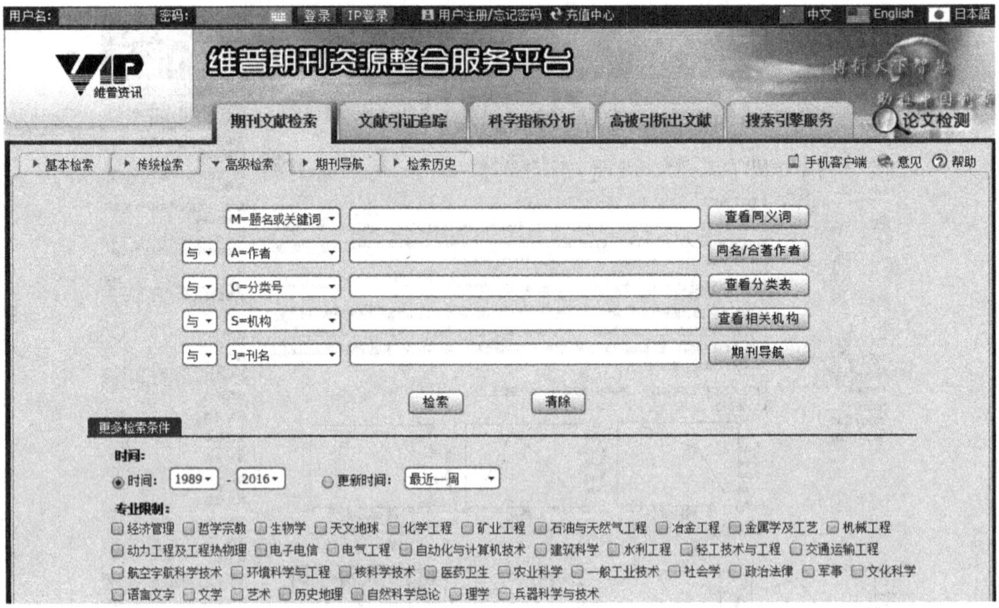

图 4－6　高级检索界面

图 4－7　检索结果

最后，在上面的结果中选取所需的文献进入，就可以下载其 PDF 格式的文件了。

5 美国化学文摘

文摘是非常重要的检索工具书，它是将散见于各种出版物中的有关文献资料写成摘要，经集、分类、编辑而成的刊物。而目前最重要的化学文摘是1907年创刊的美国化学文摘《Chemical Abstracts》。这是收集化学化工文献最全面、使用面最广的化学文摘。

5.1 概　述

美国化学文摘（Chemical Abstracts，CA）是世界上最著名的检索刊物之一，由美国化学会化学文摘社（Chemical Abstracts Service，CAS）编辑出版，创刊于1907年。它是检索化学化工文献的主要工具。特别是1969年CA兼并了具有140年历史的著名的德国《化学文摘》，进一步提高了国际地位，在世界各国具有较大影响，被称为"世界化学化工文献宝库的钥匙（Key to The World's Chemical Literature）。"

5.1.1 CA的历史沿革

CA创刊初期为半月刊，每年一卷，共24期。1961年第55卷改为双周刊，该卷共出26期。1962年第56卷又改为一年两卷，每卷13期。从1967年第66卷起至今，改为周刊，仍为两卷，每卷26期，全年共52期。

5.1.2 CA的特点

(1) 创刊早，历史悠久。1907年创刊（半月刊），一年一卷；1961年改为双周刊，一年一卷，每卷26期；1962年（双周刊），改为一年两卷，每卷13期；1967年改为周刊(66卷)，一年两卷。

(2) 收录面广。CA收录了150多个国家和地区，多达56种文字的16000余种化学化工期刊和有关的可行性研究报告、会议录、学位论文、新书、综述和28个国家和地区的专利文献；据统计，CA报道的文献占世界化学化工文献总量的98%。其文摘量增加很快，其1980年开始稳定在46万条左右，1998年已达68万多条。CA报道的内容几乎涉及了化学家感兴趣的所有领域，其中除包括无机化学、有机化学、分析化学、物理化学、高分子化学外，还包括冶金学、地球化学、药物学、毒物学、环境化学、生物学以及物理学等学科领域。

CA不报道的内容有：化工经济、市场、化工产品目录、广告、化工新闻消息。

(3) 检索途径多。若从名称上分类，CA先后出过10种索引。它通过各种渠道检索所需文献，例如：普通主题索引；化学物质索引；作者索引；化学式索引；专利索引；环系索引；索引指南。若按出版时间可划分为：期索引；卷索引；累积索引。通过索引将

CA 中 1400 万篇文章组成一个有机整体，通过各种检索途径可找出任何一篇文章。

（4）文献报道速度快。从 20 世纪 60 年代起，CA 的编辑工作就开始从传统方法逐步向自动化过渡，从 1975 年 83 卷起，CA 的全部文摘和索引采用计算机编排，报道时差从 11 个月缩短到 3 个月，美国国内的期刊及多数英文书刊在 CA 中当月就能报道。

（5）文摘内容客观公正，忠于原文。CA 摘录内容为原始文献的缩影，不另做评价，即使原文作者对化合物命名等有不妥之处，文摘中也仅以符号表示。

（6）文献质量比较高。CAS 现有工作人员 1500 余名，并在 70 个国家中特聘 3200 余名文摘员。文摘准确、简洁和完整，并统一使用英文，消除了语言障碍，为情报交流提供了方便。

（7）索引完整，使用方便。CA 是世界上配置检索途径最多的一种检索工具。除每期有关键词索引、著者索引和专利索引外，每卷（26 期）累计索引和 5 年、10 年累积索引中配置的检索途径多达 11 种，不仅为检索者提供多途径检索，而且便于多角度回溯检索。

（8）出版形式多样化。CA 除了书本检索工具外，还有计算机阅读型磁带、16mm 缩微胶卷、105mm × 148mm 的缩微平片。

（9）新刊型的涌现。1971 年 CA 增编《化学工业札记》（Chemical Industry Notes, CIN），收摘世界上 93 种化工经济刊物，弥补 CA 的不足。从 1976 年起根据读者需要，CA 按专题出版化学文献选辑（CA Selects），如“大气污染”、“太阳能”、“光化学”等 164 个专题文摘。近年来，随着计算机技术的发展，CA 出版发行光盘版和国际联机在线检索。紧接着，CA 又通过 Internet 网络建立了网站，可以方便读者进行查询。

5.1.3 CA 的类目

CA 创刊之初（1907 ~ 1910 年）不分类，从 1911 年（第 5 卷）开始按学科的主题进行分类。分类的数目逐渐增加（1911 ~ 1944 年分成 30 类，1945 ~ 1961 年分成 31 类，1962 年分成 73 类，1963 ~ 1966 年分成 74 类，1967 年开始分成 80 类），并且类目内容有所变动。CAS 把所有文摘分为五大部 80 个类目来编排：

（1）生物化学，第 1 ~ 20 大类（占 33%）。

（2）有机化学，第 21 ~ 34 大类（占 10%）。

（3）高分子化学，第 35 ~ 46 大类（占 10%）。

（4）应用化学与化学工程，第 47 ~ 64 大类（占 20%）。

（5）物理与化学分析，第 65 ~ 80 大类（占 27%）。

CA 的检索特色体现在它的化学物质索引、专利索引、分子式索引等方面。

（1）化学物质索引。凡内容涉及专门化学物质的文献均可在该索引中查到。这些化学物质包括组成原子和原子数已知、价键清楚、立体化学结构明确的元素，化合物，抗菌素、酶、激素，多醣类及某些用字母、数字、商品名表示的物质等。

（2）专利索引的主要功能。根据已知专利号，查找某件专利在 CA 上的摘要，并可以查找它的等同专利和相关专利。在 CA 的 80 个大类中，与医药卫生有关的近 30 个大类。这些大类中都有专利文献的分布，但最集中的类目是 5、9、16、17、62、63 类。主要包括诊断、外科和人体鉴别用的仪器：产科接种疫苗器械；眼科治疗仪，如白内障治疗仪；磁疗、放射治疗装置；假肢体的材料及其制造；病毒的制备、纯化；繁殖、维持或保藏微生物的方法；DNA、RNA、载体和质粒的分离、制备或纯化；酶或微生物的测定试验等。

（3）分子式索引可提供一条直接从分子式查找到具体化学物质的途径。

5.1.4 CA 出版物

（1）文摘本。1）文摘部分；2）Keyword Index；3）Author Index；4）Patent Index。

（2）卷索引。General Subject Index（普通主题）；Chemical Substance Index（化学物质）；Author Index（作者）；Patent Index（专利）；Formula Index（分子式）；Index of Ring System（环系）。

（3）累积索引。1907～1956 年每 10 年出一次；1957 年至今，每 5 年出一次，目前出到第 13 次。其索引种类与卷索引同。

（4）其他出版物。Index Guide（索引指南）；Registry Number Handbook（登记号手册）；Source Index（来源索引）。

5.2 CA 的文摘

5.2.1 CA 的文摘本周刊

它是 CA 的基础，每年出版 52 本。收录内容有五大部分、80 小类（1967 年起），分单、双期出版。

（1）单期：

1）生物化学（Biochemistry Sections）：1～20 类。

2）有机化学（Organic Chemistry Sections）：21～34 类。

（2）双期：

1）高分子化学（Macromolecular Chemistry Sections）：35～46 类。

2）应用化学和化学工程（Applied Chemistry and Chemical Engineering Sections）：47～64 类。

3）物理化学、无机化学与分析化学（Physical、Inorganic and Analytical Chemistry Sections）：65～80 类。

5.2.2 CA 文摘著录格式

文献顺序为：卷号、CA 文摘号、黑体文献标题、作者论文负责单位（括号中）、文献来源。不同文献的著录格式不同之处都反映在文献来源项，对此了解有助于取得原始文献。

5.2.3 CA 报道的文献类型

文献著录格式大同小异，现将几种文献的著录格式分别说明如下：

（1）期刊论文的文摘格式：

卷号和文摘号，同一卷连续编号

126:1939m …①
Use of antivirals in influenza in the elderly Prophylaxis and therapy. …②
Nichoson. Karl. …③
Department of infections disease ..,UK …④
Gerontology …⑤
1996,42(5),280-289 …⑥
(Eng) …⑦

文献出处，刊名一律用缩写

说明：

① 卷号和文摘号，同一卷连续编号。

② 篇名，非英语文献篇名按原意翻译成英文。

③ 著者姓名。

④ 著者的工作单位或论文寄发单位。

⑤、⑥文献出处，刊名一律用缩写，全称可查“CAS Source Index”。

⑦ 原文献语种。

（2）新书和视听资料的著录格式：

122：220355x …①
Casting Engineering.（Chuzo Kogaku） …②
Nakae，Hideo …③
（Sangyo Tosho Publishing Co.，Ltd：Tokyo，Japan）. …④
1995. …⑤
206PP …⑥
（Japan ￥2678）. …⑦

说明：

① 卷号和文摘号。

② 书名，均用英文书名，原书名为其他文种时，用括号引出原文种书名。

③ 著者。

④ 图书出版发行单位、城市、州名或国名。

⑤ 图书出版年份。

⑥ 总页码。

⑦ 原文种、书价。

（3）专利文献的著录格式：

126:139853u
Process for identifying RAR receptor antagonists using skin test application of RAR agonist. …①
Demarchez，Michel；Jomard，Andre …②
（Centre International De …,Fr） 专利权人 …③
Eur. Pat. Appl. EP749,755 专利国别和专利号 …④

(CL. A61K49/00) 专利分类号 …⑤

27 Dec 1996, Fr 专利公布日期和专利优先权国家 …⑥

Appl. 95/7, 302, 19, Jun 1995; 专利申请日期 …⑦

5pp 专利说明书页数 …⑧

(Fr)

说明：

① 卷号和文摘号；专利名称（此处的专利名称是根据专利说明书的内容，由CAS给予的名称，与专利说明书中的名称有些不同，但更能反映专利的主要内容）。

② 专利发明人。

③ 专利权人（可以是个人，也可以是团体和单位）。

④ 专利国别和专利号。在“专利索引”中，专利号是检索入口。

⑤ 专利分类号。

⑥ 专利公布日期和专利优先权国家，如未特别标出，专利优先权属于专利所在国。

⑦ 专利申请号和专利申请日期。

⑧ 专利说明书的总页数。

在周刊的每一类中，文摘的排列顺序为：

(1) 期刊论文、会议论文、学位论文、技术报告。

(2) 新书及视听资料。

(3) 专利文献。

(4) 参见（与本类目有关的参见目录）。

每部分之间用“— — — —”分开，其中综述性文献排在最前面。

1) 期刊论文——单位后的斜体字为期刊名、后面为年，卷（期）、页（语种）、期刊出版者。

2) 会议录汇编——单位后是会议录汇编名，出版年和页，会议录汇编编者，出版者(出处为CRC) 和出版地。

3) 科技报告——当技术报告无确定的系列时，用斜体的*Report*表示这是技术报告，如AD。

4) 学位论文——CA中学位论文是从Dissertation Abstract转摘的，学位论文原文为缩微平片，索取全文时需要它的Order No。

5) 专利文献——CA中著录的专利标题是改写后的标题，在单位后著录专利号，其后的括号内是专利分类。

CA每卷第一期前面（Introduction部分）有著录格式范例，CA文摘的著录一般由以下几部分组成：标题（Title）、作者（作者单位）、文献来源（Source）、文种、文摘正文（Abs）。

可以强调的是文献的类型不同，著录的格式也略有区别：

(1) Serial-Publications Abstract Heading：

① 文摘号。以卷为单位，每卷按顺序通排，文摘号后英文字母为计算机核对字母。

② 论文标题。采用黑体印刷英文，其他语种按原意翻译成英语。

③ 作者姓名。姓在前，名在后，不同作者用分号隔开。

④ 作者单位地址。

⑤ 期刊名称。用斜体缩写字表示，查其全称，用 CA 文献来源索引（Source Index）。

⑥ 出版年份、卷、期号。

⑦ 原文文种。用缩写表示。Ch Dan（danish）Eng Fr Ger Hung Ital Japan Russ Span…

（2）Proceedings AND Edited Collections Abstract Heading：会议出版物名称或会议名称 SYMP（会议汇编），前为出版社，后为城市、国家。会议文献的著录格式与期刊文献比较相似，只是在文献的出处上有会议文献的标志，如 proc（会议录 Proceeding）、conf（会议 conference）、symp（会议汇编 symposium）等。

（3）Technical Report Abstract Heading：Order No.（顺序号、订购号），技术报告号；报告收藏单位。NTIS：National Technical Information Service 国家技术情报服务处。

一般科技报告在文献出处上有 report 字样，或者以报告编号的形式出现。

（4）Dissertation Abstract Heading：论文完成时间、总页数、学位论文的收藏形式及顺序号。学位论文一般是从学位论文文摘上转摘的，主要的识别标志是 diss（dissertation 的缩写）。

（5）New Book AND Audio-Visual Material Announcement Heading：与学位论文的著录格式比较相似。

（6）参见 For papers of related interest see also section（与本类有关的但刊登在其他类目中的文摘）。

CA 中会使用通用缩略语，每一期中均有一页缩略词对照表：

（1）在缩略词表上的缩略语如果有前缀，也用同样的缩略方式。如“addition”为“addn .”。

（2）以“ - ology， - ological， - ologically”结尾的词缩写为“ - ol.”。如“technology”为“technol.”。

（3）以“ - ography， - ographic， - ographical， - ographically”结尾的词缩写为“ - og.”如 chorography 的缩略语为“chorog.”。

（4）名词复数缩写时要加“s”。

（5）动词的结尾需要加“s”时，其缩略词也要加“s”。

5.3 CA 的索引系统

5.3.1 概述

美国《化学文摘》在每一期后都附有索引，称之为期索引。期索引包括关键词索引、作者索引、分子式索引。CA 为每卷提供索引，即卷索引，每 10 卷提供累计索引，有作者索引、分子式索引、专利索引（专利对照索引、专利号索引）、主题索引（普通主题索引、化学物质索引）、环系索引、索引指南等，还有登记号索引（登记号手册）、资料来源索引、母体化合物手册等。

5.3.2 期索引

期索引是用来检索本期文摘内容的索引。1981 年 94 卷至目前 CA 每期文摘后附有种索引，即关键词索引、专利索引和著者索引。

5.3.2.1 关键词索引（Keyword Index）

关键词索引在1963年（58卷）开始编制。在普通主题索引和化学物质索引出版之前，Keyword Index是查阅每期文摘的主要工具。一旦卷索引出版，该卷索引期内的期索引就失去作用。

关键词是从文献篇名和内容中抽出的没经过规范化的主题词，一条文摘可有3~5个关键词。关键词索引按关键词的字顺排列，每条索引款目中，由3~5个关键词组成，词和词之间没有任何语法关系，只是简单的排列，不成为一个独立的句子，阅读时，只能从各个词的含义加上自己的逻辑判断，推测文摘的大致内容。

关键词索引为每期文摘后面的索引之一。CAS编者均选出几个词汇作为每一课题的关键词，引导使用者通过关键词检索文摘。关键词可选自文摘标题、文摘内容或原始文献。关键词未经规范化，编制速度快。关键词索引只用于期索引中。

A 关键词的选取

（1）关键词是不经规范的自由词，非严格的主题词。

（2）一篇文献可以有几个关键词，每个关键词都有一条相对应的索引。

（3）要查全同一概念，要考虑同义词情况。例：氟化钙和萤石。

（4）多选用俗名、商品名、习惯名称作为关键词。

（5）化合物分子式、元素符号不作为关键词。

关键词索引采用大量缩写词，且尾部圆点省略，如Sepn（separation），Purifn（purification）等，每卷第一期卷首有缩略词表。

B 关键词索引按关键词字母顺序排列

① 以英文为首的词，按第一个英文字母顺序先后排列居于文中关键词之前。

② 在第一个英文字母相同的情况下，按第二个字母顺序先后排列，依次类推。

C 关键词索引是累积索引和卷索引未出版时，唯一的主题检索途径

① Anino

② acid nutrition review③204003e

① Nutrition

② Anino acid review ③204003e

说明：

① 关键词；

② 说明语；

③ 文摘号及计算机核对字母。

[例] 检索Prediction of human herpesvirus 6 infection after allogeneic bone marrow transplantation（同种骨髓移植后6型疱疹病毒感染预测）。

分析：

（1）分析课题，确定关键词。注意还需考虑其同义词及不同书写格式。

（2）利用“Keyword Index”按字顺用关键词中任何一个去查找并阅读说明语，即可得到相关文献的文摘号。

（3）以文摘号到本期文摘正文部分查找即可得到文献文摘和出处。

D 关键词的编排特点

(1) 关键词按首字母顺序排列在期文摘后面。

(2) 元素符号及分子式不能作为关键词，但可在关键词短语中出现。

(3) 化合物的定位号、顺反异构体及指示氢均不列入。例如 cis-polyisoprene，直接查P部。

(4) 化合物全部用单数名词表示。

(5) 复杂化合物名次的排列有时以母体结构作为关键词，其余部分列入关键词短语中，但母体结构在末位时不拆开排，例如 Adipi-cacid，将 Adipi 作为关键词，isoprolpyl-phenanthrene 不能单独将 isoprolpy 或 phenanthrene 作为关键词，而用全部名称作为关键词。

(6) 复杂化合物常用商品名或习惯名称作为关键词。

(7) 较为熟悉的词汇整个可作为关键词。

(8) 选择关键词时可从相关内容的词考虑。例如：查“血糖”时可以查“低血糖”。

(9) 同义词一般不常采用。不能分辨同义词时，可查 CAS 编的“自然语言术语表”。

(10) 80 大类的类名尽量不作为关键词用，非用不可时在最后一条词汇中予以说明“also scan”。

5.3.2.2 著者索引 (Author index)

该索引是按个人、团体、专利权所有者、专利权受让者的姓名、名称字顺排列而成的索引。每条款目由著者姓名和文摘号组成。

CA 从 1907 年创刊起，始终把著者索引的编制摆在一切索引的首位，从未间断过，而且出版速度比其他任何一种索引都要快。由于著者索引相对稳定，如果熟悉对口专业的个人或公司企业的姓名或名称，利用著者索引就能较快较准地检索到所需资料。

5.3.3 卷索引

卷索引是检索当卷各期文摘的工具，在累积索引出版之前，使用卷索引检索某一课题最为方便。卷索引在 1962 年以前每年出版一卷，从 1962 年第 56 卷起改为每半年出版一卷，每年出版两卷。目前，CA 出版的卷索引主要有以下几种。

5.3.3.1 化学物质索引 (Chemical substance index)

自 1972 年第 76 卷起，主题索引分为“化学物质索引”和“普通主题索引”。

化学物质索引是把有 CAS 登记号的化学物质名称作为索引标题，用副标题和说明语进一步限定而编成的索引。标题和副标题全部用黑体字，标题的第一个字母大写，其他字母小写。副标题的主要作用是限定标题的讨论范围，使其更具针对性，缩小文献检索量。副标题有普通副标题和化学功能基副标题两种。化学物质索引中收编的化学物质，必须具备以下三个条件，即组成原子的原子数已知；价键清楚；立体化学结构明确。该索引著录格式如下：

Benzoic acid① [65 - 85 - 0]②, analysis③

  Detn. of, in food④, 4180d⑤

Benzoic acid [65 - 85 - 0], compounds⑥

  Copper and urany complexes, formation of, in extn. 30919W

Benzoic acid

——⑦,2——acetly——⑧[577—56—0]

esterification of, with phenols, 10076t

注释说明：

① 索引标题，表示母体化合物，其下可有取代基，也可没有取代基；

② 化学物质登记号；

③ 普通副标题；

④ 说明语，位于标题之下，对标题和副标题起一个说明解释作用，使之能表达一个完整的具体内容；

⑤ 文摘号；

⑥ 化学功能基副标题；

⑦ 横线代表上行母体化合物（此例为 Benzoic acid）；

⑧ 取代基副标题。

使用化学物质索引时应注意：在同一标题下，有多个副标题时，先排普通副标题，后排化学功能基副标题。

化学物质索引标题词的选择（CA 命名）：

（1）简单化合物。如：Benzene。

（2）无机化合物：

1）常用盐类。如：$MgCl_2$ Magnesium chloride

2）不常用盐类 。如：$Fe(NO_3)_3$ Nitric acid, compounds iron（3 +）salt

（3）有机化合物。如：Benzoic acid（安息香酸）

$CH_3—CH_2—CH_2—CH(CH_3)—CH_3$ 2-methyl Pentane

pentane, 2-methyl

ethyl benzene

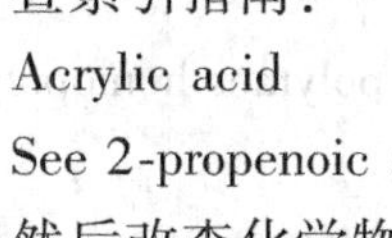

benzene, ethyl

（4）杂原子化合物。如 CH_3OCH_3 methyl ether

名称参照检索前先查阅索引指南。

如：检索丙烯酸，查汉英化学词典为：acrylic acid（化学物质索引中无此词汇）

查索引指南：

Acrylic acid

See 2-propenoic acid[79 - 10 - 7]

然后改查化学物质索引中 2-propenoic acid。

化学物质索引有四种副标题：

（1）通副标题：目前共有 10 个，与 CS 共用。

analysis（分析）	biological studies（生物学研究）
formation（nonpreparative）（形成）	miscellaneous（其他）
occurrence（发生）	preparation（制备）

processes（过程） properties（性质）
reactions（反应） uses（应用）

（2）化学功能基副标题：目前共有16个，与普通主题索引共用。

acetals（缩醛） anhydrides（酐）
anhydrosulfides（无水硫化物） compounds（化合物）
derivatives（general）（普通衍生物） esters（酯）
ethers（醚） hydrazides（酰肼）
hydrazones（腙） lactones（内酯）
mercaptols（缩硫醛类） mercaptides（硫醇盐）
oxides（氧化物） oximes（肟）
polymers（聚合物） semicarbazones（缩氨脲类）

（3）取代基副标题：化学物质的取代基常以副标题的形式置于主标题之后。相同母体化合物的取代基不同时，按取代基的第一个词的字顺排列；母体和取代基完全相同时，要考虑按取代基所在位置的数字大小和立体化学符号的顺序查找。如：

Benzene

—,1,3—dichloro—2—ethyl—[33407 - 02 - 7]
—,2,4—dichloro—11ethyl—[54484 - 62 - 7]
—,1,1—(2,2—dichloroethylidene) bis [4—chloro]—[72 - 54 - 8]

（4）合金副标题：用来对合金类物质进行分类，其中包括base（占大量）和nonbase（占少量）。

文摘号前大写字母：

B（Books）代表专著、教科书和大全，如：B12446g；

P（Patents）代表专利，如：P80259r；

R（Reviews）代表综述，如：R28695b。

文摘号后的小写字母表示计算机核对号。

查找文摘时一定要注意文摘号的数字以及核对号都要一致。

化学物质索引中包含的物质：

（1）已知的元素、化合物及衍生物。N，Nitrogen，Benzoic acid，Citric acid，Naphthalene，1 - Naphthalenol，2 - Propenoic acid，1H - Pyrido indole。

（2）各种金属的合金、各种矿物（不同于岩石）。Copper alloy，Kaolinite（高岭石），$Al_2(Si_2O_7)\cdot 2H_2O$ 确定分子结构。

（3）各种化合物的混合物、聚合物。$\leftarrow CH_2)_x$ Ethene（乙烯），polymer homopolymer（均聚物）。

（4）各种抗菌素、酶、激素、蛋白质及多糖。Penicillin，Necleotidytransferase（核苷酸转移酶），DNA polymerase（DNA 多聚酶）。

（5）基本粒子。Atom，Neutron。

（6）用代号或商品名称定名的物质。Span 80（Surfactant 表面活性剂），OV - 101（固定液）。

阅读主题索引时要特别注意逗号的应用。主题词和说明语都带有大量的逗号，这些逗号由于所处的位置不同，其作用和表示的意义也不相同。阅读索引时可按逗号的各种不同功能，把主词和说明语联系起来。说明语一般为带有介词的词组，阅读索引时，必须将各级主题词和各级说明语联系起来，按说明语所带介词的语法关系来阅读，按课题的学科逻辑关系来理解，才能正确阅读索引的具体内容。

5.3.3.2 普通主题索引（General Subject Index）

普通主题索引是把没有 CAS 登记号的化学物质（包括化学物质的类名；分类与定义不完全明确的化学物质；化学成分不明确的岩石和矿物；有关物理化学概念、现象及性质；各种化学反应、化学工程、工业装置及程序过程；生物化学和生物学主题；动植物的俗名和学名等）作为索引标题，按其字顺编成的索引。每条款目由主标题、副标题、说明语和文摘号组成。其著录格式如下：

Amines①Properties②

molal vols, of aq. ③, 30414C④

Amines, compounds⑤

Salts

Corrosion inhibitors, for metals, P73946r

Artery, composition

Adrenergic receptors of, of bronchi of horse⑥ 106747g

注释说明：

① 索引主标题，用黑体字排印；

② 概念性副标题（普通性副标题），黑体字排印，共 7 个，与化学物质索引的概念性副标题相同；

③ 说明语；

④ 文摘号；

⑤ 化学性副标题，黑体字排印。共 15 个，与化学物质索引的化学功能基副标题相同；

⑥ 组织器官副标题，黑体字排印。共有 5 个。

使用普通主题索引的注意事项与使用化学物质索引相同。

主题索引虽然自 1972 年第 76 卷后分为化学物质索引和普通主题索引，但两者相互联系，关系密切。检索文献时，应注意把二者结合起来使用。

5.4 其他索引系统

5.4.1 分子式索引（Formula Index）

分子式索引从 1920 年开始编制，能单独使用，也可与化学物质索引配合使用。

用 CSI 时，必须用 CA 规定的名称检索，因此给检索带来一定的困难，尤其对一些结构复杂、异构体少的化合物，用 FI 方便。

分子式索引的著录格式：

分子式标题

CA 命名,[CAS 登记号],文摘号

说明语

(1) 分子式标题：分子式内各元素符号按 Hill 系统规则排列。如：

① 无机物　　如：H_2SO_4—H_2O_4S。

② 有机物　　碳在前、氢在后，其他按字顺排列。如：CH_3COOH—$C_2H_4O_2$。

③ 结晶水不列入分子式中，只在分子式后注出。

④ 酸、醇、有机胺的金属盐，均不列入分子式索引（按母体排列，金属离子不计入分子式）。如：$CuSO_4$ H_2SO_4，查 H_2O_4S Cu Salt（Sulfuric acid，copper salt）。

(2) 索引标题母体。

(3) 关键：1）正确排列分子式；2）准确地选择化合物名称。

如：苯甲酸 $C_8H_7O_2$，$C_8H_8O_2$（苯乙酸）

Benzeneacetic acid,Benzaldehyde(苯甲醛)

sodium salt[114－70－5]

5.4.2 环系索引（Index of Ring System）

有机化合物中，环状化合物的比例很大，并且环状化合物的命名较复杂。CAS 为了解决此问题，出版了环系索引。环系索引不提供文摘号，必须与化学物质索引配合使用，是一个辅助性的索引。

著录格式：按环数多少排列，相同环数再按环的大小和环上元素成分排列，其下则列出环状化合物的母体名称。

[例]　3-Ring systems

6, 6, 6

C5N-C6-C6

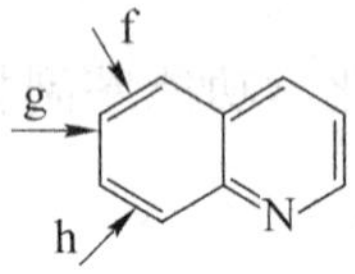

Benzo[f]quinoline

Benzo[g]quinoline

Benzo[h]quinoline

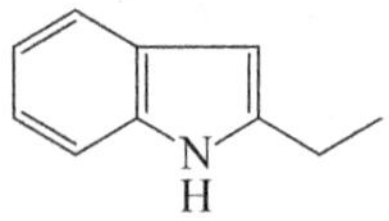

2-Ring systems

5, 6

C4N—C6

1H—Indole　　查 CAS　　1H-Indole,2-ethyl[3484－18－2]

5.4.3 作者索引（Author Index）

CA 从创刊起就编制了作者索引，其作者包括个人、专利发明人，专利权人、公司及单位名，按字顺混合排列。

期索引≠卷索引＝累积索引　　期索引：姓名　　　　文摘号

卷索引：姓名　　　　　　　　　　姓名 See　第一作者

　　　　一；合作者

　　　　篇名，文摘号

5.4.4 专利索引（Patent Index）

专利是国家对个人和团体的发明创造通过法律形式给予的一种保护。从法律角度来说，是指专利权；从技术角度来说，是受专利法保护的发明创造；从文献角度来说，是专利发明书。CA 提供寻找专利发明书的途径。

专利索引是从 1981 年 94 卷起设置的，该索引按专利国别代码字顺排列，在同一国家或地区内，再按专利性质、专利号和 CA 卷号由小到大的顺序编排。CA 期、卷和累积索引中都有专利索引。其著录格式如下：

① JP（Japan）

② 47/014107 ③ A2 ④ See DE 226360 A1

⑤ 48/017824 A2 ⑥（55/003383 B4）⑦〔73 17824〕，⑧ 79：124904y ⑨ DK 136039 B（Related）

说明：

① 专利国别代码及全称；

② 相同专利号；

③ 专利文献类型符号（符号含义见该索引前页）；

④ 基本专利国、专利号、专利种类；

⑤ 基本专利号、专利种类代码（A2 为日本公开特许专利）；

⑥ 日本特许公告号；

⑦ 用公元年表示的专利号，置于方括号中（B4 为日本特许专利）；

⑧ CA 卷号：文摘号；

⑨ 同族中相关专业国或组织、专利号、专利类型。

注意：在专利索引中，只要是基本专利、族首专利，就必定有 CA 卷号、文摘号；同族专利，一般是指同一发明思想，用不同文种向多国或组织多次申请、公开或批准，内容相同或有所修改或变更的一族专利；相同专利，一般是指同一专利申请案，用不同文种向多国或组织多次申请、公开或批准，内容基本相同，CAS 较晚收到的专利；在专利种类代码之后用 Related 表示的为相关专利，只有部分内容相同。

常用国别代码：中国：CN，俄罗斯：RU，美国：US，意大利：IT，欧洲：EP，韩国：KR，国际：WO，加拿大：CA，日本：JP，澳大利亚：AU，瑞士：CH，英国：GB，法国：FR，德国：DE。

专利索引的作用：

（1）已知专利国、专利类型和专利号，可以在 CA 中查到该专利的文摘。

（2）利用族性专利，可以查到该专利的不同语种的等同专利或相关专利，既提供文种和馆藏的选择机会，又可以扩大检索范围。

［例］ 已知美国专利，其专利号为 US5019350A，如何查其有关内容。

分析：

1） 在 Patent Index 中按国别代码 US 查找；

2） 在 US 处按专利号大小找到 US5019350A，可见……See JP62/191740 A2，说明后者为基本专利，前者不是；

3） 再按国别字顺及专利号查到 JP62/191740 A2 号专利，则可见其文摘号（109：166859f）及其专利族。

5.5 CA 的辅助索引

5.5.1 索引指南（包括正文和附录）

索引指南从 1968 年 69 卷开始出版，是查找 CS 和 GS 必不可少的辅助索引，它不提供文摘号，仅起参考、引导、说明解释作用。内容包括：

（1） 见（See）—化学物质索引标题的规范。化合物的其他名称如习惯名、商品名等通过索引指南引见到 CA 选用名，如：

PVC

See Ethene，chloro，polymers，hompolymer [9002 - 86 - 2]

Vitamin C

See L - Ascorbic acid[50 - 81 - 7]

（2） 注释（Heading notes）：

1）内容注释，如：

Chromatography

2）假设注释，如：

Aluminum fluoride [7748 - 18 - 1]

The formula AlF_3 has been assumed unless otherwise stated in the original document

3）命名注释。

（3） 参照系统（See also）：

1） See 参照，如：

Stacking fault see crystal defects（CA 采用的正规词）

2） See also 参照，如：

Petroleum gases，liquefied

See also natural gas，liquefied

（4） 结构式图解（Illustrative structural diagrams），如：

Phosphinoperoxic acid [34959 - 01 - 8] H_3PO_3 过磷酸

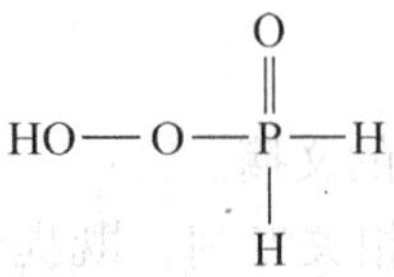

APPENDIX

（5）Hierarchies of General Subject Headings/Hierarchy Index。

5.5.2 登记号索引（手册）

CAS 给化学成分明确、结构及化学键清楚的每一种化学物质编一个登记号，即每一个号码代表一种物质。

从 1969 年起，称 Registry Number Index。

1974 年起改为 Registry Number Handbook。

登记号由三部分组成，断线连接，第一部分最多为六位数，第二部分为两位数，第三部分为一位数。[1585-07-5] Benzene, 1-bromo-4-ethyl-C_8H_9Br。

不提供文摘号，不能单独使用，必须与 CS 或 F 连用。

HAIC（Hetero-Atom-In-Context）Index 杂原子索引（1967 年 66 卷～1971 年 74 卷），于 1971 年 75 卷后停止出版。该索引以杂原子（除碳、氢以外的所有原子）作为检索标目，用以查找含该杂原子的化合物的分子式。该索引中出现的化合物在同卷的分子式索引中均可找到。当一些含有特殊元素或基团的化合物在分子式索引、化学物质索引中查找困难时，一般要用到杂原子索引。它将杂原子置于显著的位置，从而克服了以上的困难。

5.5.3 资料来源索引

（1）内容包括：刊名缩写、刊名全称、出版文种、刊物的历史、编辑和出版的地点及收藏的单位等，于 1970 年开始发行。

（2）刊物的出版周期代号：

a-annual q-quarterly m-monthly w-weekly bw-biweekly irr-irregular bm-bimonthly

（3）查阅方法：将 CA 文摘中提供的刊名缩写，看成一个整体，按字顺查来源索引中的黑体部分，就能找到刊名全称及有关内容。如：

J. Am. Chem. Soc, → JAMCHEMSOC

Journal of American Chemical Society

5.6 CA 的检索实例

5.6.1 检索过程

一般来说，CA 的检索过程可以分为五步：

（1）研究课题，确定检索途径（图 5－1）。可以从许多不同的途径进入检索。一般是首先确定主题词，并将其翻译成英文。若知道化学物质名称，则将其译成英文。

（2）检索卷索引中的普通主题索引和期索引中的关键词索引，根据说明语，从中选取有关文摘的文摘号。若已知化学物质的名称，可以从卷索引中的化学物质索引进入检索。

（3）根据文摘号查阅文摘，并决定取舍。

（4）若需要查找原文，则借助于 CA 的资料来源索引查找原始文献。

（5）认真阅读原文。

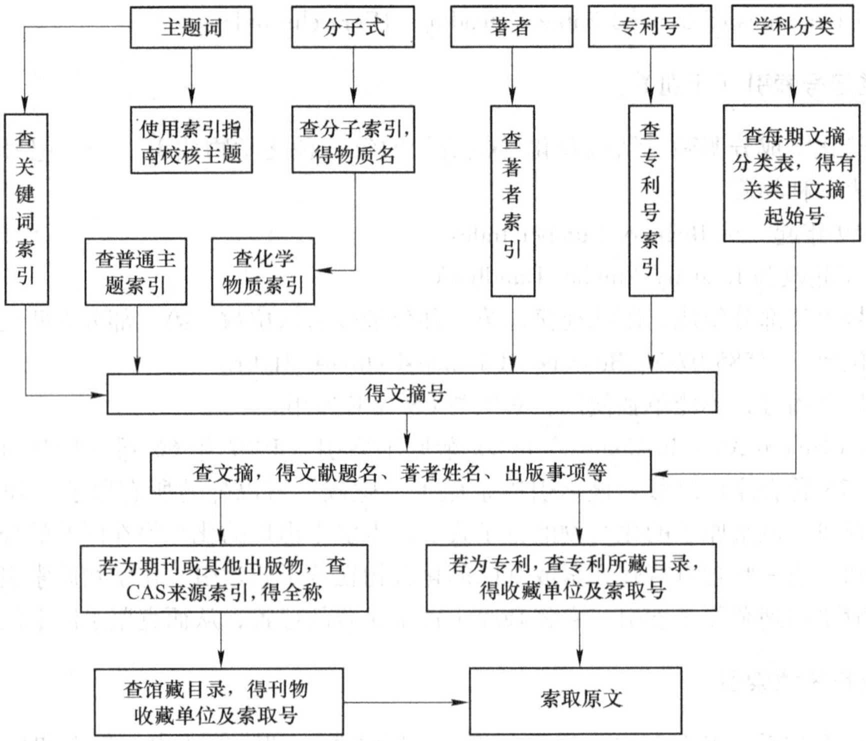

图 5－1　CA 检索途径与各类索引的关系

5.6.2　检索实例

［例 1］超滤膜法从茶叶中萃取茶多酚的研究。茶多酚是一种比较好抗氧化剂，在食品工业中具有广泛的应用前景，利用超滤技术可以从茶叶中对其进行萃取，查找国内有关方面的研究论文。

（1）分析研究课题，确定主题词为：超滤（ulreafiltration）、茶叶（tea leaves）等。

（2）根据主题词查找 1999 年 Vol. 130 的卷索引中的普通主题索引（GSI），可以得到：

⋮

Tea leaves

⋮

element anal. and element speciation of Chinese teas
and their infusions with special consideration of
Selenium，13310d

extn. of tea polyphenols from tea leaves by
ultrafiltration，266526x

⋮

⋮

ultrafiltration

⋮

extn. of tea polyphenols from tea leaves by
ultrafiltration, 266526x
filtration processing and viral clearance of
Pharmaceutical prepn. of Igs, P 301674t
┆

通过检索可以确定266526x为所需要的论文资料。

(3) 根据文摘号查阅文摘，并决定取舍。

130: 266526x Ectraceion of tea polyphenols (TP) from tea leaves by ultrafiltration. Wei, Zhenshu; Qi, Beijing; Jiang, Yuanli (Chemical Engineering Department, Zhongzhou Univ., Zhengzhou, Peop. Rep. China 450005). Zhengzhou Liangshi Xueyuan Xuebao 1998, 19 (4), 76-79, 84 (Ch) Zhengzhou Lianshi Xueyuan Xuebao Bianjibu. Ulteafiltration was used to ext. the tea polyphenols from tea leaves. The operational conditions are correspindingly studied and the optimal conditions are recorded.

本文题目为：超滤膜法从茶叶中提取茶多酚的研究，符合查找文献的要求。

(4) 索取原始文献。论文发表在《郑州粮食学院学报》（中文食品类核心期刊）1998年第19卷第4期上。由于是国内著名的粮油食品类核心期刊，因此，在国内一般的图书馆和资料室均可找到。

(5) 认真阅读原始文献。如果知道某机构的某研究人员正在从事这方面的研究，可以从作者索引查找到所需的文献。

[**例2**] 课题：重防腐多元醇聚氨酯涂料螯合剂的制备与防腐机理研究。

(1) 分析研究课题。聚氨酯涂料除了具有优良的防腐蚀性外，还有良好的稳定性和装饰性，在重防蚀涂料体系中作为面漆实用。故可选主题词 coating, anticorrosive 和 polyurethane 等。

(2) 用关键词索引检索文献。选关键词 coating, anticorrosive, polyurethane, chelating, polyol 后查关键词索引（Vol. 130, No. 91999）。由于关键词索引对各个关键词进行轮排，故在各个关键词下可查得相同的文摘号。

Anticorrosive
caoting polyurethane chelating agent polyol p111055u
Coating
anticorrosive polyurethane chelating agent polyol p111055u Polyurethane
anticorrosive coating chelating agent polyol p111055
Chelating
agent polyurethane anticorrosive coating p111055u
Polyol
chelating agent polyurethane anticorrosive coating p111055u

用普通主题词索引检索文献。将选择的主题词核查《索引指南》，确认 coating materials 是 CA 正式使用的普通主题词（也可选用 paints, polyurethanes 作为主题词），然后以 coating materials 为主题词，查阅普通主题词索引，并在主题词下找到说明语 coating materials see coatings（以 Vol. 129. 为例）可得：

Coatings

manuf. Of hybrid dispersions of polyurethane and polymers prepd. from olefinic compds. for coatings, p5688x

Manuf. of 3-(isocyanatomethyl)-1, 6-hexamethylene diisocyanate, polyuretha-nes therefrom, and coatings and adhesives using the same with good adhesion and high crosslink d. , p149343d

Manuf. of low-viscosity polyuretidione polyurethanes and crosslinking with diamines for solvent and water borne coatings, p261825p

(3) 根据文摘号查文摘。这里仅选 129: 261825p，查得文摘如下:

129:261825p Low viscosity polyuretidione polyuretidione polyurethanes and their use as curatives for solvent and water borne coatings. Gold-stein, stepheb L. ; O'Connor, James M. ; Lickei, Donald L, ; Barnowski, Henry G. , Jr. ; Burt, Willard F. ; Blackwell, Ronald S. (Arco Chemical Technology, L. P. , USA) U. S. US 5, 814, 689 (C1. 524-86; C08G18/06, L. P. , USA), 29 Sep 1998, Apnl. 920, 494, 29 Aug 1997; 12pp. (Eng).

[例 3] 查找有关“伽马亚麻酸（γ-linolenic acid）与二高伽马亚麻酸治疗亨廷顿舞蹈病（Huntington's Chorea）”方面的文献。

(1) 在 CS 中未查见 linolenic acid 这一标题，说明该词不是 CA 所选用的化学物质名称，应先查索引指南。

(2) 在索引指南中查到:

γ-linolenic acid

see 6, 9, 12-Octadecatrienoic acid, (z, z, z,)-[506-26-3]

(3) 在 CS 中按字顺查到母体 Octadecatrienoic acid，再分别对照取代基，即可查到:

6, 9, 12-Octadecatrienoic acid, (z, z, z,)-[506-26-3]

(γ-linolenic acid)

(4) 根据标题后的说明语筛选，可得到所需文摘:

γ-linolenic acid or dihomo-γ-linolenic acid for treatment of Huntington's Chorea P 30179z

该文摘为专利文献。

5.7 《化学文摘》数据库的检索

5.7.1 通过化学文摘社（CAS）主页进行检索

主页网址: www. cas. org。

这是收费服务。CSA 是一家世界上最大的拥有化学信息数据库的最有影响力的机构。它的数据库主要有美国的化学文摘和 Registery，迄今为止收录有 1500 万条记录和不少于 2100 万种物质的资料档案，CAS 还提供化学反应、商业化学药品、管控化学药品和已公开化学专利的数据库，其中化学专利数据库是一个专门用于查询化学专利的数据库。

5.7.2 通过光盘进行《化学文摘》的检索

目前美国化学文摘服务社 CAS 提供 1977 年以来不定期的美国《化学文摘》的光盘版（CA on CD）数据库，CA on CD 的文摘内容对应于印刷版的美国化学文摘，结构也基本与印刷版相同，光盘是按年度累积的，而印刷版是按卷累积的。

CA on CD 提供四种基本检索途径：Browse（浏览检索）、Search（高级检索）、Sbstance（化学物质名称检索）、Formula（分子式检索）。

CA on CD 带有 15 次累积索引指南，在 Windows 的菜单中，该文献是 PDF 格式。Index Guide 有以下几方面的作用：

（1）指引读者从非 CAS 选用的主题或主题化合物名称到使用 CAS 选用的索引主题或主题化合物名称，以便在《普通主题索引》和《化学物质索引》中迅速而准确地查阅到相关的内容。

（2）让读者了解到 CA 诸索引的新变化，以便及时地掌握化学领域的科技最新资料和动态。

（3）帮助读者扩大检索途径，从一个主题引申到几大互相关联的主题，以便读者选择所需的信息资料。

索引指南又由以下三部分组成：索引主题注释（Indexing notes）；交叉参考（Cross-references）；分子结构图（Illustrative structural diagrams）。光盘 CA 检索界面（见图 5－2）。

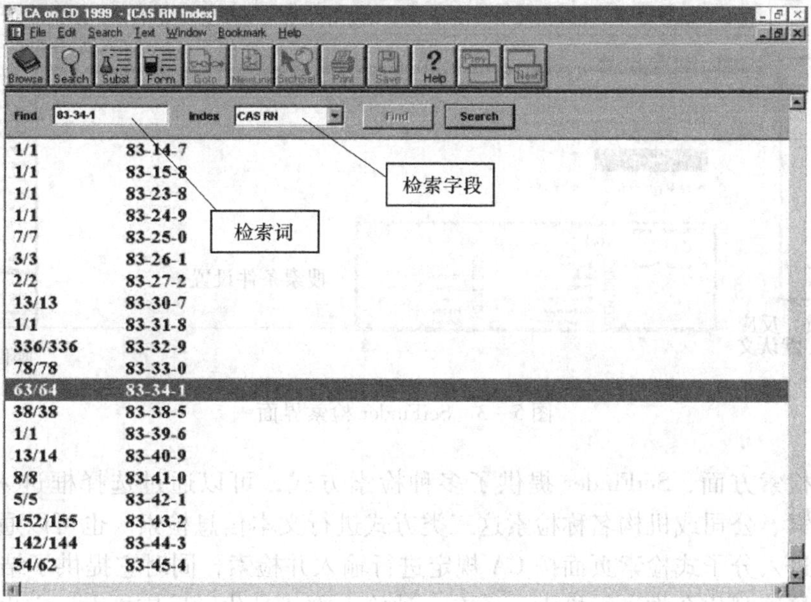

图 5－2　CA on CD 查询界面

5.7.3 通过 CA 网络版 SciFinder 检索

CA 的网络版于 1995 年推出，英文名称为“SciFinder”。它有两个版本，即“SciFinder”和“SciFinder scholar”。Scifinder Scholar 是美国化学会所属的《化学文摘》服务社 CAS 出版的化学资料电子数据库学术版。SciFinder Scholar 是网络版包括 CA 在内的内容更加丰富的数据库，在充分吸收原纸本式 CA 精华的基础上，利用现代计算机检索技术，进一步提高了化学化工文献的可检性与速检性。更整合了 Medline 医学数据库、欧洲和美国等五十多家专利机构的全文专利资料。涵盖的学科包括普通化学、应用化学、化学工程、物理学、生物学、生命科学、医学、聚合体学、材料学、地质学、食品科学和农学等。它可以透过网络直接查看《化学文摘》1907 年以来的所有期刊文献和专利摘要，以及 4000 多万条的化学物质记录和 CAS 注册号。

SciFinder 包括 6 个数据库，其中两个主要数据库是 CAPLUS 和 CASREGISTRY。CAPLUS 是时效性最强的文摘数据库，CASREGISTY 则是最全的物质数据库，另外 4 个数据库是 CASREACT（化学反应数据库）、CHEMACATS（化学品目录数据库）、CHEMLIST（管控化学品目录数据库）和 MEDLINE（生物医学数据库）。通过这 6 个各具特色的数据库可以帮助确定科技文献中概念与物质的关系，找到生产和合成化学物质的方法。SciFinder 的使用不难，是化学化工及相关学科有效的研发检索工具。

SciFinder Scholar 通过客户端进入，它提供层级式菜单检索，选择相应的检索入口和检索点进行检索。进入窗口界面首先选择查询入口：（1）Explore（信息检索）；（2）Locate（信息检索）；（3）Browse（期刊浏览），如图 5－3 所示。

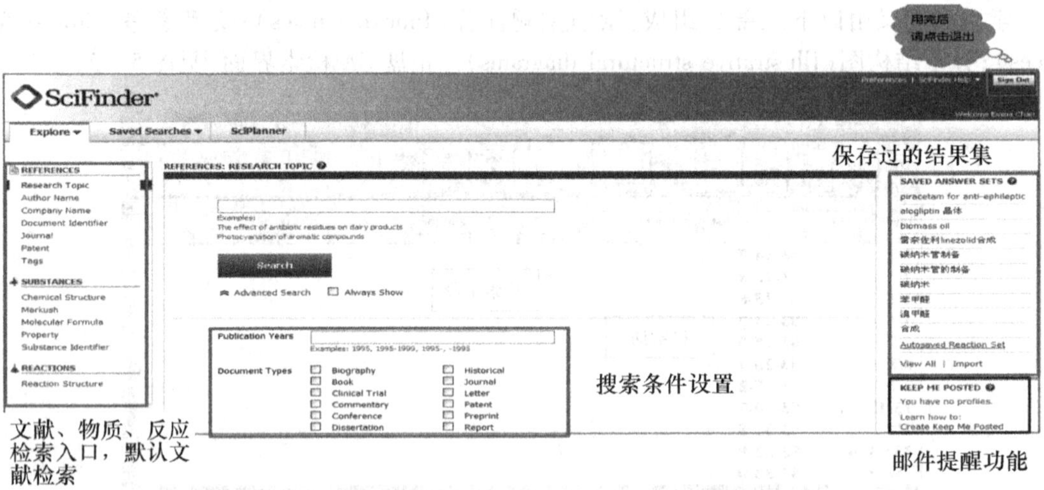

图 5－3　SciFinder 检索界面

在信息检索方面，SciFinder 提供了多种检索方式，可以通过选择框进入主题检索、作者姓名检索、公司或机构名称检索这三类方式进行文本信息检索。也可以通过化学物质检索，可以进入分子式检索页面按 CA 规定进行输入并检索，同时它提供了结构式绘图系统，可以直接绘制化合物进行检索。还有一种检索方式是化学反应检索，它也是图形检索方式，先绘制化合物，然后点击“Get Reactions”，再继续进行选择。在信息确认方面，它分两个途径：一是文本信息确认，二是物质信息确认。在期刊浏览方面，是从期刊列表中选取，点击“View”进入，即可进入目次页开始进行期刊浏览。

5.8　其他化学文摘简介

5.8.1　中国化学化工文摘

5.8.1.1　中国化学化工文摘概况及特点

《中国化学化工文摘》由中国化工信息中心编辑，原名《中国化工文摘》，1993 年起改为现名，月刊，并附卷主题索引和作者索引各一册。1985 年开始输入计算机，建立化学化工文摘数据库，用计算机编辑排版印刷。该刊是检索国内化学和化工科技文献的主要工具。它报道公开和内部发行的化学和化工期刊以及有关高等院校和学会学报中发表的文章。

5.8.1.2 中国化学化工文摘部分

中国化学化工文摘内容包括：

（1）无机化学、有机化学、高分子化学、物理化学、化学物理和分析化学。

（2）化学工业，包括化学工业规划，技术经济，化工原理，化学工程，化学设计，化工安装，化工过程，化工机械，无机化学工业，电化学工业，有机化学工业，高分子化学工业，合成树脂及塑料，橡胶，合成纤维，溶剂，助剂，化学试剂，黏合剂，化学肥料，农药，感光材料，磁光材料，染料，涂料，化工三废处理及综合利用，环境保护，化工自动化及仪表，精细化工，腐蚀及防腐蚀，天然气化工，石油化工，煤化工，矿业化工，化功能源及节能，工业水处理，化工安全，以及新技术在化工中的应用等。

文摘的著录格式：左上角为中国图书资料分类法分类号；右上角为文摘号。其他著录事项依次为：文献标题，副标题，作者，第一作者所在单位及地址，期刊名称，出版日期，卷，起止页码，文献正文，文献员。若为图书资料还要标明：文献收藏单位代号，文献索取号，出版单位和地址，定价等。

该刊主题索引根据《化工汉语主题词表》进行主题标引。采用两级标引。并按照主题词汉字的汉语拼音顺序排列。例如：

A	…①
阿，埃，α，安，氨，鞍，胺，鳌。	…②
α-烯烃	…③
α-烯烃 Ziegler-Nattacks 聚合增长的新机理	…④
3：03865	…⑤

卷码说明：

① 汉语拼音音部顺序；

② 每个音部下列出本部收集的主题词的为首一字；

③ 主题词；

④ 说明语；

⑤ 文摘号。

此外，作者索引页按作者姓名的汉语拼音顺序编排。对熟悉汉语拼音的读者，使用以上两种索引比较方便。

5.8.2 俄罗斯文摘杂志

俄罗斯文摘分为综合本和单卷本两种。综合本收录学科范围广，单卷本报道专业范围窄。这两种版本报道内容不重复。综合本和分册本内容是重复的，文摘编号也是一致的。分册本是综合本的抽印本，单独出版发行。每一个分册就是综合本中的一个大类或两个大类，它适合专业范围较窄的用户订购。到 1983 年共出版 214 个分册，其中 160 个分册是属于 27 种综合本的。其余 54 个分册独立于综合本之外，称为单卷本。

（1）与化学化工有关的综合本有：

1）《化学》（Химия）；

2）《冶金》（Металлургия）；

3）《生物化学》（Биологическая химия）；

4）《轻工业》（Легкая промышленность）。

（2）单卷本有：

1）《土壤学与农业化学》（Почвоведение и агрохимия）；

2）《毒物学》（Токслогия）；

3）《药理学、化学疗法》（Фармакология Хилиотерапевтические Средства）；

4）《化工、石油加工和聚合物机械制造》（Химигеское нефтеперерабатывающее иполимерное машиностроение）；

5）《城市环境保护与改善》（Охрана и улучшениегородскойсреды）；

6）《环境保护技术》（Технологические аспектыохраны окружающей среды）；

7）《腐蚀与防腐蚀》（Корроэия и эащита от корроэин）；

8）《热与质量交换》（Тепло и массообмен）。

5.8.3 日本科学技术文献速报

5.8.3.1 概述

日本《科学技术文献速报》（简称《速报》）是日本科学技术情报中心（The Japan Information Center of Science and Technology，JICST）编辑出版的一套快速报道世界各国文献资料的理工科综合性检索刊物。它创刊于1958年，到1981年已出版有12个分册。《速报》各分册的卷号都是跨年度的，各卷所包含的期数也不一致，有的是旬刊，有的是半月刊和月刊。《速报》中与化学有关的各分册名称、简称、代号及刊期见表5-1。

表5-1 《科学技术文献速报》与化学有关的各分册基本情况

序号	名　　称	创刊年份	简称	代号	刊期
2	化学·化学工业编（外国编）（1975年4月前：外国化学·化学工业编，简称“化”，序号“3”）	1958	外化	C	36
3	化学·化学工业编（国内编）（1975年4月前：国内化学·化学工业编，简称“总”，序号“9”）	1964	国化	J	24
4	金属工学·矿山工学·地球科学编	1958	金	G	24
9	环境公害编（1975年4月前：环境公害文献编，简称“害”，序号“11”）	1975	环	K	6
11	エネルギ编（能源编）	1979	エネ	S	12
12	ライフサイエンス编（生命科学编）	1981	ライフ	L	24

5.8.3.2 《速报》的编排体系及著录格式

A 《速报》的内容编排

《速报》各个分册的编排结构基本相同，由首页附的用法说明（包括内容说明，文摘格式，实例及说明，有关服务项目指南等）、目次表、文摘正文、关键词索引等四部分组成。年度索引为单卷本，包括主题索引、著者索引和摘引期刊一览表。

《速报》每条文摘均按“科学技术文献分类表”进行编排。该分类表由四栏组成，即编制分类号（由各分册代号与4位数字组成）、分类项目、分类号、国际十进分类号（UDC）。各分册每期分类目次表列有该表中有关分类项目名称及文摘页码。而文摘正文中除分类项目外，还有分类号，并按分类号排列。如一篇文献涉及几个类目，用参见符号“→”引见到主要类号下。

B《速报》的著录格式

《速报》文摘款目的著录项目及其顺序（引自《生命科学编》（1996，Vol. 16，No. 7））如下：

① 国际十进分类号（UDC 分类号）：一条文摘可由一个主分类号和参见分类号组成，其主分类号在前，参见分类号在后；

② 文摘号：由分册代号 + 年份 + 期号 + 顺序号四段组成；

③ 文献篇名：如原文为外文应译成日文篇名；

④ 文献类型：各符号含义如下：

a—原著：a①—论文；a②—简报；a③—学会讲演。

b—文献概述：b①—述评；b②—综述。

c—实用技术资料：c①—数据表、流程表、计算图表；c②—安全规程、说明书等。

d— 一般文献：d①—科技方针政策；d②—学会预印文集；d③—介绍性报道。

p—专利：p①—日本专利公告；p②—日本专利制度。

⑤ 文献文种代号；

⑥ 著者姓名；

⑦ 著者工作单位；

⑧ JICST 文献馆藏号；

⑨ 刊名及出版国别；

⑩ 出版的卷、期、起讫页码、年份；

⑪ 文摘；

⑫ 图、表及参考文献篇数等。

5.8.3.3 索引系统

《速报》各分册每期只有关键词索引（キーヮードKey word 索引）。该索引由关键词和文摘号组成。关键词编排顺序为：阿拉伯数字→拉丁字母→日文（按五十音图音序）。《速报》每卷出年度卷索引，包括主题索引、著者索引和摘引期刊一览表。

（1）主题索引。该索引从 1975 年起代替了分类索引。主题词选自《JICST 科学技术用语主题词表》。其著录项目包括：①主题词；②日文篇名；③文献类型，（a）代表原著；④语种；⑤文摘号。

（2）著者索引。由著者姓名和文摘号两部分组成。依西文→俄文→日文的次序按著者姓名字顺排列。

（3）引用资料一览表。包括国外，国内两部分，均按缩写刊名字顺排列。国内刊名一律用英文，俄文、日文转译成拉丁字母，然后依次编排。

5.8.4 法国化学文摘

法国化学文摘是《法国国立科学研究中心文摘通报》的第 170 分册（Bulletin Signalétique du C. N. R. S. 170：Chimie）。该文摘于1969 年创刊，每年报道5 万余条，1969 年以前为第 7 分册。主要内容包括：一般化学和物理化学：化学文献、设备、实验室的一般技术及其理论、摩尔和原子的质量测定、化学结构、平衡、溶液、扩散、液流学、黏度、黏附和黏合、化学动力学、催化和阻化、燃烧及火焰、热化学、活性和不稳定性、辐射和粒子的化学效应、电化学、表面物理化学、胶体和分散体。无机化学：反应动力学和反应过程、设备、制备和特性。分析化学：设备、试剂、指示剂及标准溶液、无机分析和有机分析的一般方法、无机分析、有机分析。有机化学：设备、基本研究、有机电化学、合成的一般方法、有机非金属化合物和有机金属化合物、脂环化合物、芳族化合物、稠环化合物、环烷烃、萜烯、甾族化合物、杂环化合物、单糖和糖苷、多糖和葡萄糖苷。

与化学文摘同一系列的相关文摘还有：聚合物（polyméres），第 780 分册，1969 年创刊。化学工程，化学工业和对位化学（génie chimique，industrieschimique et parachimique），第 880 分册，1969 年创刊。

各分册均附有主题索引和作者索引。其中化学文摘被誉为世界五大化学文摘之一。

6 专利文献

目前，世界上已有160多个国家和地区实行了专利制度。专利文献是专利制度的产物，是科技攻关、开发新产品和引进技术的重要情报来源。据世界知识产权组织（World Intellectual Property Organization，WIPO）报道：世界上每年的发明成果有90%～95%在专利文献中可以查到，在应用技术研究中，经常查阅专利文献可以缩短60%的研究时间，节省40%研究费用，因此，学会检索和利用专利文献是非常重要的。

6.1 概　述

6.1.1 知识产权

6.1.1.1 概念

知识产权（Intellectual Property）又称智力成果权，是指智力劳动者对其创造性的智力劳动成果依法所享有的专有权利。智力劳动成果主要指科学技术、文学艺术、文化知识等精神产品。

知识产权作为一种商品，因为进行智力劳动需要耗费心血并投入大量的时间与资金，所以智力劳动所创造的成果是具有价值的；另外，智力劳动成果还能够创造物质财富和精神财富，推动生产发展和社会进步，因而这种成果又具有使用价值，所以智力劳动成果应当作为商品加以保护。

但智力劳动成果是非物质化的知识形态的劳动产品，它没有固定的形体，也不占据一定的空间，人们对它的占有不表现为实在的、具体的控制，而表现为认识和利用。智力劳动成果的表现形式多种多样，但它们仅仅是表现智力劳动成果的载体，绝不是智力劳动成果本身，智力劳动成果的价值是其载体难以包容和体现的。所以知识产权是一种无形产品的财产权，保护这种财产权免受侵犯就不像保护有形财产权免受侵犯那样明确、那样容易实现或做到。因此为了实现对知识产权的保护，必须采取特殊的法律措施。于是就产生了不同以往的财产法的新的法律制度：在与商品生产直接相关的科学技术发明领域出现了专利权（Patent Right）；与商品销售活动密切关联的商品标记方面出现了商标权；在文学艺术创作及科学作品以商品形式流通的领域出现了著作权（Copytright）。这些法律形式最后逐步扩大为知识产权。

6.1.1.2 范畴

知识产权分为两部分，即“工业产权”和“著作权”。

（1）著作权（Copyright）。也称为版权，是指文学、艺术、科学作品的作者，对其创作的作品，依照法律享有的专有权利。

（2）工业产权（Industrial Property）。这里的“工业”一词是广义的，实际上是泛指各个产业部门，包括工业、农业、林业、水产业、畜牧业、交通运输业等。工业产权包含的内容有专利、商标、厂商名称、服务标记、货源标记和原产地名称等。

6.1.2 专利（Patent）

专利是一个国家依据其专利法授予申请人在一定时期内独占实施其发明创造（包括发明、实用新型和外观设计）的权利，是国家对一项发明创造给予的法律保护。人类的这种发明创造的独占权因由国家主管机关（一般称为专利局）授予专利证书而产生，故又称为专利权。专利权与其他知识产权一样，是一种禁止他人未经允许为工商业目的使用其发明或设计的权利。专利权在法律规定的时间内有效，在法律适用的地域范围内有效，具有法律规定意义上的独占实施权，即具有知识产权特有的时间性、地域性和独占性的特点。

完整的专利应同时包括以下两个方面的含义：一是指取得的专利权受专利法保护的发明创造；二是指记载着发明创造的详细内容和受专利法保护的技术范围的专利说明书，其中，最重要的是专利权。

专利文献是专利制度的产物，又是专利制度的重要基础，在专利审查和国际交流中发挥着重要作用。一般是指各国专利局的正式出版物，主要包括已经申请并被确认为发明、实用新型和外观设计的研究、设计、开发和试验结果的有关资料，以及保护发明人、专利所有人及实用新型和外观设计注册证书持有人权利的有关资料已出版或未出版的文件的总称。

6.2 专利及专利文献基础知识

6.2.1 专利制度的产生和发展

专利制度是利用法律和经济手段，依照专利法授予发明创造专利权的方式来鼓励和保护发明创造，促使发明创造的推广应用，推动技术进步和经济发展的一种法律制度。其基本内容是：依据专利法，对申请的专利进行审查，在批准后授予专利权，同时将发明公布于世，以便进行技术交流和有偿技术转让。

专利制度随着世界经济和科技发展而逐步形成和发展，大致经历了起源与萌芽、形成与发展、完善三个阶段。专利制度的起源与萌芽可追溯到中世纪甚至更早的年代。据记载，早在公元前，雅典执政官就曾授予一个厨师对其发明的烹调方法的独占权。公元1236年，英王亨利三世曾授予波尔多一市民制作色布15年的特权。这种特许当时是以公开信的方式进行的，称为“Patent Letter”，后来的“专利”（Patent）一词，即由此而来。这种早期保护形式可看作是现代专利制度的雏形。近代专利法制度的形成与发展经历了两个世纪，大约从17世纪产业革命开始到19世纪中叶。在此期间，资本主义机器大生产逐渐取代小农经济，资本主义商品经济的发展，要求不断提供有竞争力的新产品、新技术，因此，保护发明创造的专利制度逐渐形成。1474年3月19日，威尼斯共和国颁布了世界上第一部专利法，正式名称为《发明人法规》（Inventor Bylaws），从1475年到16世纪，在威尼斯许多重要的工业发明，如提水机、碾米机、排水机、运河开凿机等被授予10年的特许证。而1624年，英国国会制定了《独占条例》，被认为是近代专利法的鼻祖。此后，世界各主要资本主义国家陆续颁布了各自的专利法。美国于1790年，法国于1791年，奥地利于1810年，日本于1885年都颁布了专利法，而我国的专利法颁布的时间是1985年。世界范围内专利法的颁布，极大促进了产业革命和科技进步。从19世纪末开始，科学进入了空前的发展阶段，新的发明创造大量涌现，世界各国的专利制度逐步进入更新、完善的阶段，一方面对专利审查制度进行改革，另一方面扩大专利的保护范围。20世纪70年代出现了专利国际合作的发展趋势，并制定了一系列国际条约，成立了新的国际组织。

6.2.2　专利的含义

专利通常包括三个含义：

（1）专利权（Patent Right），简称“专利”，是发明创造人或其权利受让人对特定的发明创造在一定期限内依法享有的独占实施权，是知识产权的一种。如：如此用是我的“专利”（权利）。

（2）获得专利权的发明创造（Patent Technology），如：这项“专利”是关于…。

（3）专利文献（Patent Document/Literature），如：查这份“专利”。

核心是专利权，也称独占权、垄断权，专利权人在法律保护下享有一定期限的制造、使用或销售专利产品的独占权，他人未经专利权人许可，不得享受这种权利，否则就是侵权，要受到法律追究。

6.2.3　专利的类型

专利一般分为以下三种类型：

（1）发明专利（Invention Patent），是指对产品、方法或者其改进所提出的新的技术方案。分为产品和方法发明两大类，需要进行实质性审查。发明专利是3种专利中最重要、最高级的一种，受保护年限一般是15~20年。

（2）实用新型专利（Utility Model Patent），是专利权的客体，是指对产品的形状、构造或者其结合所提出的新的实用技术方案，俗称“小发明”或“小专利”，要求上低于发明专利。但要求该发明是一件产品，而不是一件工艺，产品有实用价值。与发明专利相比，实用新型专利属于“小发明”或“小专利”，必须有一定的形状和结构。其受保护的年限一般为10~15年。

（3）外观设计专利（Design Patent），是专利权的客体，是专利法保护的对象，是指对产品的外观、图案和色彩或者其结合所做出的具有美感、具有装饰性功能并适合工业上应用的新设计。外观设计包括商标图案、产品造型、外观色彩等。外观设计专利的保护年限为3年、5年、7年、10年不等。

6.2.4　专利申请与审批

6.2.4.1　授予专利权的条件

A　实质性条件（专利性）

（1）新颖性。是指发明创造必须是新的、前所未有的技术或产品。

（2）创造性。与以前已有的技术相比，新发明有突出的实质性特点和显著的进步。

(3) 实用性。是指能够制造或者使用并能产生积极效果。

B 形式条件

这是指专利局对专利申请进行初步审查、实质审查及授予专利权所必需的文件格式和应履行的必要手续。如专利申请文件撰写要求、缴纳专利申请费用等。

C 不授予专利权的对象

(1) 科学发现。

(2) 智力活动的规则和方法。

(3) 疾病诊断和治疗方法。

(4) 动物和植物品种。

(5) 用原子核变换方法获得的物质。

6.2.4.2 专利的申请

A 专利的申请采用的原则

(1) 请求原则。专利权不是在完成发明创造的同时自动产生的，必须由发明创造的拥有者向国家专利局提出申请。要申请专利必须提出书面请求，称为请求原则。

(2) 先申请与先发明原则。先申请原则指两个以上的申请人分别就同样的发明创造申请专利的，专利权授予最先提出申请的人，称为先申请原则。先发明原则指两个以上的申请人分别就同样的发明创造申请专利的，专利权授予最先发明的人，称为先发明原则。绝大多数国家采用先申请原则，美国和菲律宾两国采用先发明原则（先发明原则确定比较困难）。

(3) 单一性原则。“一项发明创造申请一项专利”。

B 专利申请文件

既然专利申请采用书面请求原则，就必须根据国家专利局的要求，提供规定的申请文件。申请人按照专利法的规定，以书面形式向国家专利局递交必要的、齐备的、表明请求授予专利权的愿望的文件，称为专利申请文件。它一般包含请求书、说明书、权利要求书、说明书摘要、附图。

6.2.4.3 专利的审批（审查、批准）

一项发明向专利局提出申请后，专利局依照法律规定的程序进行审查和批准。如何对专利申请案进行审查，各国专利法规定的办法不尽相同，审批制度主要有以下几种。

A 形式审查制（“登记制”或“不审查制”）

专利局对专利申请只进行格式审查，看其是否符合法定申请手续，是否备齐了规定的文件，是否按期缴纳申请费用，是否符合法定的授予专利权的范围。对发明不做实质审查，凡符合法定手续就予以登记并授予专利权。

(1) 优点：并不需要设置庞大的专利审查机构，省时，省费用，审批快。

(2) 缺点：批准的专利质量并不高，造成专利诉讼案多。

资本主义国家在实行专利制度的初期多采用这种审批制度，目前只有意大利、阿尔及利亚、瑞士等少数国家采用。

B 实质审查制（“完全审查制”或“即时审查制”）

专利局对专利申请案进行形式审查后，随即进行实质性审查，凡只有符合新颖性、创造性和实用性要求之后，才能批准公布并授予专利权。

（1）优点：专利质量可靠，纠纷案件少。

（2）缺点：审批时间长，技术内容公开较迟，需要有大量高水平的专家从事审查工作，造成专利申请案的大量积压。

目前，实行该制度的国家有美国、阿根廷、俄罗斯、加拿大等国家。

C 早期公开延迟审查制（早期公开请求审查制）

专利局在对专利申请案进行形式审查后，不立即进行实质审查，而是先将申请案在18个月内公开，给予临时性保护，申请人在规定的期限内随时都可向专利局提出实质审查请求，经实质审查合格获准后才正式授予专利权。逾期不请求实质审查者，视为撤回申请，临时性保护失效。

（1）优点：专利的水平、质量较高。尽早公布加速了专利情报的交流，延迟审查可以自然淘汰一部分不成熟的专利申请，减轻了专利局的审批工作量。

（2）缺点：专利申请案一直处于未处理的状态，容易造成纠纷案件。

目前，日本、德国、荷兰等国家实行早期公开延迟审查制。有迹象表明，越来越多的国家拟采用这种制度。

D 公众异议制（异议审查）

专利局在专利申请公开后到批准前或在做出专利批准的初步决定后，给予公众以提出异议的机会，专利局收到公众的异议后，对专利申请进行审查或对已批准的专利进行复查，无异议或异议不成立的才正式授予专利权。其优点是减轻专利局审查负担，保证专利质量，减少事后的法律纠纷。

中国的发明专利采用：早期公开延迟审查（3年内）+异议审查（3个月）。

实用新型、外观设计采用：登记制+异议审查。

6.2.5 专利文献的内容

各国对专利文献的格式、著录项目、内容要求等都大同小异。1970年以后为有利于交换与计算机检索，国际专利制度趋于要求统一，说明书内容一般由扉页、正文及必要的附图组成。

6.2.5.1 扉页

专利说明书的扉页是单独的一页，凡与一件发明有关的各种项目都应反映在这页纸上。扉页主要是对该专利证书的基本信息的介绍，内容包括：证书号，专利名称，发明人，专利号，专利申请日，专利权人，专利公告日期，国家知识产权局章戳，局长签名等。扉页上的相关项目之前用括号或圆圈标出两位阿拉伯数字。这种数字是“巴黎联盟专利局情报检索国际合作委员会”（简称ICIREPAT）指定的一套专利著录项目的国际统一数字代码，称为INID代码。

6.2.5.2 正文

专利说明书的正文是专利申请文件的主体，是对发明客体的叙述，以便于审查员和公众充分了解该发明的技术特点。正文一般包括发明名称及序言、发明细节的叙述、权利要求三部分。

6.2.5.3 附图

附图是用来补充说明书文字部分的，能使内容更直截了当，申请实用新型专利时，必须要有附图。附图的内容必须与说明书中的文字部分完全吻合。

6.2.6 专利文献的特点

（1）内容新颖，领域广阔。新颖性是获得专利权的首要条件。专利文献涉及领域之广是其他科技文献所无法比拟的，几乎有90% ~95%的技术内容能在专利文献中找到，只有5.77%可在其他文献中查到。

（2）系统详尽，实用性强。各国专利法规定，发明说明书的撰写必须十分详尽，达到内行人能据以实施的程度。同时，专利文献反映的技术内容应比较可靠、具体、实用。

（3）报道迅速，传递信息快。大多数国家实行的是先申请制，对内容相同的发明，专利权授予最先申请的人。因而，发明人通常力求抢先提出专利申请。自申请日起满18个月，专利局就公开出版发明说明书。专利文献对发明成果的报道，往往早于其他文献。由此可见，专利文献对于及时了解各个技术领域的最新发展水平是很有价值的。

（4）格式统一，便于使用。各国专利说明书，虽然文种不同，但在著录项目和发明内容及权利要求的叙述上都有相对统一的特征。著录项目都采用了国际统一的识别代码符号，因此，不懂原文的人也能识别专利说明书上的一些重要特征。专利说明书必须撰写三部分的内容：扉页部分、正文部分和权利要求书部分。了解它们可以省去重复阅读内容，例如你要了解配方、操作步骤和条件，只要阅读实例部分即可。要了解专利主要内容，只要看专利内容解释部分就行。这样可以大大节省研读文献时间。

专利说明书扉页一般均著录有：专利说明书名称、本发明的专利号、国别标志、申请日期、申请号、国际专利分类号、专利题目、申请者。为便于机械检索，各著录事项还标有专利局间情报检索国际合作委员会制定的国际通用数字代码，即INID。INID数字代码和所代表的内容列举如下：

10 文件性质

11 - 文件号	12 - 文件所属类别
15 - 专利号	16 - 国别
19 - 出版文件	

20 国内登记项

21 - 申请号	22 - 申请日期
23 - 完整说明书提出日期	

30 国际优先项

31 - 优先权申请号	32 - 优先权申请日期
33 - 优先权申请国	

40 披露日期

41 - 公开申请日期	43 - 公开日期
44 - 审定说明书出版日期	45 - 完整说明书出版日期（公开日期）
46 - 公布说明书权限部分的日期	47 - 公布批准日期

50 技术项

51－国际专利分类号　　52－本国分类号

53－国际十进分类号　　54－发明题目

55－主题词　　56－有关文献

57－摘要或专利权利要求　　58－审核范围

60 法律上有关联的文件

61－被补充的专利　　62－被划分的专利

63－被接续的专利　　64－被修订的专利

70 人事项

71－申请人　　72－发明人

73－专利权人　　73－律师或代理人

75－发明人兼申请人　　76－发明人兼申请人和授权人

正文部分内容一般包括五个方面：1）前言；2）同类专利存在的问题；3）本专利的优点及其解决的问题；4）专利内容的解释；5）实例。

而对于专利权限部分，一般是将发明的内容概括为若干条，第一条是总体介绍专利的主要内容，后几条是具体的内容。

（5）相同专利重复出版。国际上允许一项发明向若干国家同时申请，此即同族专利。同族专利中的每件专利说明书对发明创造的描述并非完全一致，所以更多的人只称其为同族专利，而很少使用相同专利或等同专利的概念。全世界每年公布的说明书约100万件，其中相同专利占世界专利总数的2/3。其主要原因一是同一发明在许多国家申请专利，各国重复公布，形成不同文字的相同专利说明书。二是实行早期公开、延迟审查制度的国家，对同一发明的说明书至少要出版两次，有《专利申请公开说明书》和《专利说明书》等不同类型而内容基本相同的专利文献。专利文献的重复出版，可以解决语种障碍和馆藏不足，增大专利文献检索和利用的效率，其中约有25%的发明获7个以上国家的专利权。

（6）有较好的系统性和持续性。

（7）提供技术和法律情报。

6.2.7 专利文献的分类

专利文献的分类以发明构成来划分类目，而不是以学科来划分，而且类目划分要很细；同时，产品发明和方法发明都应分别给予分类号。

目前，世界上使用的专利分类表有4种：

（1）国际专利分类表（简称IPC）。

（2）美国专利分类表（简称USC）。

（3）英国专利分类表（简称UKC）。

（4）英国德温特出版公司自编专利分类简表（简称Derwent）。

其中IPC是将技术内容按部（分部）、类、小类、组、分组等五级结构组成的一套完整分类体系，世界上已经有50多个国家和组织采用IPC对专利文献进行分类。我国专利局也采用IPC分类表。

6.2.8 专利文献的重要性

6.2.8.1 对专利申请进行专利性检索

申请人在申请专利前，应检索相关的专利文献，看看该项发明是否具有新颖性、创造性与实用性，以免提出申请后不能获得专利权；发明专利的申请人请求实质审查，按专利法规定应向专利局提交相关的参考资料，包括专利文献。

6.2.8.2 启迪发明创造思路

有一句话说得好："站在巨人的肩膀上。"许多发明是在他人的发明基础上发展起来的，或者从中获得启发和借鉴。

6.2.8.3 有利于引进国外先进技术和设备

从以往的引进来看，有的存在不少弊端：盲目引进；不是引进最先进的技术；技术转让中的一些专利是过期专利，结果支付了过高的技术使用费，等等。通过检索专利文献，不仅可以避免上述弊端，而且可以"货比三家"，从中找出先进且又适合国情的技术。

6.3 国际专利分类表

6.3.1 概况

International Patent Classification，简称 IPC 或 Int Cl。国际专利分类表是根据 1971 年签订的《国际专利分类斯特拉斯堡协定》编制的，是目前唯一国际通用的专利文献分类和检索工具。IPC 系统对应用技术领域中任一特殊方面的专利文献做统一的分类，从而在编排、传递和查找专利说明书的过程中提供方便。专利文献以自身独具的特征使它有较完善的分类体系，限于应用技术领域，按发明创造的构成和应用进行科学、严密、细致的分类。世界上很多国家有本国的专利分类法，但随着专利制度走向国际化，需要一种国际通用的专利分类法，IPC 是国际统一化、标准化管理专利文献的科学、系统、完善的专利分类体系。目前有 76 个国家、4 个国际性组织使用 IPC 分类法。1968.9.10 第一版，1975 年起 WIPO 第二版修订，1980.1.1 第三版，按规定 5 年修订一次。

6.3.2 IPC 分类原则

其分类原则是整体分类、功能分类、应用分类、既功能分类又应用分类、独立权要求与从属权利要求的分类。

IPC 把涉及发明专利的整个技术领域的知识按等级结构，由大到小以递降的次序排列。由八个大部（Section，A、B、C、D、E、F、G、H）构成：

A 部：Human Necessities（15Class）

B 部：Performing Operation，Transporting（34Class）

C 部：Chemistry and Metallurgy（19Class）

D 部：Textiles and Paper（8Class）

E 部：Fixed Constructions，Mining（7Class）

F 部：Mechanics，Lighting，Heating，Weapons，Blasting（17Class）

G 部：Physics（13Class）

H 部：Electricity（5Class）

一个完整的 IPC 分类号为五级：Section，Class，Subclass，Group，Subgroup。（Subsection，亚部或分部不反映在 IPC 号中）根据专利的保护对象及特性可分为发明专利、实用新型专利、外观设计专利。

比如，专利“自动人造花叶”（ZL94230987. 1）的 IPC 为 A41GI/00。

从 IPC 号上等级关系只能判断至 Group，Subgroup 以下等级关系用缩位圆点表示，最多有 8 个“·”，细分至 12 级。

第五级

第六级

E	21	B	43	24
Section	class	subclass	group	subgroup
部	大类	小类	大组	小组

C07C 47/00

C 化学、冶金

C07 有机化学

C07C 无环和碳环化合物

C07C 47/00 有 - CHO 基的化合物

47/02 · 有 - CHO 基连接在非环碳原子或氢原子上的饱和化合物

47/04 · · 甲醛

47/042 …从一氧化碳制备 [3]

47/052 …用甲醇的氧化制备 [3]

47/055 …用贵金属和它们的化合物作催化剂 [3]

47/058 …分离；纯化；稳定化；用添加剂 [3]

6.4 中国专利文献及检索

6.4.1 中国专利文献

中国专利文献包括专利说明书、权利要求书、附图和摘要、专利公报和专利索引。我国 1985 年 4 月 1 日起实行专利法，实施的首日就受理国内外专利申请案 3455 件。1992 年、2000 年进行过二次修正，日趋完善，对专利法做出了重要修改。最近几年几个主要国家专利的申请情况见图 6 - 1。

根据世界银行披露的数据，其实早在 2011 年，中国的专利申请数量就遥遥领先于其他国家，并且每年呈现递增趋势，说明人们的专利意识越来越强。

我国现在的专利法经过修改后具有以下几个特点：

(1) 扩大了专利的保护范围。对药品和用化学方法获得的物质以及食品、饮料和调味

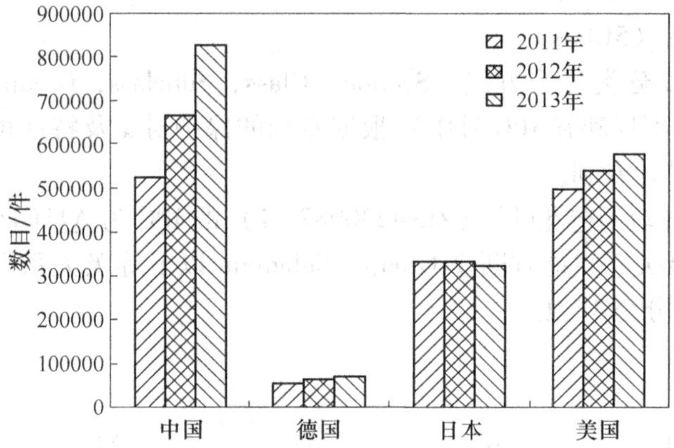

图6－1 主要国家近几年专利申请情况

品均无例外地授予专利权。专利授予所有技术领域的发明，不论是产品还是方法。

（2）延长专利权的期限。将发明专利的保护期限从自申请日起15年延长至20年，将实用新型和外观设计专利的保护期限从自申请日起5年延长至10年。

（3）进一步强化了对专利权的保护。

（4）将授权前的异议程序改为授权后的撤销程序。发明专利申请经实质审查没有发现驳回理由的，实用新型和外观设计专利申请经初步审查没有发现驳回理由的，专利局不再经过异议程序，即作出授予专利权的决定。但自专利局公告授予专利权之日起6个月内，任何单位或个人认为该专利权的授予不符合专利法规定的，都可以请求专利局撤销该专利权。

6.4.1.1 中国专利说明书分类

专利说明书是对发明或者使用新型的结构、技术要点、使用方法做出清楚、完整的介绍。它应当包含技术领域、背景技术、发明内容、附图说明、具体实施方法等项目。实际上，专利从申请、审查到专利权授予的过程中，说明书要经过几次修改。专利局在审查批准的过程中对几个不同版本的说明书都要编辑出版，其主要种类如下：

（1）《发明专利申请公开说明书》—形式审查后。

（2）《发明专利申请审定说明书》—实质审查后。

（3）《发明专利说明书》—经公告或授权，有重大修改后再授予专利权。

（4）《实用新型专利申请说明书》—形式审查后。

（5）《实用新型专利说明书》—有重大修改后。

6.4.1.2 专利号

我国专利号分为申请号、公开号、公告号和审定号。我国的专利编号与国外的专利编号有所不同，对同一件专利，自申请到授权，均采用一个编号，专利的编号采用8位数字。前两位数字表示申请年代，第3位数字用来区分3种不同专利。“1”表示发明专利，“2”表示实用新型，“3”表示外观设计专利。后5位数字表示当年的各种专利的流水号。流水号后标的英文字母表示各种专利说明书的类别。

（1）我国专利申请号均由8位数字组成，按年编排。例如：88100001，前两位数字表示申请的年份，第三位数字表示专利申请的种类，其中：1—发明；2—实用新型；3—外观设计；后五位数字表示当年申请顺序号。

（2）一号多用，所有文献号沿用申请号。专利号的前面冠以字母串“ZL”，ZL 为“专利”的汉语拼音的声母组合，表明该专利申请已经获得了专利权。公开号、公告号、审定号前面的字母“CN”为中国的国别代码，表示由中国国家知识产权局（或中国专利局）出版。公开号、公告号、审定号后面的字母是文献种类标识代码，其含义为：A—发明专利申请公开说明书；B—发明专利申请审定说明书；C—发明专利说明书（授权）；U—实用新型专利申请说明书（公告）；Y—实用新型专利说明书（授权）；S—外观设计专利申请公告。

（3）由于专利局刚开始受理专利申请的前几年（大约是 1985 年、1986 年、1987 年）没有使用校验位，所以，那时的专利申请号不带圆点（.）和圆点后面的校验位。由于当时的公开号、公告号、审定号和专利号均沿用申请号，所以当时的这些专利文献号均不带圆点（.）和圆点后面的校验位。

6.4.1.3　中国专利授予的条件

A　质性条件（专利性）

（1）新颖性。所谓新颖性是指在申请日以前没有同样的发明。

（2）创造性。与以前已有的技术相比，该发明有突出的实质性特点和显著的进步。

（3）实用性。是指能够制造或者使用并能产生积极效果。

B　形式条件

这里是指要求授予专利权的发明创造，应当以专利法及其实施细则规定的格式，书面记载在专利申请文件上，并依照法定程序履行各种必要的手续。文件或者手续如果不符合要求，应当在法律规定或者专利局指定的期限内补正，经过补正仍然不符合要求的，专利局将予以驳回。

中国不同类型专利获得的一般过程，如图 6－2 所示。

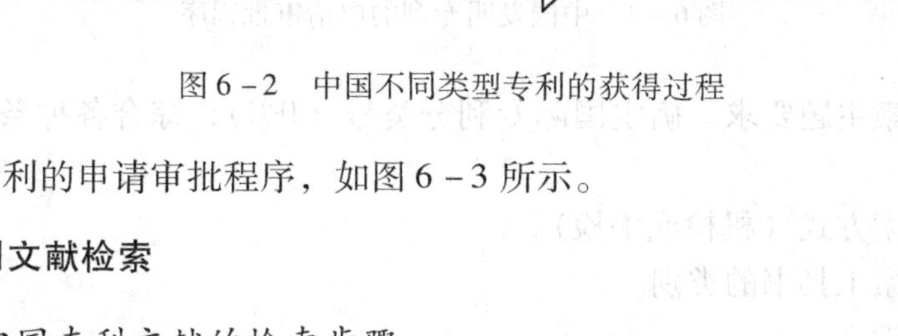

图 6－2　中国不同类型专利的获得过程

中国发明专利的申请审批程序，如图 6－3 所示。

6.4.2　中国专利文献检索

6.4.2.1　中国专利文献的检索步骤

一般可分为以下几个步骤：

（1）分析检索课题，确定检索主题的名称、专利权人名称或专利号。

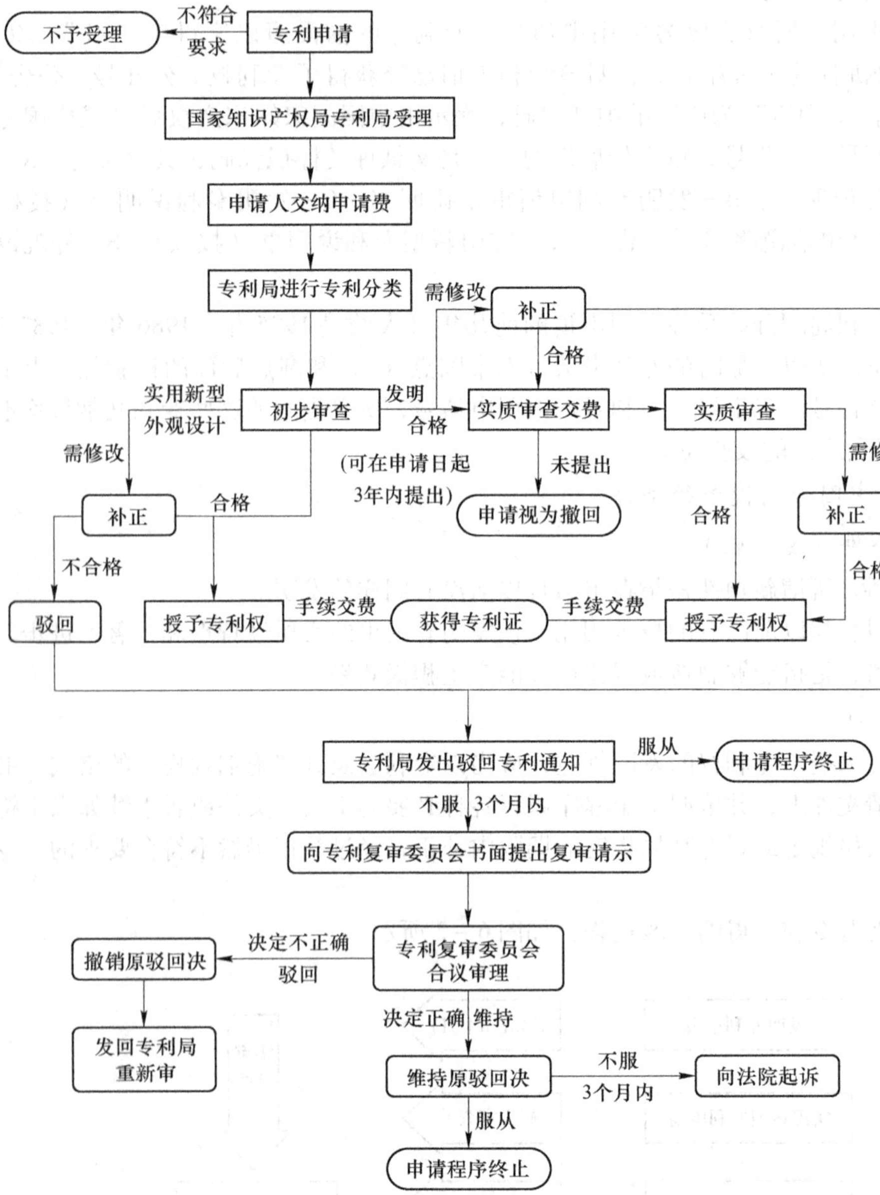

图6－3 中国发明专利的申请审批程序

（2）根据检索主题要求，确定国际专利分类号（IPC），综合各种条件，最终确定检索标识。

（3）选择检索方式（机检或手检）。

（4）确定检索工具书的类别。

（5）初步检索。

（6）记录检索结果（含各种专利号码、IPC分类号、国别代码、发明名称及简介）。

（7）根据专利号查找专利说明书，阅读并筛选。

（8）根据需要，可以进一步扩大检索。

（9）写出检索报告总结。

6.4.2.2 专利检索途径

A 申请人和专利权人名称途径

在使用该索引时，除把申请号、分类号、发明名称和发明人记录下来以外，还需把卷、期号记录下来。通过卷、期号找出相应的专利公报，再从专利公报索引目录中对照公开（告）号，才能取得说明书。除此之外，还可以使用《申请号/公开（告）号对照表》一书，也能对照出相应的公开（告）号，从而达到检索目的。根据申请人、专利权人的名称，用申请人、专利权人年度索引查出卷期号，或者利用专利公报中的申请人、专利权人索引查出 IPC 分类号、公开号等，然后进一步查阅。

［例］查找南昌航空大学 2015 年在我国取得几项专利。

（1）确定专利权人的名称：南昌航空大学。

（2）查索引。在“申请（专利权）人”部分，可查到结果为发明公布：241 件；发明授权：81 件；实用新型：121 件；外观设计：10 件。

（3）根据专利号，查阅说明书原文。

B 专利号途径

若已知某发明专利的一种专利号，即可通过专利号索引来查找文摘或者说明书原文。

［例］已知有一个“废弃锂离子电池中有价金属浸出工艺及其装置”的公告号为：CN103343230B，欲了解该专利的有关内容。

（1）根据该专利的公告号 CN103343230B，可知该专利是 2013 年申请的发明专利。

（2）利用“公告号索引”查找。查得 IPC 分类号为：C22B7/00(2006.01)I，申请人为曾桂生。

（3）根据所查 IPC 分类号及公告号、申请人姓名，即可查到此专利。

（4）若需要再详细了解该专利的内容，可以根据专利号 CN103343230B 查阅专利说明书。(注：1987 年以前的专利号与申请号、公告号相同。)

C IPC 分类号途径

要想了解某类技术课题的专利情报，首先要确定其 IPC 分类号，通过分类途径进行检索。

［例］检索有关“重金属吸附细菌培养”方面的中国专利文献。

（1）属于化学冶金，确定 IPC 分类号。

（2）根据 IPC 分类号查阅 C12N1/20 类，可以查到这样一项专利发明公布，专利公布号为 CN102965312A，申请人是湖南大学，发明人是罗胜联。

（3）点击“发明专利申请”查阅发明专利申请公开说明书原文。

6.4.2.3 中国专利文献检索工具

A 专利公报：查找专利说明书的文摘型的检索工具

(1)《发明专利公报》周刊。

(2)《实用新型专利公报》周刊。

(3)《外观设计专利公报》周刊。

以上均附索引，配有年度索引。

B 中国专利索引：题录型检索工具——专利公报

（1）《分类年度索引》（国际专利分类）。

（2）《申请人、专利权人索引》。

（3）《中国专利索引—申请号/公开（告）号对照表》。

1985～1988年底采用同一编号，只是在审查程序的不同阶段，于该号码前冠以相应的汉语拼音字头，如GK、SD、GG、ZL等。自1989年1月起，为完善专利文献的管理，中国专利局对专利公报所公布的专利申请及各种专利说明书按文献流水号顺序编排公开号、公告号和审定号。所以中国专利出版社依次按年度出版对照表，与三种专利公报配套使用。

C 《专利文献通报》

由于已经停刊，这里不再做详细介绍。

D 中国专利文献网络资源

a 中国国家知识产权局（SIPO）专利检索系统

中国国家知识产权局专利检索系统于2011年11月正式开通，由国家知识产权局知识产权出版社负责维护。该系统内容全面，包括1985年9月10日以来至今公布的全部中国专利信息，数据随每周三中国专利公报出版而即时更新。检索内容包括发明、实用新型、外观设计三种专利的著录项目、摘要，并可以浏览各种说明书全文和外观图形。

系统提供IPC分类检索和法律状态检索，检索入口包括：申请（专利）号、名称、摘要、申请日、公开（公告）日、公开（公告）号、分类号、主分类号、申请（专利权）人、发明（设计）人、地址、国际公布、颁证号、专利代理机构、代理人、优先权。

在浏览器中打开网址：http：//www. sipo. gov. cn/zljsfl/，就可以开始进行检索。并在右侧边栏可以进入IPC分类检索及说明书浏览器下载。图6－4～图6－6即为检索过程。

图6－4 检索系统页面

图 6-5 IPC 分类检索页面

图 6-6 检索结果列表页面

b 中国专利信息中心中国专利信息检索系统

“中国专利信息检索系统”由中国专利信息中心主办，同样收录 1985 年以来公布的中国专利，但它不能浏览到外观设计图形，并且数据更新略有延迟，约为3周前公布的专利文献数据，检索入口也与中国知识产权局检索系统相近，但它多添加了一个国省代码检索入口。检索网址：http：//cpquery. sipo. gov. cn，检索界面如图6－7所示，点击公众查询即可进入查询界面，如图6－8、图6－9所示。

图6－7　初始检索界面

图6－8　公众查询检索界面

图6-9 检索结果界面

6.5 欧洲专利文献及检索

6.5.1 欧洲专利文献

欧洲是专利的最早发源地。1474 年世界上第一部专利法就是在威尼斯诞生的。18～19 世纪欧洲各国相继颁布专利法。1973 年欧洲 14 国签订了欧洲专利公约，并于 1978 年正式生效。欧洲专利局的网址为：http：//ep. espacenet. com/。截至 2006 年 9 月共收录超过 72 国的 5900 多万件专利，大部分有英文标题和文摘，其中 2880 万件有标题，2680 万件有 ECLA 分类号，1730 万件有英文摘要。能检索 EP、WO 及世界范围内的专利文献。能进行专利全文说明书的浏览、下载和打印。

世界专利数据库（worldwide）：约 70 多个国家和地区的专利文献。WO 数据库：近两年 WIPO（世界知识产权组织）公开的国际专利文献。EP 数据库：近两年欧洲专利局公开的专利文献。

进入欧洲专利数据库的途径：通过欧洲专利局进入（http：//ep. espacenet. com/）；通过欧洲委员会进入（http：//ec. espacenet. com/）；通过中国知识产权局网站进入（http：//www. sipo. gov. cn）。通过欧洲各成员国网站进入（支持不同语言，如通过英国专利网站 http：//gb. espacenet. com 进入）。

检索方式：快速检索 Quick Search；高级检索 Advanced Search；号码检索 Number Search；分类号检索 Classification Search。

收藏范围与内容：在欧洲专利局的网址上可免费获取专利信息的国家及内容，见表 6-1。

表 6-1 欧洲专利数据库的范围与内容

国家（地区）	国别代码	文献型信息起始年	全文信息起始年
非洲知识产权组织	OA	1966	全部
非洲地区工业产权组织	AP	全部	全部
阿根廷	AR	1973	无
澳大利亚	AU	1973	无
奥地利	AT	1975	1920
比利时	BE	1964	1920
巴西	BR	1973	无
保加利亚	BG	1973	无
加拿大	CA	1970	*
中国	CN	1985	无
克罗地亚	HR	1994	无
古巴	CU	1974	无
塞浦路斯	CY	1975	无
捷克	CZ	1993	无
捷克斯洛伐克	CS	1973	无
丹麦	DK	1968	1920
埃及	EG	1976	无
欧亚专利组织	EA	1996	无
欧洲专利组织	EP	1978	1978
芬兰	FI	1968	全部
法国	FR	1968	1920
前民主德国	DD	1973	全部
前联邦德国	DE	1967	1920
英国	GB	1969	1920
希腊	GR	1977	无
中国香港	HK	1976	无
匈牙利	HU	1994	无
印度	IN	1975	无
爱尔兰	IE	1973	1996
以色列	IL	1968	无
意大利	IT	1973	1978
日本	JP	1973	1980
肯尼亚	KE	1975	无
韩国	KR	1978	无
拉脱维亚	LV	1994	无
立陶宛	LT	1994	无

续表 6-1

国家（地区）	国别代码	文献型信息起始年	全文信息起始年
卢森堡	LU	1960	1945
马拉维	MW	1973	无
墨西哥	MX	1981	无
摩尔多瓦	MD	1994	无
摩纳哥	MC	1975	全部
蒙古	MN	1972	无
荷兰	NL	1964	全部
新西兰	NZ	1979	无
挪威	NO	1968	无
菲律宾	ph	1975	无
波兰	PL	1973	无
葡萄牙	PT	1976	1980
罗马尼亚	RO	1973	无
俄罗斯/前苏联	RU/SU	1972	无
斯洛伐克	SK	1993	无
斯洛文尼亚	SI	1992	无
南非	ZA	1971	无
西班牙	ES	1968	1969
瑞典	SE		
瑞士	CH	1969	1920
土耳其	TR	1973	无
美国	US	1968	1920
越南	VN	1984	无
世界知识产权组织	WO	1978	全部
南斯拉夫	YU	1973	无
赞比亚	ZM	1968	无
津巴布韦	ZW	1980	无

注：* 表示在“PCT 最小文献量”中没有同族专利的加拿大专利有图像扫描形式的专利说明书全文。

6.5.2 欧洲专利文献检索

6.5.2.1 快速检索（Quick Search）

在英国专利网站主页（见图 6-10）的左半部分，有三个快速检索入口：Simple Text、View a patent application、Company name search，可用于快速查找专利。

Simple Text 是进行文本检索，即利用关键词在标题和文摘两个字段中进行检索；而 View a patent application 实际上是通过专利公开号（Publication number）、而不是专利申请号（Application number）查找；Company name search 则是通过公司名称查找。

在欧洲专利局主页中，点击“Quick Search”按钮，可以进入的快速检索界面，如图6－11～图6－15所示。

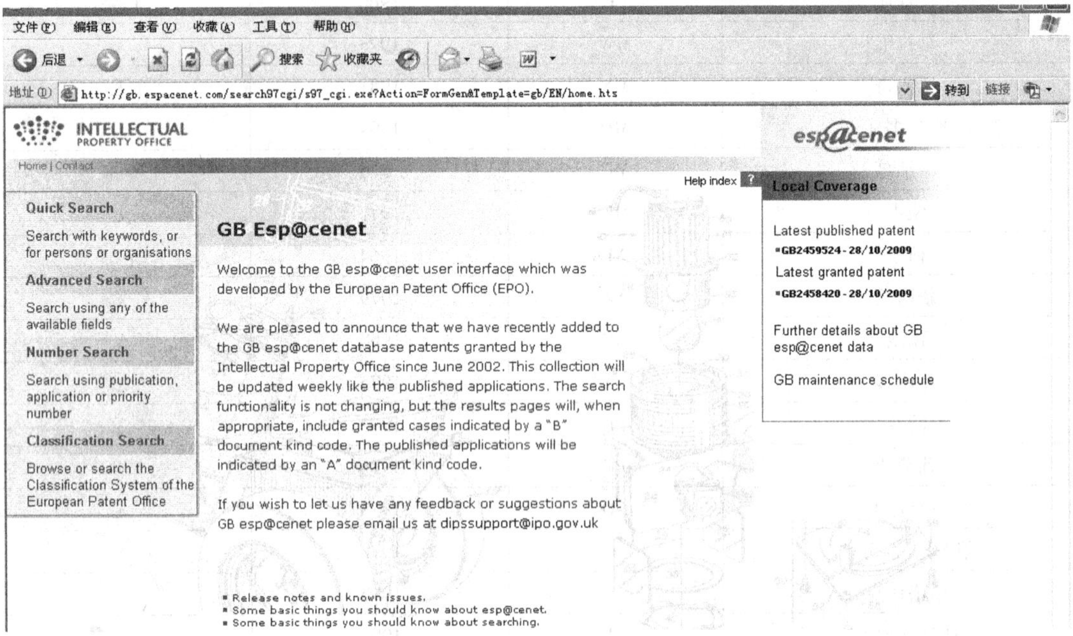

图6－10　检索主页面

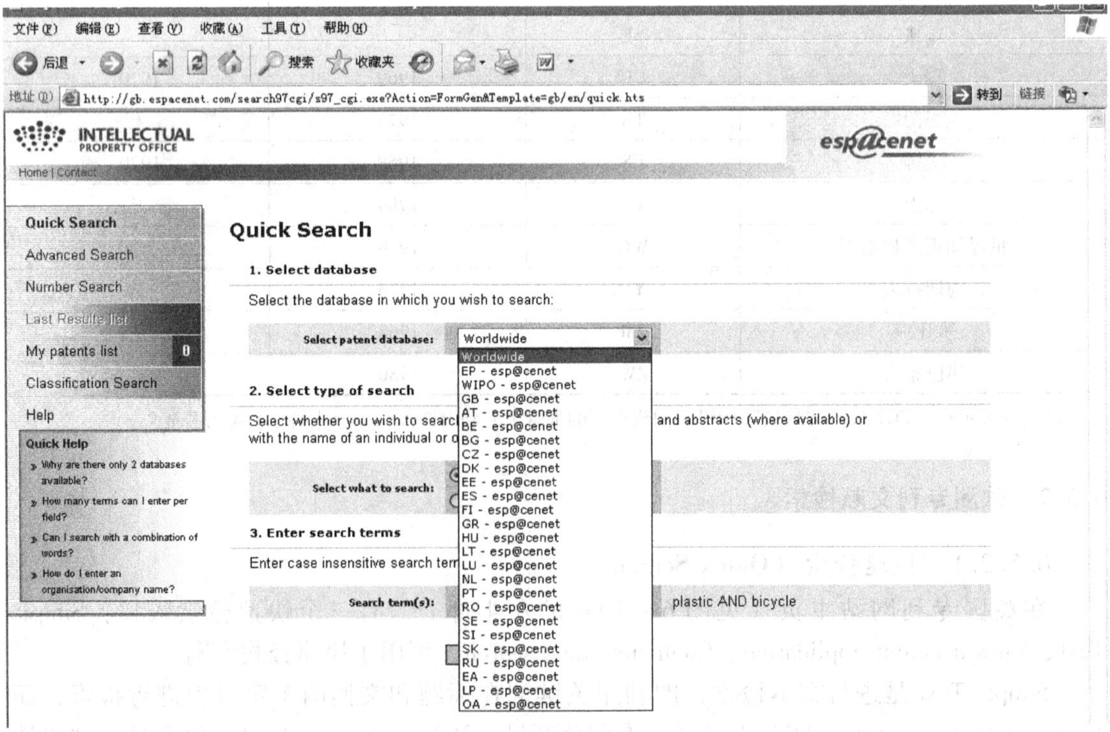

图6－11　快速检索界面

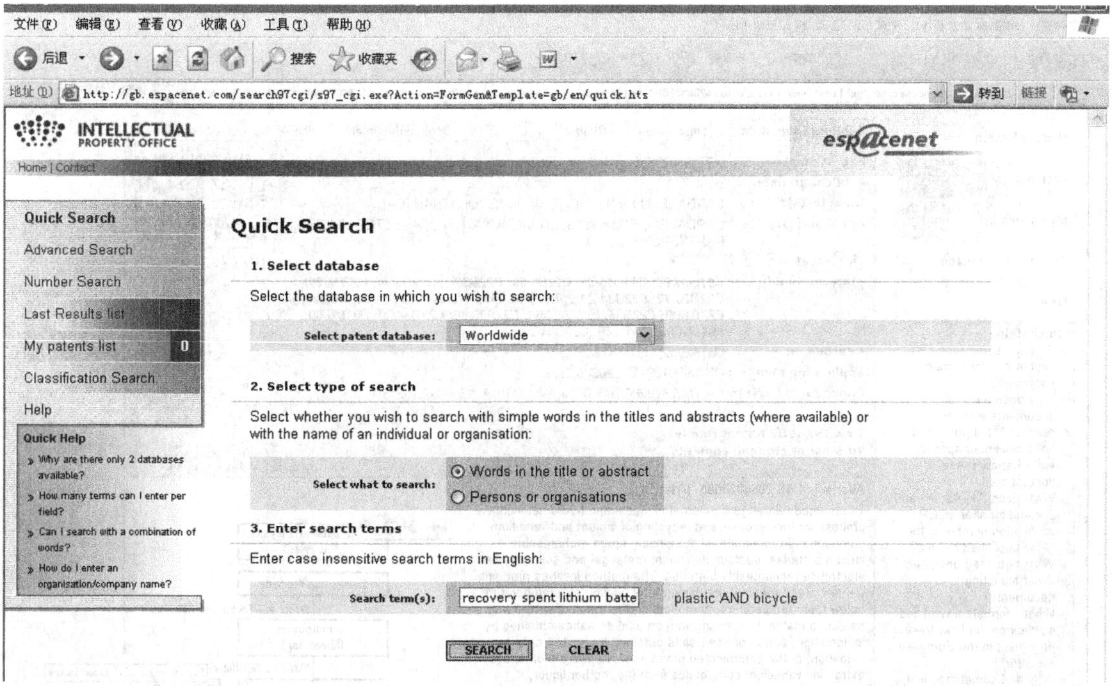

图 6－12 选择检索内容

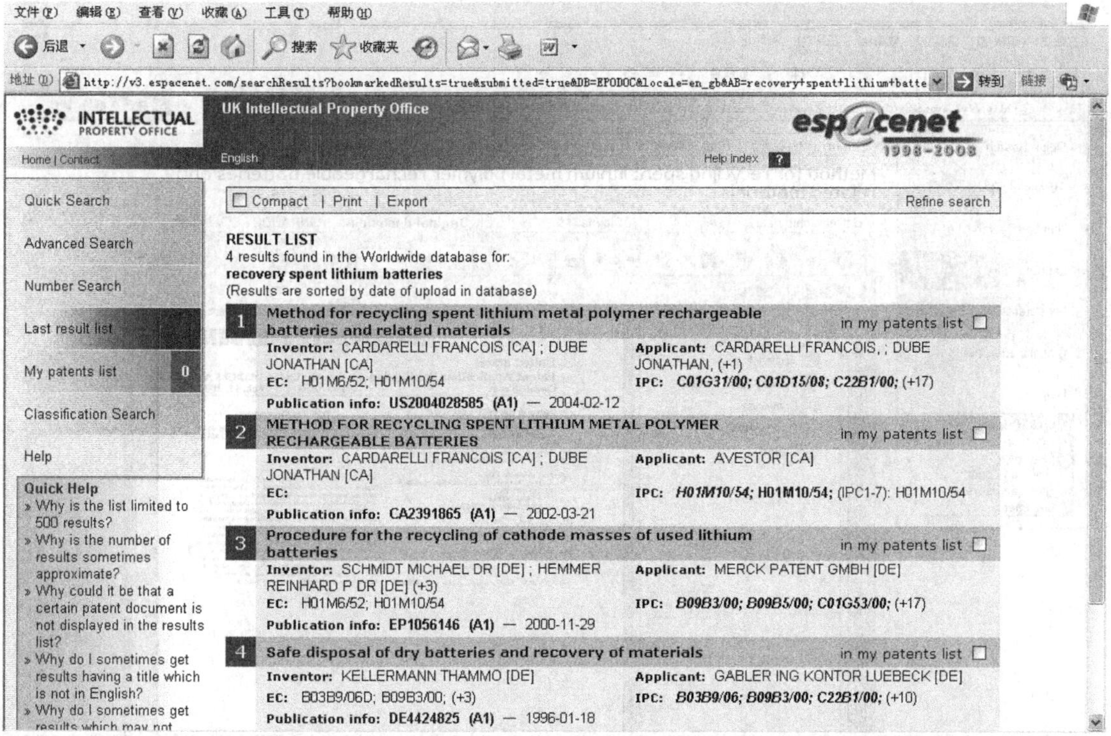

图 6－13 检索结果界面

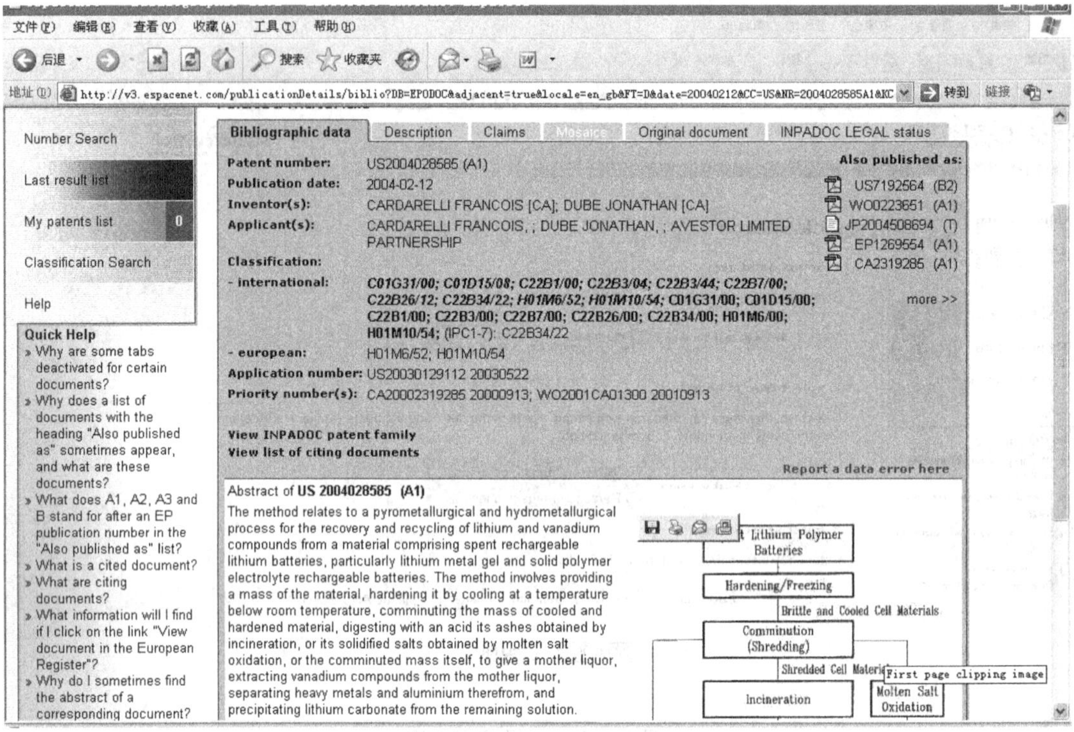

图6－14　专利书目内容界面

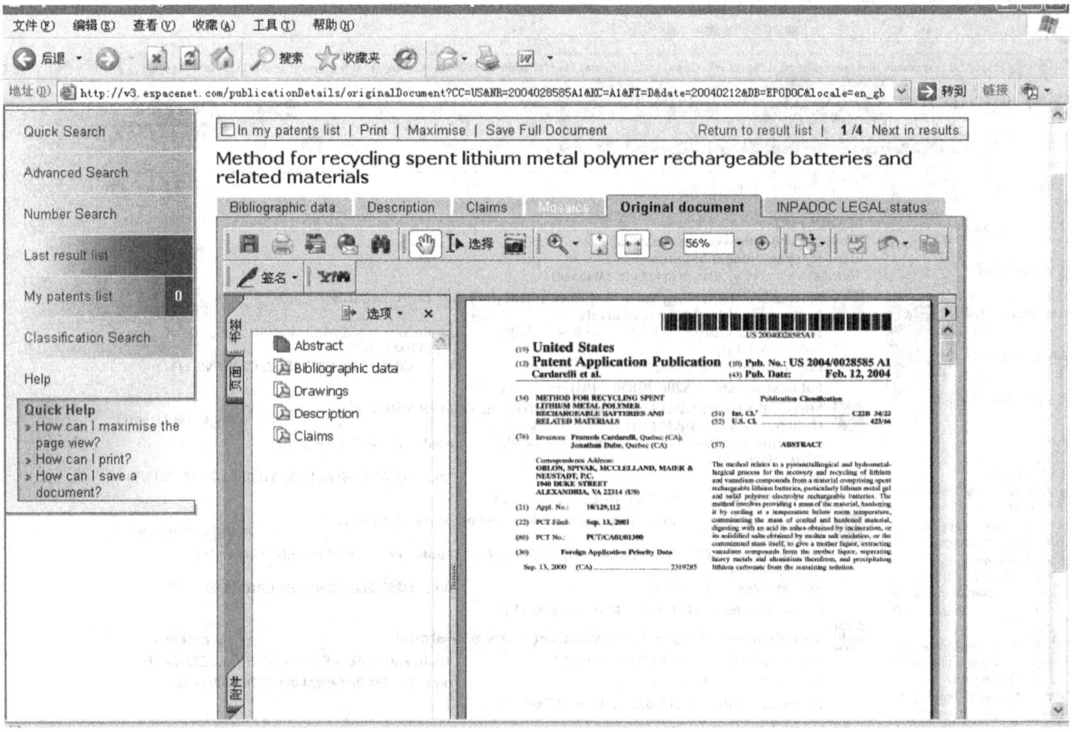

图6－15　专利说明书界面

6.5.2.2 高级检索（Advanced Search）

快速检索只有三个入口，如果需要选择其他的检索入口，可在英国专利网站主页中点击“Worldwide – 30 million documents”，将进入高级检索界面。欧洲专利局主页中可点击“Advanced Search”按钮直接进入。

采用高级检索时，可供检索的字段有“Title”（标题）、“Title or Abstract”（标题或文摘）、“Publication Number”（专利公开/告号）、“Application Number”（专利申请号）、“Priority Number”（优先权号）、“Publication Date”（公开/告日）、“Applicant”（申请人）、“Inventor”（发明人）、“EC Classification”（欧共体专利分类号）、“IPC Classification”（国际专利分类号），共10个。

检索时，根据自身课题的实际情况，选择合适的检索入口，在相应的方框内输入检索词，点击“Search”即可。检索词可以是一个词，也可以是多个词，还可以是词组，也可以进行逻辑运算（Publication Date 字段除外）。如果要检索词组，则该词组必须加上双引号。所以，输入“bicycle frame”与 bicycle frame 的检索结果是完全不同的。

“?”表示截词，但截词符只能用于 Title、Title or Abstract、Applicant、Inventor 四个字段，而 EC Classification、IPC Classification、Publication Number、Application Number、Priority Number、Publication Date 这六个字段均不支持截词符。

可以选择多个检索入口，即在多个方框中同时输入检索词，这时各个字段之间是“逻辑与”的关系，即只有同时满足所输入的所有条件的专利才会被检索出来。

点击“Search”之后，就会出现所命中记录的专利号和标题，继续点击专利号，将显示该专利的文献型信息（标题、申请人、发明人、文摘等）。

6.5.2.3 各个检索字段的输入格式

A 专利公开号（Publication Number）

专利公开号，是专利申请过程中，在尚未取得专利授权之前，国家专利局公开专利时的编号，表示该专利已经在受理过程中；而专利申请号（Application Number）用12位阿拉伯数字表示包括申请年号、申请种类号和申请流水号三个部分，各个国家或地区的专利局按照申请的先后顺序所给予的号码，这两个号是完全不同的，所以在检索时，首先一定要分清是 Application Number 还是 Publication Number，然后选择所对应的检索入口。

专利公开号的输入格式是“国别代码 + 分类号 + 流水号 + 标识代码”，各个国家的国别代码如表6 – 1 所示，大小写均可；数字位数的长短不限，最多为8位数。国别代码与数字之间不要留空格，如“US6103414”、“EP553111”等。

可以只输入国别代码查找所有专利，如输入“CN”将显示所有中国专利，如CN1340998A，表示中国第340998号发明专利。

可以进行逻辑运算，空格表示 OR。

日本专利公开号的数字部分比较特殊，其格式是：年份 + 公开顺序号，输入时需遵循以下三个原则：

（1）2000年以前的年份采用日本本国的纪年法（昭和或平成）；

（2）自2000年起的年份采用公元纪年法；

（3）公开顺序号一定要凑足6位，不足补零。

1989年以前的日本专利，专利公开号的前两位数字是日本的昭和年，如1987年是昭和62年（即87减去25为昭和年），因此在输入专利公开号时，前两位数字就是“62”。

1989～1997年的日本专利，专利公开号的前1位数字表示日本的平成年，如1992年是平成04年（92减去88为平成年），但在输入专利公开号时，只用1位数字表示：“4”，不足用“0”补齐。

1998～1999年的日本专利，前两位数字是日本的平成年，如1998年是平成10年（98减去88），因此在输入专利公开号时，前两位数字就是“10”。

从2000年起，在日本专利公开号中直接使用公元年，如2000年的日本专利，其专利公开号的前4位是“2000”。

因此，科技人员在利用专利公开号检索日本专利时，首先应该对现有的专利公开号进行分析，判断其中的纪年方法，然后按照上文所述的原则对年份进行转换，最后加上6位数的公开顺序号。例如，现有的日本专利号是JP83－8925，检索时其正确的输入格式为JP58008925；而日本专利JP90－17302的正确输入格式为JP2017302。

世界专利（国别代码为WO）的公开号的数字部分与日本专利类似，其格式也是：年份＋公开顺序号，输入时需遵循以下四个原则：

（1）年代只能输入2位数；

（2）2002年以前的专利，公开顺序号为1～51230，用5位数表示，不足补零；

（3）2002年以后的专利，公开顺序号从51231开始，用6位数表示，不足补零；

（4）2002年之前的专利，公开顺序号为5位数，不足补零。

因此WO200251791的正确输入格式为“WO02051791”，而WO19992346的正确输入格式为“WO9902346”。

对于公开的美国专利申请（尚未授权），其专利公开号的输入格式为：年份＋顺序号，其中年份为4位数，如2001，顺序号为6位数，不足补零。如“US2001012345”。

检索波兰专利（PL）时，专利公开号的输入格式为：顺序号＋法律状态代码，法律状态代码一般是字母B。

B 公开日（Publication Date）

公开日是指专利部门受到发明专利申请后，经初步审查认为符合专利要求的，自申请日起满18个月，即行公布的日子。

有4种写法：

（1）YYYYMMDD：如19960123；

（2）YYYYMM：如199610；

（3）YYYY：如1996；

（4）DD/MM/YYYY：如23/01/1996。

其中“Y”代表“年”，“M”代表“月”，“D”代表“日”。

C 专利申请号（Application Number）与优先权号（Priority Number）

由国别代码＋年份＋序列号组成，年份为4位数，序列号最多为7位数。

如果序列号第1位数为零，则必须保证7位，不足补零。如“GB19950008026”或“GB19958026”均可，但“GB199508026”则是错误的。

可以只输入国别代码查找该国的所有专利，也可以只输入日期（如 19971031）查找某一特定日期申请（或优先权）的所有专利。

专利申请号（Application Number）与优先权号（Priority Number）这两个检索入口的输入格式基本一致，也都可以进行逻辑运算，空格表示 OR。

D 申请人（Applicant）和发明人（Inventor）

输入格式为：姓在前、名在后，中间用空格，并且要加双引号，如“Smith Jones”；可以进行逻辑运算，空格表示 AND，因此输入 Smith Jones 与 Smith and Jones 其检索结果是一致的，但与“SmithJones”的检索结果不同。

发明人（Inventor）指发明创造的实质性特点作出创造性贡献的人。常常是自然人，而申请人（Applicant）既可以是自然人，也可以是法人（公司、单位、团体），如果检索词是一个公司的缩写，最好将公司全称与其缩写进行 OR 的运算，以保证检索的全面性。

E IPC 分类号（IPC Classification）与欧洲专利分类号 EC Classification

其输入格式为：部(1 个字母) - 大类(2 个数字) - 小类(1 个字母：除 A、Z、I、O、U、X 外) - 大组(1 ~ 3 个数字) - 小组(除“00”外 2 ~ 4 个数字)，逐级分类形成完整的分类体系。

其中：部和小类都用一个字母表示，大类为两个数字，大组和小组为 1 ~ 3 位的数字。如果只输入部，如“C”，则显示全部化学化工专利。可以进行逻辑运算，空格表示 AND。

例如：

A：人类生活需要——部

A61：医学或兽医学；卫生学——大类

A61M：将介质输入人体内或输到人体上的器械——小类

A61M16/00：以气体处理法影响病人呼吸系统的器械——主组

A61M16/01 · ：用于麻醉的——分组

6.5.2.4 专利说明书全文的获取

为了获取图像扫描形式的专利说明书全文，首先需要在本地计算机上安装图像浏览软件 Acrobat Reader，根据页面的提示可非常容易地完成下载与安装过程。

英国专利网站，在其所显示的文献型信息中，如果专利号为蓝色且有下划线，则说明该专利有图像扫描形式的专利说明书全文。点击专利号，则会弹出另一个窗口，出现图像扫描形式的专利说明书全文的第 1 页。专利说明书全文为 PDF 格式的图形文件，可以“保存”，也可以直接打印，然后利用“→”逐页将这篇专利的图像扫描形式说明书全文保存或打印。

欧洲专利局网站，在其所显示的文献型信息中，点击“Original document”可以获取专利说明书全文。点击页面中部右上角列出同族专利号旁边的“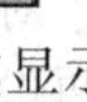”图标，可分别得到对应的同族专利的说明书全文。说明书全文以 PDF 格式文件形式显示，可以逐页进行浏览。显示区域的上部横排着一些功能按钮，包括保存、打印、放大、翻页等，其中的“打印”按钮是虚的，不能点击进行打印，“保存”按钮虽然可点，但点击后保存得到的文件同样不能进行打印（“打印”按钮同样是虚的）。如果需要将说明书全文打印出来，则需要点击页面上部的红色“Print”按钮，注意只能逐页进行打印。

6.5.2.5 同族专利信息

由于专利保护的地域性，同一项发明创造，有时需要到不同的国家申请专利保护，由此产生了内容基本相同而语种不同的一系列专利，这一系列专利称为同族专利。利用同族专利信息，可以进行专利说明书语种的选择，这对于科技人员是非常实用的。

在欧洲专利局网站的专利号检索页面，有一个“Including family”选项，如果打勾，检索结果将列出其专利族中的全部专利。

英国专利网站除了包含同族专利信息外，还为科技人员提供相关专利信息。使用方法如下所述。检索时输入的专利公开号是DE4028066，得到图6-16所示相关专利检索页面的文献型信息。

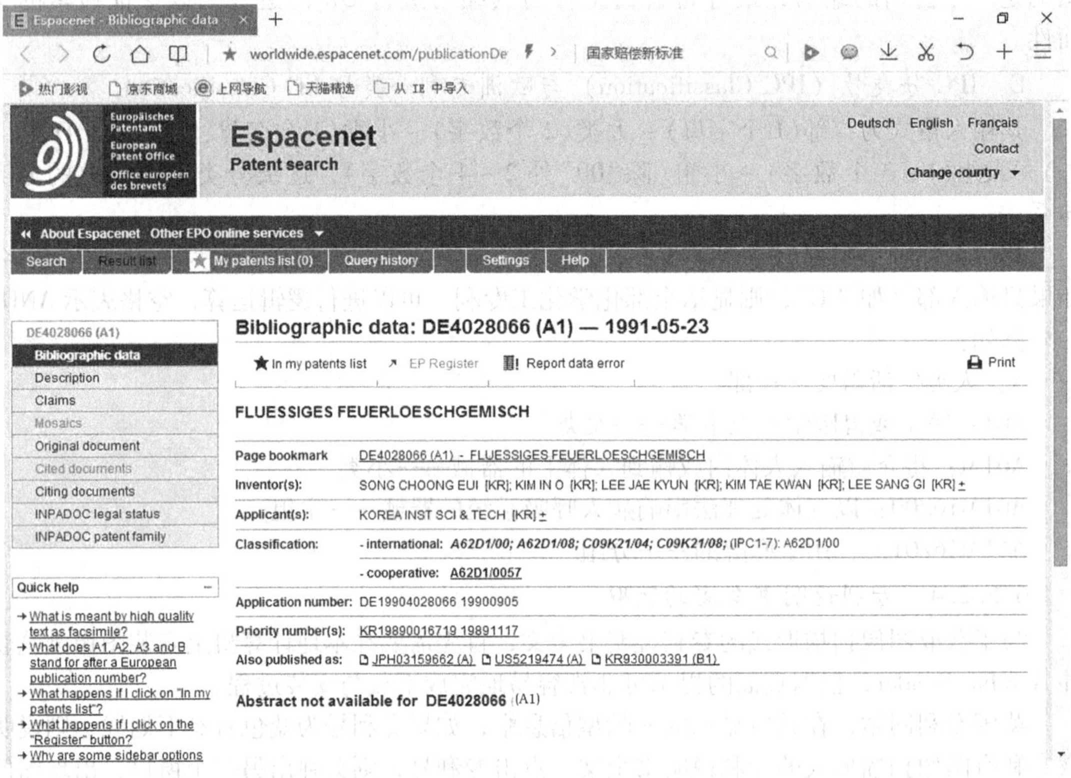

图6-16 相关专利检索页面

在图6-16所示的文献型信息中，所显示的专利号（Patent Number）是US5219474，而检索时所输入的专利公开号DE4028066却出现在Requested Patent中，说明US5219474是DE4028066的同族专利，而且这两个专利都有图像扫描形式的专利说明书全文，这时，对于只懂英语的科技人员来说，就可以选择阅读美国专利的全文说明书，因为这两份专利的内容是基本一致的，区别仅在于一个是德语、一个是英语，大大方便了科技人员。

另外，在以上文献型信息中还包含相关专利（Equivalents），如与DE4028066内容相关的专利有JP3159662、KR9303391，这些相关专利对于科技人员也是非常有用的。

6.6 美国专利文献及检索

6.6.1 专利说明书

美国是世界上专利数量最多的国家之一。美国发明专利占美国专利总量的95%以上，是美国专利的主体部分。美国专利有发明专利、外观设计专利（Design Patent）、植物专利（Plant Patent）、再公告专利（Reissue Patent）、再审查专利和依法登记的发明（Statutory Invention Registration，SIR）专利几种类型。根据美国专利类型和专利的审批制度，美国专利商标局出版的专利说明书主要有专利说明书、外观设计专利说明书、植物专利说明书、再公告专利说明书、再审查证书以及防卫性公告与依法登记的发明说明书。

美国专利法与中国专利法不同，没有单独保护实用新型的规定，而是将实用新型视为小发明，也作为发明以专利的形式予以保护，统称为工业实用专利说明书（Utility），在美国专利商标局网站专利数据库中用“U”表示。美国专利号即为专利说明书号码。

6.6.1.1 外观设计专利说明书

美国外观设计专利与中国外观设计的性质相同，但是保护期限可以选择，分别为3年、5年、7年和14年。1842年美国开始出版外观设计专利说明书。与中国的外观设计专利说明书一样，它只记载著录项目和制造品的图片或照片信息。该类专利号的组成为“D+流水号”，例如D406271。

6.6.1.2 植物专利说明书

1931年美国将有关植物类的发明创造列为专利法保护的客体，保护对象为用无性繁殖方法培育出来的植物新品种，不包括块茎繁殖植物或在开发地方发现的植物，保护期为20年。植物专利说明书单独出版，除有简短的文字说明外，还附有1幅彩色照片，用以描述并展示植物专利新品种的形状特点。该类专利单独编号，其组成为“PP+流水号”，例如PP10810。

6.6.1.3 再公告专利说明书

公告专利说明书是专利权人发现其已被授权专利的说明书中有严重错误、重大遗漏或权利要求不妥（写的过宽或者过窄）时，为维护自身利益，向专利商标局提出补充或修改的申请，当申请被批准后再出版的说明书。再公告专利的保护期限为原专利的剩余时间。美国1836年开始允许专利申请再公告专利，单独编号，其组成为“RE+流水号”。例如RE36128。

6.6.1.4 再审查证书说明书

1981年美国建立了再审查制度，规定自专利被授权之日起2年内，其他人对其有异议并向美国专利商标局提出再审查要求，在再审查程序中，发明人经对原专利进行重大修改后仍然获得通过的（实质上是在修改的基础上维持专利权的），通常将这种专利称为“再审查专利”，美国专利商标局将颁发再审查证书（Reesamination Certificate）说明书，仍然沿用原专利号。但是在专利号前冠以B1，例如B1 3100563。

6.6.1.5 防卫性公告与依法登记的发明说明书

防卫性公告（Defensive Pub.）是指发明人向专利局申请公开其发明的技术内容，使该项技术失去新颖性，从而防止他人就相同技术申请专利。号码单独编排，组成为“T+美国专利公报的卷号+该卷上防卫性公告的流水号”，例如T1020001，其中T为Technical Disclosure（技术公开）。从1985年12月起，美国将其改为依法登记的发明（SIR），编号改为“H+流水号”，例如H2201。

6.6.2 美国专利文献检索

6.6.2.1 美国专利检索工具

美国是世界上拥有专利数量最多的国家，出版的专利检索工具主要有：

（1）《美国专利局公报》（Offical Gazette of the United States Patent and Trademark）。周刊，刊登美国专利局每周公布的各种类型专利说明书摘要，也发表有关专利、消息或通告等。所报道的文摘按“一般和机械”、“化工”和“电气”三大部分编排，每期《公报》后有“专利人名索引”、“分类索引”。前者用于根据权利人或发明人线索检索，后者从分类查找。

（2）《专利索引》（Index of Patents）。这是美国专利局出版的年度索引，分为“专利权人索引”、“分类索引”两部分，分册出版。它们的编排方式和《公报》的索引一致，但每册包括一年的专利，便于回溯检索，系统查找有关专利资料。

（3）美国专利与商标局（USPTO）专利数据库。该数据库用于检索美国授权专利和专利申请公开，由美国专利与商标局（USPO）负责管理和维护。包括1790年至今的美国专利说明书全文。网址是 http：//patft. uspto. gov/，在最左侧一列就是专利检索入口的链接及一些相关链接。有快速检索（见图6-17、图6-18）、高级检索（见图6-19）、专利号检索（见图6-20）。

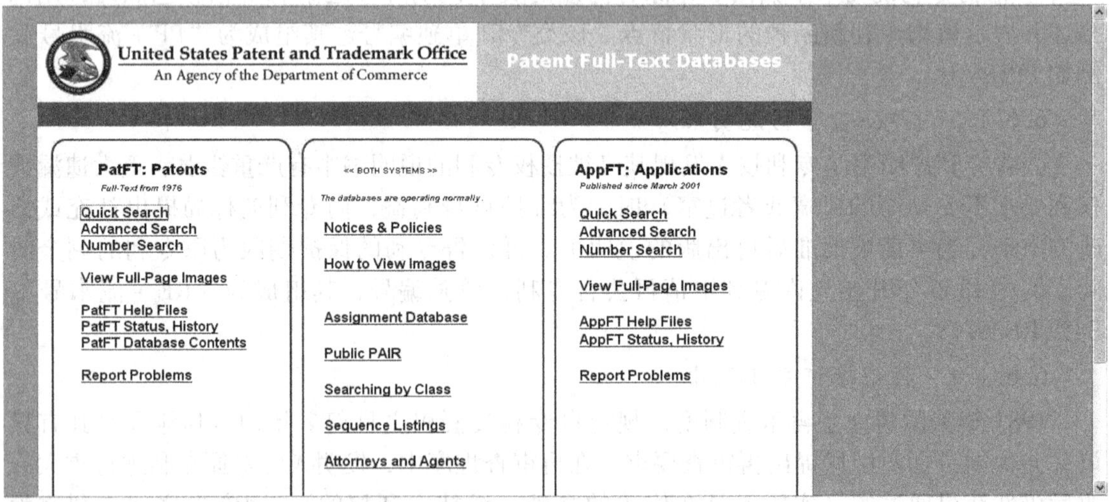

图6-17 USPTO专利数据库页面

检索步骤及注意事项：

（1）在“Select years”（选择年代）下拉菜单中选择要检索的年代范围，以限定检索

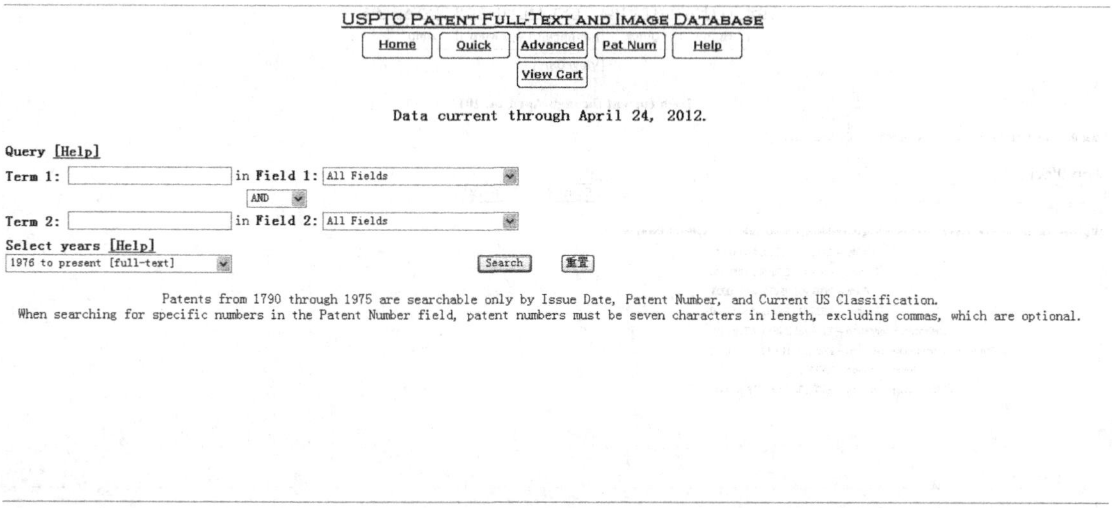

图 6 – 18　快速检索页面

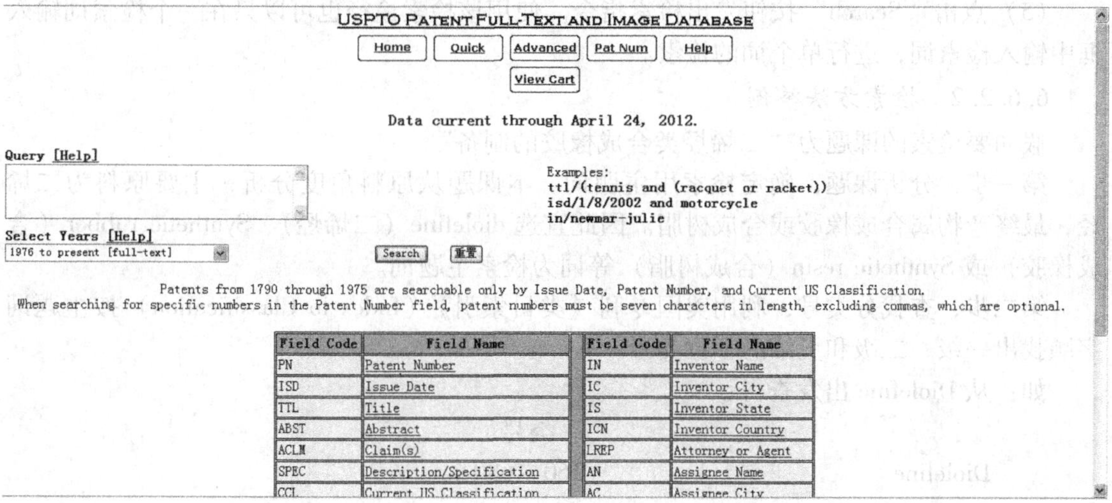

图 6 – 19　高级检索页面

时间范围。

（2）在“Term1”（词条 1）及“Term2”（词条 2）文本输入框中各输入一个检索词，检索词的字母大小写均可。有一些词被列为“Stopwards”（禁用词），这些词在专利文本中出现频次很高，不具有检索意义，因此也就不可作为检索词输入。在输入框中也可以输入一个词组，但词组应以“ ”括起，系统将其视为一个单独的检索词进行处理。

（3）在对应的每个：输入框右侧的检索字段选项下拉式选项列表 Field 1 及 Field 2 中各选一个检索字段。可供选择的字段包括专利名称、文摘等 30 多个，也可以选所有字段。

（4）选择布尔算符 AND、OR、NOT，以规定两个检索词条间的逻辑关系，该项的选择菜单

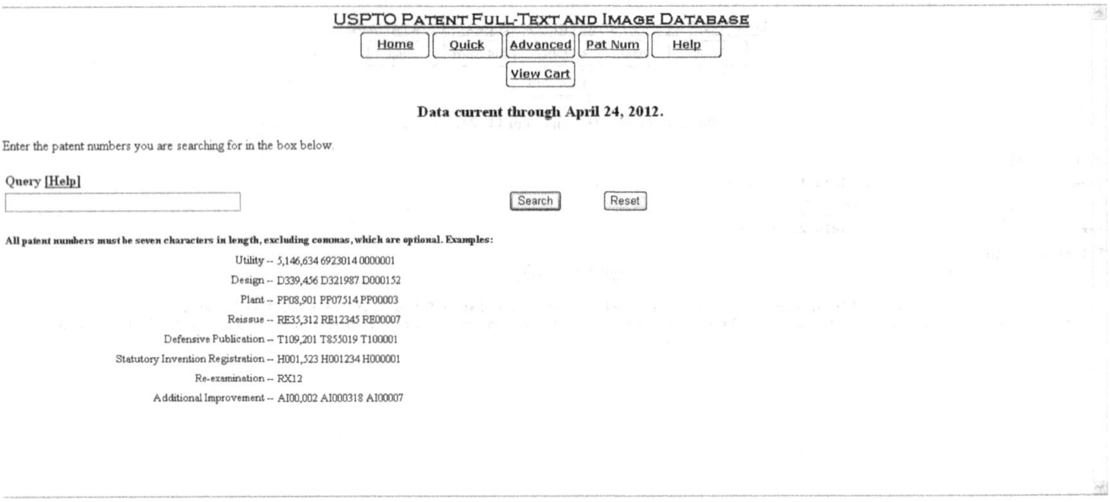

图 6－20 专利号检索页面

位于两个检索词输入框之间。AND 表示逻辑与;OR 表示逻辑或;NOT 表示逻辑非。

（5）点击“Search”按钮发出检索指令。使用该检索途径也可以只在一个检索词输入框中输入检索词，进行单个词的检索。

6.6.2.2 *检索方法举例*

假如要检索的课题为“二烯烃类合成橡胶的制备”。

第一步，分析课题，确定检索用主题词。本课题从原料角度分析，主要原料为二烯烃，最终产物属合成橡胶或合成树脂。因此宜选 diolefine（二烯烃）、Synthetic rubber（合成橡胶）或 Synthetic resin（合成树脂）等词为检索主题词。

第二步，查找分类号，利用美国专利《类目索引》（Index to Classification）按主题词字顺找出一级、二级和更细的下位类号。

如：从 Diolefine 出发查得：

	类号
Diolefine	260 680 +
Synthetic resins	260 94.2 +

从 Rubber 出发查得：

Rubber	
Synthetic	260 2 +
Bunas	260 83.7 +
Diolefine	260 94.2 +

第三步，核对美国《专利分类手册》（Manual of Classification）。从上面查得的类号“260 94.2 +”是否还有更切题和更细的分类号，则按类号大小用该手册进行核实。从《分类手册》中找到 260 大类，在该类号下，找出切题的下位类，如：

260 Synthetic resins

Polymerized unsaturated compounds

93. 1　　　　From hydrocarbons

93. 7　　　　　Acyclic

94. 2　　　　　Diolefines

经核实无误，说明用类号“260 94. 2”可以。但要注意不同时期专利类号的变化。比如260 94. 2这一类号只能查 1970 ~ 1972 年这几年的专利文献，用此类号找近年的本课题的专利文献就不适用了。

第四步，查找专利号。一般利用各年的《年度索引》(Index of Patents Part Ⅱ Index to Subject of Invention)，若查当年文献，可利用每期公报中的《分类索引》，查早年文献可利用《专利分类总索引》(Patent Classification Class List)。根据上述选定的类号“260 94. 2”，按数序先找出大类号“260 class”，然后再在此大类号下，找出下位类“94. 2”。现利用 1972 年度的《年度索引》查得：

Class　260

94. 2　　　　3，647，774

第五步，查找文摘，根据所得专利号“3，647，774”，查阅当年各期公报，在 1972 年 3 月份的一期公报上按专利号顺序找到该条文摘。其内容为：

3,647,774

PROCESS AND COMPOSITION FOR WATERSOLUBLE POLYMERS

Frederick J. Webb, Akron, and David P. Tate,

Northfidld, Ohio, assignors to The Firestone Tire&

No Drawing, Filed Aug. 29, 1969, Ser. No. 854,

321

Int. CI. C08d3/06, 5/02, 5/04

U. S. CI. 260—94. 2R

This invention comprises, water-soluble polymers from polydienes having a substantial amount of repeating units with pendent vinyl groups, such as highvinyl polybutadiene, and the anti-Markownikoff addition of hydrogen bromide to the pendent vinyl groups to give the primary bormide derivative groups, which upon the addition of a tertiary amine, give quaternary ammonium groups which impart water solubility to the polymers. These products are particularly useful for the flocculation of solids from suspensions thereof, such as elutriated sewage.

第六步，索取专利说明书。经过查阅文摘（美国专利和商标局公报），研读筛选后确定内容切题的专利，并根据其专利号，向专利文献收藏单位请求复制专利说明书全文。

另外，若已知专利权人名称，则可从年度索引或每期索引中的专利权人索引部分按字顺找出该专利权人下的专利题目、专利号和美国专利分类号第一系列著录事项。根据这些可方便地查找专利文摘或直接索取专利说明书。

6.7　德温特专利文献及检索

6.7.1　德温特专利文献简介

德温特是英国一家专门用英文报道和检索世界各主要国家专利情报的出版公司（Derwent Publication Ltd），于1951年开始经营出版业务。创刊时为《英国专利文摘》（《British Patent Abstracts》），随后出版美、苏、法等12种分国专利文摘；1970年开始出版《中心专利索引》（《Central Patent Index》），即现在的《Chemical Patent Index》；1974年创刊《世界专利索引》并以WPI索引周报（WPI Gazette）、WPI文摘周报（WPI Alerting Abstracts Bulletin）及各类分册的形式出版。它收集报道27个国家和两个国际性专利组织的专利文献。并以《世界专利索引周报》（WPI Gazette Weekly）、《专利文摘周报》（Alerting Abstracts Bulletins）以及各类分册的形式出版。出版物除印刷本外，还有缩微胶卷和缩微平片。据报道，它的出版物有327个分册。各分册都各自附有若干种索引，各分册的索引与索引之间又有一定的联系，这样，不仅单一分册可以纵向检索，而且也可以进行各分册之间的横向检索。这种纵横交叉的检索系统给检索者带来很大的方便。

6.7.2 德温特出版物

6.7.2.1 WPI Gazette（题录周报）

它的全称是World patent Index Gazettle（世界专利索引公报），简写为“WPIG”。该刊物报道发明专利书的标题，在我国习惯称为“目录周报”或“WPI”，创刊于1974年。每周以题录的形式报道世界40多个国家、地区及组织的专利，约占世界专利发明的90%。按P分册—综合（General）、Q分册—机械（Mechanical）、Ch（A-M）分册—化工（Chemical）、R（S-X）分册—电气（Electrical）四个分册出版，每个分册有四种索引途径，适应不同的检索要求。

题录周报的四个分册每期均由以下四种索引组成：

（1）专利权人索引（Patent Index）。专利权人索引主要用于查找某一公司或个人在各国申请专利的情况，是目录周报的主要用途之一。该索引按专利权人代码顺序排列，代码相同时，再按优先申请日期顺序排列，然后按专利号大小顺序排列。其著录格式如下：

＊HURC—①HURCO CO INC②T06 X25③＊W09507504—A1④

CNC machine tool control system—includes object orientated motion control and exception handler objects, eath of which may communicate with other objects via object orientated messages (ENG)⑤95—123548/16⑥

(95. 03. 16)⑦93. 09. 08US118445⑧G05B19/414⑨

说明：

① 专利权人代码。德温特公司为每一个专利权人都编制了由4个英文字母组成的代码。一般大公司可以从德温特公司出版的《公司代码手册》中查到，小公司和个人自行编码。编码规则是取其名称中具有实质性意义的前四位字母，名称中的冠词、介词、连词和姓名中的学衔、称谓忽略不计。为区别不同的专利权人的性质，还规定：代码后空白表示大公司；“—”表示小公司；“＝”表示前苏联的专利权人；“/”表示专利权人是个人。

② 专利权人全称。

③ 德温特分类号。

④ 专利号，“＊”表示本件专利是基本专利。一项发明可在多个国家申请专利，德温特最早收到并报道出去的那件专利称为基本专利，而其他专利则统称为相同专利，用“＝”表示。在相同专利中，还有一种叫非法定相同专利。它是指已超过规定的优先权期限，其优先

权在法律上无效的专利，以"#"号表示。这些内容相同的基本专利和相同专利构成一组同族专利。

⑤ 专利标题全称。标题中"—"号前为专利的主标题，用黑体字表示，"—"号后为副标题，通常不是专利的发明题目，而是德温特公司根据说明书的内容，用英文重新改写后的题目。

⑥ 入藏登记号。一组同族专利共享一个入藏登记号，由公元年末 2 位、顺序号和刊登基本专利的周号组成。

⑦ 本件专利说明书公布日期。

⑧ 优先权项。包括优先申请日期、优先申请国家和优先申请号。

⑨ 国际专利分类号。

(2)国际专利分类索引(IPC Index)。国际专利分类索引是从分类角度查找专利文献的重要途径。该索引按 IPC 号的前四级即大组类号的顺序排列。凡涉及多种技术领域的专利发明，均在有关类目下列出。

其著录格式如下：

G05B19①

* CNC machine tool control system—Incudes object orientated motioin control and exception handler objects each of which may communicate with other objects via object orientated messages②
TX③

HURCO CO INC④95—123548/16⑤ * WO9507504—A⑥414⑦

说明：

① IPC 大组类号。

② 专利标题全称。

③ 德温特分册号。

④ 专利权人全称。

⑤ 入葬登记号。

⑥ 专利号。

⑦ IPC 小组类号。

(3)入藏登记号索引(Accession Number Index)。入藏登记号索引的主要用途是查找同族专利，选择语种熟悉的专利说明书，了解一项专利在国际上申请的范围。该索引按入藏登记号的年份和按登记号顺序排列，其著录格式如下：

92—065751 ①		Q7②
DE	3312278—C	9209③
DE	3312276—C	9210 + ④
GB	2248916—A	9217
NL	8301595—A	9217 }⑤
NL	8301595—A	9217
	92—072931/10⑥	

说明：

① 入藏登记号。

② 德温特分册分类号。

③ 基本专利。

④ 相同专利，+表示有多重优先。

⑤ 本周报道的相同专利。

⑥ 相关登记号。

(4)专利号索引(Patent Number Index)。主要用于已知专利号查找德温特入藏登记号和专利权人代码。按国别代码和专利号顺序排列。其著录格式如下：

US ① (A)②

US9002 (A)

*735 ③	92—13919904 ④	BOXE—⑤
*738	92—13920004	RENH/
=742	92—13920104	FAST

说明：

① 专利国别代码。

② 专利法律状态。

③ 专利号。

④ 入藏登记号。

⑤ 专利权人代码。

6.7.2.2 《文摘周报》

文摘周报按德温特分类编排，即先按德温特分类号排列，再按专利号排列（按专利国别代码顺序和专利号）。每期文摘周报后面还附有本期专利权人、入藏登记号和专利号索引。

(1) 文摘著录格式：

*HURC—①T01 T06 ② 95—123548/16③ *WO9507504—A1④

*CNC machine tool control system—Incudes object orientated motionin control and exception handler objects eath of which may communicate with other objects via object orientated messages(ENG)⑤

HURCO CO INC⑥ 93.09.0893US—11445⑦

X25⑧ (95.03.16)⑨ G05B19/414⑩

94.09.07WO—US10029 ⑪ N(AT AU BR CN DE FR GB…)

R(AT BE CH…)⑫

The control system comprises a receiving and storage instruction and a transmitting drius…
Use/ADVANTAGE. For operating drius. Lathes, electrostatic discharge machines provides CNC machine tool control that it modifiable. And is scalable such that it may be used for either high end or low end CNC machine tools ⑬(136pp dwg. No2/2)⑭

CT 5. Jnl. Ref FR2357 ⑮

N95—097618 ⑯ T01—F07 ⑰

说明：

① 专利权人代码。

② 德温特分类号。

③ 入藏登记号。

④ 专利号。

⑤ 专利标题。

⑥ 专利权人全称。

⑦ 优先项。

⑧ 可能报道该专利的德温特其他类号。

⑨ 专利说明书公布日期。

⑩ IPC 分类号。

⑪ 本件专利申请项。

⑫ 专利指定保护国：本著录项只出现国际或地区专利组织的专利申请案中，申请人在该组织中任意一个受理国提出一份国际专利申请，即等效于同时分别向指定成员国申请。字母 N 表示其后括号中为国际申请案指定国，R 表示地区申请案指定国。

⑬ 说明书摘要。

⑭ 说明书页数及附图。

⑮ 引证文献。

⑯ 德温特第二次入藏登记号（缩微胶片自动标引号）。

⑰ EPI 手检代码。

专利号索引：主要用于提供一件专利的 Derwent Accession No. 和 Patentee Code。

	US①	5604②	（A）③
*⑦	184④	97—144890⑤	TEXC⑥
*	185	97—144891	MOBI
=⑧	285	93—386513	DAIK

说明：

① 专利国别。

② 专利顺序号前半部分。

③ 文献类型代码。

④ 专利顺序号后三位数。

⑤ 德温特入藏登记号。

⑥ 专利权人代码。

⑦ 表示基本专利符号。

⑧ 表示相同专利符号。

（2）文摘周报：

1）General & Mechanical Patents Index，Alerting Abstracts Bulletin（GMPI）与题录周报的 Section P（General）和 Section Q（Mechanical）相配套。各有两个分册：

Section P1-P3：Human Necessities 日常生活必需品

Section P4-P8：Performing Operation 成形加工

Section Q1-Q4：Transport，Construction 交通运输，建筑

Section Q5-Q7：Mechanical Engineering 机械工程

2）Chemical Patents Index，Alerting Abstracts Bulletin（CPI）与题录周报 Section CH 相配套，有 12 个分册：A-M

Section A：PLASDOC 聚合物

Section B：FARMDOC 药物

Section C：AGDOC 农业、肥料

Section E：CHEMDOC 一般化学品

Section H：PETROLEUM 石油

Section J：CHEMICAL ENGINEERING 化学工程

Section M：METALLURGY 冶金

3）Electrical Patents Index，Alerting Abstracts Bulletin（EPI）与题录周报 Section R 相配套，有 6 个分册：S-X

S：Instrumentation，Measuring & Testing 仪器仪表与测试

T：Computing and Control 计算技术与控制

说明：

① 配套使用，卷期号一致。

② Ch 分册是查找化学化工方面专利文献的主要分册，与 CPI 配套，但由于是根据国际专利分类体系划分，所以与之有关的类目在其他 3 个分册中也不少。

6.7.2.3　《优先案索引》

优先案索引将同族专利按照优先项的次序排列，报道它们的专利号、入藏登记号和收录文摘的德温特刊物的期号。优先案索引的目的主要是：由一件专利的申请号查出其专利号；从优先项找出其相同专利。

88JP①

22634 ②　　88.09.12③

L 89JP—156839④

DE 3930102—A⑤　　9012⑥

US 4967181—A⑦　　9046

DE 3930102—C⑧　　9245

(90—084717—QSX)⑨

说明：

① 申请年、申请国。

② 申请号。

③ 申请年、月、日。

④ 较晚优先项。

⑤ 基本专利。

⑥ 报道专利的年份、期号。

⑦ 相同专利。

⑧ 本期报道的相同专利。

⑨ 入藏登记号与德温特分册号。

德温特创新索引（Derwent Innovations Index-DII）是 Thomson Derwent 与 ThomsonISI 共

同开发的，建立在ISI开发的ISI Web of Knowledge检索平台上的专利信息检索系统。DII集成了著名的Derwent world patents Index（德温特特世界专利索引）及Patent Citation Index（专利引文索引）中的记录，可提供强大的检索功能，是查找世界范围内发明专利信息的有力工具。读者可通过Thomson Derwent的网站 http://www.derwemt.com 了解有关信息。

6.7.3 检索途径

（1）分类途径。这是最常用的检索途径。从需检索的课题入手，分析课题，选取关键词；查《关键词索引》得到IPC大类号，再查相应的IPC索引找到相关专利的题录，用专利号查找对应期号的《文摘周报》得到文摘或去专利局提取专利说明书。

（2）专利权人途径。利用德温特公司代码手册找到相应公司代码，查找专利权人索引，得到有关机构或个人的专利。

（3）专利号途径。从其他科技文献或专利产品上获得专利号，可选择适当的德温特分册，查阅专利号索引，得到入藏登记号和专利权人代码，查找同族专利和相关专利权人的专利。

6.7.3.1 WPI检索方法

Derwent出版物的Gazette、Abstracts、累积索引三者之间有着密切的联系，既可单独使用又可相互配合使用。利用WPI检索专利文献通常采用3种方法：

（1）利用WPI的Gazette Weekly或累积索引查找专利题录，根据题录中所提供的专利号及有关线索直接索取专利说明书。

（2）利用WPI的Gazette Weekly或累积索引查找专利题录，根据报道这一专利题录的Derwent分册分类号，转查与题录周报年期号一致的相应分册的文摘周报，获得专利文摘内容，决定是否索取专利说明书。

（3）直接使用各种文摘本GMPI、CPI、EPI相应分册及所附各种辅助索引，直接依据Derwent分类号进行检索，得到专利文摘，进而索取原文。

WPI检索途径示意图如6－21所示。

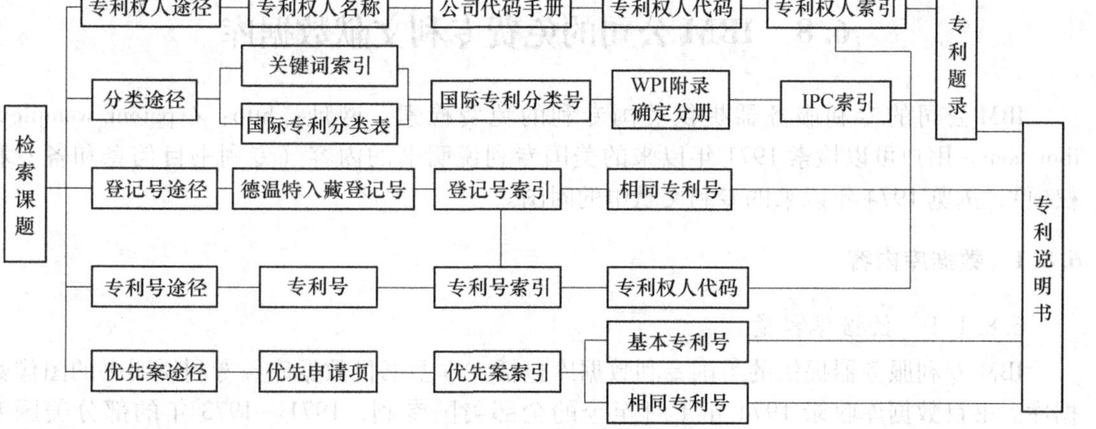

图6－21 WPI检索途径示意图

6.7.3.2 WPI 检索实例

检索课题：查找关于“用氧化法处理废水”的专利文献。

检索工具：《目录周报》。

检索途径：分类。

检索步骤：

（1）利用 WPI《目录周报》中的国际专利分类法中的关键词索引，用“水”（Water）在关键词索引中查到国际专利分类号：

Water

Obtaining or treating——distilling B01D

treating foul or waste——heaters C02F

C02F 这个类号与课题有关，其主题内容是关于“污水与废水处理”。

（2）据此分类号可在国际专利分类表中核对：

C02F TRETMENT OF WATER，WASTER WATER，SAWAGE，OR SLUDGE

1/00 Treatment of water，waste water，or sewage（3/00 to 9/00 take precedence）

1/02 · by heating

1/04 ·· by distillation or evaporation ·

1/72 · by oxidation（用氧化法）

从分类表中确定符合课题的国际专利分类号为 C02F1/72。

（3）据此号在 WPI《目录周报》中查专利分类索引，其格式是：

C02F——01

☆wast——water sludge treatment using pressurised reaction

vessels——Which espose sludge to aeration，oxidising agent and lime D

Process RWS DEV & M30. 09. 82

84—116343 ☆GB2128—980—A72。

这是一篇论述“用密封反应器处理废水污水”的专利文献。破折号后是德温特公司对原专利文献题目的补充说明。说明废水处理采用的是用氧化剂和石灰充气方法。

6.8 IBM 公司的免费专利文献数据库

IBM 公司的专利服务器提供美国专利的免费检索，网址：http：//patent. womplex. ibm. com。用户可以检索 1971 年以来的美国专利说明书的内容（专利书目信息和各专利权项），浏览 1974 年以来的专利文献中的附图。

6.8.1 数据库内容

6.8.1.1 数据库容量

IBM 专利服务器提供的美国专利数据库包括文本型书目数据库、专利说明书的图像数据库。书目数据库收录 1974 年 1 月至今的全部美国专利，1971 ~ 1973 年的部分美国专利，最早的专利为 1971 年 1 月 5 日公布，共收录专利 230 万条左右。为了检索方便，服务器将全部专利组织为两个库，1971 年至今为总库，1995 年至今为子库，子库共收录专利42万条。数据库的更新为即时更新，只要收到专利局的专利公报，新信息就及时加到数据库中。

6.8.1.2 专利说明书图像

专利说明书是专利最完整、最原始的资料，特别是说明书的绘图包含最有价值的信息。现在，IBM公司将印刷型的专利说明书数字化，装进了专利服务器。这是该服务器独一无二的、最珍贵的资源。图像库收录1974年至今大约200余万份说明书。图像的总存量为1.3Tera byte，相当于3000多张光盘的容量。每份说明书包括首页、说明文字和绘图，从几页到几十页不等。可系统提供浏览功能。

6.8.1.3 专利字段

在IBM提供的美国专利数据库中，一条完整的专利包括下列字段：专利存取号，专利名称，发明人，专利权人，公开时间，申请时间，系列号，法律状态，国际专利分类号，美国专利分类号，专利说明书文摘，作为参考的美国专利、权项、相关专利，国外申请优先权数据，作为参考的外国专利，其他参考资料，专利代理人，主审官和副审官。

6.8.2 检索性能

6.8.2.1 检索方式

系统提供四种检索方式：

（1）关键词检索。这是最简单的检索方式，只要在输入框中输入关键词或词组，系统在专利的所有字段中扫描，找到匹配记录，输出检索结果。

（2）专利号检索 。如果知道某个专利的存取号，选择这种检索方式，在输入框中输入专利号，就可迅速得到结果。

（3）布尔逻辑检索。这种检索方式一次可输入两个词，每个词的输入框下有一个弹出菜单，供选择检索词应出现的字段，字段选项有全部字段、专利名称、发明人、专利权人、文摘、权项、代理人共7种。两词之间有一个弹出菜单，可选择逻辑运算符号and、or、not。

（4）高级检索。这种检索方式适合于情报检索人员，检索者可在输入框中编辑复杂的检索策略。策略中词与词之间可以进行逻辑运算、截断、相临运算、单词修正运算。在逻辑运算符号中新增了“accrue”算符，这个算符和or算符相似，但它可以统计检索词在某一文献中的词频，计算两词之间距离的大小，最后得出这篇文献与检索词的相关度，检索结果就能以相关度的高低更精确地进行排序。

6.8.2.2 检索结果

系统执行检索过程后，将匹配的记录输入到屏幕上。每条记录包括三项信息：专利号、专利名称、相关度。系统采用了Internet上流行的相关度排序法，将检索中的专利按相关度高低排序。一次显示的记录数最多200条，检索界面上有一个弹出菜单，可设置记录显示的条数，有20、50、100和200四个选项。如果要显示某个专利的全记录，点击该专利存取号。如果要订购某一个专利，在专利存取号前的方框中标记，然后点击页面下端的“Order Checked Documents”按钮。

6.8.2.3 专利全记录

系统一次显示一条全记录。全记录格式除显示专利的所有字段外，还提供强大的链接功能。

（1）专利分类号链接。专利的国际专利分类号和美国专利分类号均为链接点，点击分类号，系统按分类号自动检索，并显示检索结果。

（2）参考专利链接。参考专利是审查官在评审专利创新点时，在已有的美国专利中查到的相关专利。这些专利的名录是专利说明书的内容之一，IBM 专利服务器将参考专利名称作为链接点，点击专利名称，系统显示参考专利的全记录。注意：这种链接是双向的，以当前专利为参考的新专利也是一个链接点。全记录格式只显示专利权项的第一项，如果要看整个权项的文本，点击“show all claims”链接点。

6.8.2.4 说明书图像

在专利全记录页面的顶部，点击“View images”按钮，可浏览这个专利的说明书图像。使用浏览器“文件”菜单中的打印功能，可直接输出说明书。从图像页面退回到全记录显示页面，不能用浏览器的“back”按钮，而要关闭或缩小当前的窗口。

6.8.3 其他辅助服务

（1）专利说明书订购。

（2）资源导航。

（3）为了提高本站点的趣味性，IBM 专利服务器开发了一个功能，当遇到一个很有意思的专利时，可以点击专利页顶部的 Vote 按钮，把这个专利推荐给珍稀专利子数据库，实现与千千万万的访问者共同推荐、共同欣赏。浏览一下这个小数据库，就会发现人类曾发明过哪些稀奇的东西。

6.9 其他常用网络检索专利网址及简介

（1）美国专利数据库 http：//patents. uspto. gov。该数据库提供美国专利和商标局 1976 年以来发布的所有专利文献，可免费检索并获取到文摘，获取全文需付费。

（2）SPO 免费专利服务 http：//www. Spo. eds. com/spo/penbin/genfree. pl/free。SPO 是美国电子数据系统的一个部门。免费提供浏览最近 52 周内，美国专利和商标局发布的专利名称、专利号、美国专利分类、主题搜索等服务。

（3）美国化学文摘社的化学专利服务 http：//casweb. cas. org/chempatplus。该站点包括了 1975 年至今由美国专利局和商标局发布的专利权文本。在此查找、浏览、显示专利名称和摘要等都是免费的，但需先注册取得 CAS 的用户 ID 号，注册是不收费的。选中专利后，可付费订购全文。

（4）失效专利数据库（http：//www. exin. net/patent/search. jsp）。由于专利法对专利的保护都有一定的期限（我国专利法规定，发明专利的有效期为自申请之日起的 20 年，实用新型和外观设计专利的有效期均为申请之日起的 10 年），超过专利法保护期限或在专利法保护期限内未履行相应义务的专利称为失效专利，公众可对其无偿使用。截至 2000 年年末，中国专利申请已经达到 70 多万件，其中失效专利及失效专利申请已经超过 23 万件以上。

（5）常用的专利数据库还有世界专利组织专利文献数据库。

7 其他特种文献

专利文献、学位论文、科技报告、标准文献及会议文献等，又称为特种文献。它们属于非书非刊的出版物。基于专利文献的突出特点，在第6章已进行了详细介绍。而其他诸如学位论文等特种文献也都有各自的特点和实用性，这些文献也往往能提供更多信息和资料。

7.1 学位论文及检索

7.1.1 学位论文

学位论文是指为了获得所修学位，按要求被授予学位的人所撰写的论文。在撰写过程中，学生在自己导师的指导和帮助下，进行大量的调查研究和参阅大量文献资料，在此基础上结合当前的学科发展水平和趋势，根据自己的知识优势选定合适的论文题目。

学位论文在美国称为"Dissertation"，在英国称为"Thesis"，常有"Diss."（Dissertation的缩写）标志，而且有学位论文编号，如：Order NO. DA 8328940 From Diss. Abstr. Int. B 1984，44（8），2428。常见的学位论文有学士论文、硕士论文和博士论文三种。学位论文一般不出版，只供应复制品，取得的手续也比较麻烦，因而不便为读者所利用。我国实行学位制度以来，比较重视对国内学位论文的收集。1984年教育部规定，我国所有研究生的博士、硕士论文，一律交中国科技情报研究所收藏，并提供中国学位论文的缩微胶片。

从内容来看，学位论文参考价值不亚于科技报告，学位论文大多都比较详尽地总结了前人的工作，再通过科学实验，提出自己的观点，但其中也有所侧重。一类论文参考了大量资料，进行系统的概括，数据资料也比较充分，可作为对某一特定问题的总结；另一类论文则提出了新的论点、新的论据，但尚不成熟、不全面，有时甚至还不能作定论，不过仍有其启发作用。

学位论文是非卖品，不发行。但也有印成单行本，或在期刊上发表摘要的。少数也有全文发表的。例如，英国"生物化学学报"上，大约有三分之一的文章来源于学位论文。美国化学工程师学会（AICHE）的"化学进展工程"每年1月号刊载前一年的美国化工博士论文的题目。

7.1.2 博士、硕士学位论文的作用及其开发价值

我国目前有博士、硕士授予单位800多家，博士点2000多个，硕士点8300个，每年产出博士、硕士论文5万篇以上。这是我国拥有的自主知识产权的重要信息资源和知识宝库，具有重大的开发利用价值。

（1）有利于我国高等教育特别是研究生教育事业的发展，促进高层次科技人才的

培养。

（2）有利于推动科技工作者之间的学术交流，促进学科建设和科研工作。

（3）有利于科研成果转化为现实的生产力。

（4）有利于我国国家知识基础设施和国家创新体系的建设。

7.1.3 学位论文检索工具举要

博士、硕士学位论文的价值很大，但属于非卖品，不公开出版，而且各个单位的论文规范也不尽相同，使用很不方便，尤其在收集和查询时存在一定困难，使广大科技人员难以获得这种信息资源。以下简要介绍几项检索工具。

7.1.3.1 《中国博士学位论文提要》

它由北京图书馆学术论文收藏中心编制，书目文献出版社于1992年开始以图书形式出版，最早追溯到1981年。该书以文摘形式全面报道中国各高等院校和科研机构授予答辩通过的博士论文，包括社会科学、自然科学、技术科学、农业、医学等学科范围。社会科学部分和自然科学部分分别出版，社会科学部分为1册，自然科学部分则分为理学、工学、农学医学3册。每册均按学科专业顺序分类编排，并附有“著者索引”和“英文题名索引”，全书最后还附有总目录。

该书是目前检索中国博士学位论文的最全的工具书。但由于以图书形式出版，出版周期较长，而且是不定期出版，使用起来不是很方便，目前不能算是一种成熟的检索工具。

7.1.3.2 《中国博士科研成果通报》

它由国务院学位委员会编制，北京理工大学出版社1991年出版，收录1981～1987年我国130个博士生培养单位的1055位博士科研成果（博士论文）。

7.1.3.3 《中国学位论文通报》

它由中国科技情报研究所于1984年创刊，双月刊，1993年停刊。该刊以题录形式报道全国自然科学领域博士和硕士学位论文，曾是国内唯一的检索中国学位论文的检索工具。它以文摘、简介和题录三结合的形式报道，年报道量为2800条左右。每年第一期附有上一年度的分类索引。正文按《中国图书资料分类法》分类编排。该《通报》于1993年停止出版印刷本，代之以发行“中国学位论文书目数据库”软盘。

7.1.3.4 《中国学位论文书目数据库》

它由中国科技信息研究所研制。该数据库收录了1989年以来该所收藏的自然科学与技术科学领域的硕士、博士、博士后全部学位论文的书目信息，通过光盘和网络形式发行。与《中国学位论文通报》在内容上是一致的，是一种继承关系。

该数据库采用《中国图书资料分类法》分类标引，可提供分类、著者、导师、论文名称、授予学位单位名称、年代以及专业等多种检索途径。数据库包括《中国学位论文书目数据库》（1989年至今）、《中国学位论文库（英文）》（1988年至今）、《中国博士论文库》（1988年至今）。

该数据库的专业范围包括数学、物理、化学、地球科学、生物科学、医药科学、农业科学、矿业工程、冶金工业、金属与金属工艺、机械仪表、动力工程、无线电电子学与通信技术、自动化与计算机技术、化学工业、轻工业与手工业、建筑科学、水利工程、交通运输、环境保护等。

该数据库主要以光盘形式出版，也可通过网络进行检索。但由于没有文摘，其使用也受到一定限制。

7.1.3.5 其他工具

国内许多博士培养单位（研究所或大学）一般都编有本单位博士学位论文摘要，如《中国科学院博士学位论文文摘》、《清华大学博士学位论文摘要汇编》（1983～1988年）等。应注意充分利用。另外，国外学位论文检索工具有：《国际学位论文文摘》，由美国的大学缩微胶片公司出版，收录美国、加拿大、法国、英国和澳大利亚等国220余所大专院校的学位论文。《硕士论文文摘》，由美国的大学缩微胶片公司出版发行，为微缩胶卷。近处可通过网络检索。

7.1.3.6 学位论文的网络检索

美国、加拿大学位论文的检索网站以 UMI ProQuest Digital Disserttatin（http://wwwlib.global.umi.com，有偿服务）较佳。中国学位论文则可通过中国高等教育文献保障系统 CALIS（http://www.calis.edu.cn）检索。在中国知网、万方数据库这些网络数据库中也含有学位论文的数据库，在这些网络数据库中同样可以方便、快捷地找到学位论文。

7.2 标准文献及检索

7.2.1 标准文献

从狭义上来说，它是指按规定程序制定，经公认权威机构（主管机关）批准的一整套在特定范围（领域）内必须执行的规格、规则、技术要求等规范性文献，简称标准。从广义上来说，它是指与标准化工作有关的一切文献，包括标准形成过程中的各种档案、宣传推广标准的手册及其他出版物、揭示报道标准文献信息的目录、索引等。它们是人们在从事科学实验、工程设计、生产建设、技术转让、国际贸易、商品检验中对工、农业产品和工程建设质量、规格及其检验方法等方面所作的技术规定，是从事生产、建设和行政、组织管理时需要共同遵守的具有法律约束力的技术依据和技术文件。每一件技术标准都是独立完整的资料。它作为一种规章性的技术文献，有一定的法律。标准资料也是一种主要科技情报来源。通过它可以了解有关国家的工业发展情况，也可以供我国研制新产品、整顿老产品、改进技术操作水平等方面参考和借鉴。

7.2.1.1 特点

标准文献不同于一般的文献，它有以下主要特点：

（1）标准文本一般都编有标准号，标准号是管理和检索标准的重要依据，有独立的文献体系和固定的标准代号。

（2）标准一般都单独出版。

（3）标准具有一定的法律约束力，有生效、未生效、试行和失效之分。

（4）数量庞大，发展迅速。

（5）标准的新陈代谢频繁。

（6）一件标准只解决一个问题，文字简练。

（7）标准文献的检索主要通过标准编号、行业分类、发布单位构成的标准目录等。

（8）不同级别标准有不同的实施范围。

（9）标准文献交叉重复，相互引用。从企业标准到国家标准直到国际标准并不意味着级别上升，在制定标准时往往相互引用。

（10）每个国家对于标准的制定和审批程序都有专门的规定，并有固定的代号，标准格式整齐划一。

（11）标准文献具有其自身的检索系统。

7.2.1.2　种类

标准文献按其使用范围可以分为以下几种：

（1）国际标准。国际标准是指国际标准化组织(ISO)、国际电工委员会(IEC)和国际电信联盟(ITU)指定的标准,以及国际标准化组织确认并公布的其他国际组织制定的标准。

（2）区域性标准。区域性标准指由世界某一地区的标准化机构，包括参与标准化活动的区域团体通过的标准。如“欧洲共同体标准（CEN）”、“经互惠标准（CEB）”等。

（3）国内标准：

1）国家标准。国家标准指经过全国性标准化组织通过，在全国范围内统一的标准。如我国的国家标准（GB）、日本国家标准（JIS）等。

2）专业或部颁标准。专业或部颁标准指经过专业主管部门或专业团体审查通过，适用于一个国家某一专业或相关领域的标准。如我国化工部的标准（HG）、教育部标准（JY）、邮电部标准（YD）等。

3）企业标准。企业标准指对企业范围内需要协调、统一的技术要求、管理要求和工作要求所制定的标准。企业标准由企业制定。

（4）其他常用标准：

1）美国国家标准（ANSI）。ANSI 标准是美国国家标准化学会（American National Standards Institute）发布的标准。其编号形式如下：

ANSI A13.1—96

标准代号＋标准分类号＋顺序号＋年份

ANSI/ASTM A37·15—96（R1999）

标准代号＋专业标准代号＋标准分类号＋顺序号＋发布年份＋确认年份

2）英国国家标准（BS 标准）。BS 标准是英国全国性标准化机构“英国标准学会”（British Standards Institution，BSI）发布的标准。其编号形式如下：

BS3412—1999

标准代号＋顺序号＋制定年份

3）日本工业标准（JIS 标准）。JIS 标准由日本工业标准（Japanese Industrial Sandard）调查会负责制定。其编号形式如下：

标准代号＋分类号＋顺序号＋发布年份

JISK6776—947.2.2

7.2.2　国内标准文献检索

（1）《中华人民共和国国家标准目录》。由国家标准局编。以 2011 年版为例，收录了

2010 年 12 月底前制定、修订国家标准 2694 项，其中新制定标准 1990 项，修订标准 704 项；强制性国家标准 327 项，推荐性国家标准 2303 项，国家标准化指导性技术文件 64 项等。该目录由分类目录组成。按《中国标准文献分类法》大类名称编排。在每个标准题录后列出该标准的指定日期、修订日期、实施日期。例如：

G 化工

GB338—2004	工业用甲醇	04.11.29	05.05.01
（标准号）	（标准题目）	（制定日期）	（实施日期）

该目录可从分类和标准号两种途径查找，分类途径根据《中国标准文献分类法》的类号查分类目录，就能找到所需的国家标准；标准号途径根据标准号查标准的题目。

（2）《中国标准化年鉴》。由国家标准局编，中国标准出版社出版。1985 年、1986 年版组成一个完整的国家标准目录，现已出版至 1997 年版。年鉴中的国家标准目录按《中国标准文献分类法》的大类名称编排，后附有标准号索引。

（3）《中华人民共和国工农业产品、工程建设国家标准和部标准目录》。由技术标准出版社出版。该目录按专业编排，在各专业下列出该专业所有的国家标准和部标准。

（4）《标准新书目》。月刊，由中国标准出版社出版。此目录可查阅国内新出版的标准。

（5）《中国标准化》杂志。是由国家质检总局主管，中国标准化研究院和中国标准化协会共同主办的标准行业权威学术期刊。凡是新发布或新修订的国家标准（GB）均在此刊后面有报道，因而通过此刊可查阅最新发布的国家标准。

（6）标准文献数据库。国内标准化相关站点：

中国技术监督局情报所 www. cssn. net. cn

中国质量信息网 www. cqi. gov. cn

中国电子标准化与质量信息网 www. cesi. ac. cn

中国工程技术准标信息网（GJB）www. std. cetin. net. cn

中国 ISO www. chinaiso. com

国家质量技术监督局标准化司 www. csbts. cn. net

中国标准化与信息分类编码所 www. csicci. gov. cn

环保法律法规和标准汇编 www. xjwlptt. net. cn/xjepb/epb-law. htm

机械标准化与 CAD fjwww. guangzhou. gd. cn/elewolf

中国台湾标准局 www. moea. gov. tw/nbs/nbs. htm

煤炭标准 www. coalinfo. ac. cn

中国环保法规与标准 www. cei. gov. cn/cnenvir/fgbz/fgbz. htm

中国标准化协会 www. chinaiso. com/ CAS /cas. htm < !—mstheme

中国仪器仪表信息网 www. itet. com. cn

7.3 会议文献及检索

会议是人们交流知识信息的重要渠道之一。学术会议为从事研究工作的学者提供了接触和交流的机会和场所。据统计，科技会议对本学科领域重大事件的首次报道率最高，约有30%的科技成果的首次公布是在科技会议上。表示会议特征的词有：Conference、Congress、Symposium、Meeting；表示主办会议的机构有：Association、Society、Committee；表示会议文献的类型有：Proceedings、Papers、Transactions、Digest；会议时间、地点、届次。会议消息往往在新闻刊物或有关期刊中报道，例如美国 *Anal. chem.* 杂志每期都报道分析化学有关的会议专门预报会议消息的期刊，美国世界会议中心出版的《近期会议论文题录》（*Current Programs*），国际协会发行的《每年国际会议日程表》（*Ann. Intern. Congress Calender*），以及英国科教部刊行的《近期国际科技会议》（*Forthcoming Intern. Sci. Tech. Conf*），还有中国科学技术信息研究院所编印的《国际科学技术会议和国际和国际展览会预报》等。

7.3.1 会议文献

会议文献是指在学术会议上宣读和交流的论文、报告及其他有关资料。会议文献大多以会议录的形式出现。会议文献是整个科技文献的一个重要组成部分。

会议文献由会议的主持单位编印，一般是在会前把拟在会上宣读的论文或书面发言编印成册，在会上发给与会者。这类“会前”文献有的在会后公开发行，但多数不对外发行，只发给与会者，会后搜集比较困难。

还有一种“会后文献”，它是在会议结束后，经主办单位整理发表的正式资料。这类文献内容比较完整，编排也较系统、完善。但是大部分科技会议只有“会议文献”，不再出版“会后文献”。

会前文献主要指论文预印本（Preprint）、论文摘要（Abstracts）、会议日程表及代表名单等。会后文献指会议论文经修改、整理后出版的资料，会议文献大多以图书形式出版，部分以专刊、增刊的形式出版或散见于期刊上，也有部分采用缩微胶片、声像等形式出版。

会间文献是指在会议期间发给与会者的材料，大多是行政事务性资料，参考价值不是很大。

会后文献包括回忆录（Proceeding）、回忆文集（Symposium）、学术讨论文集（Colloquium）、会议报告（Reports）、会议论文汇编（Transactions）、会议记录（Records）、回忆文集（Paper）、会议出版物（Publications）以及会议辑要（Digest）等。会议文献一般以期刊、图书、科技报告、视听资料等形式出版。

会议文献的特点表现在：

（1）数量多。全世界每年召开的国际性学术会议在10000次以上，发表会议论文几十万篇（估计数，ISI Proceedings 每年收录的会议在12000次以上）。

（2）形式多样，发行分散，包括白色文献、灰色文献和黑色文献。会议文献的出版形式一般有以下5类：

1）图书。多数会后文献都以图书形式出版，称为会议录或会议论文集。以会议名称作为书名；以文集名作为书名；将会议名称作为副书名。这种会议文献通常汇集了某次会议上的全部论文，并经过作者补充修改，内容比较成熟、完整，但出版周期需要半年至一年时间。

2）期刊论文。不少会后文献发表在期刊上，包括专门刊载会议文献的期刊和相关学会、协会的特刊、增刊、附刊和专栏。通常在会后3~4个月出版。

3）科技报告。有的会议文献编入科技报告之中。

4）连续性会议文献。定期或不定期出版的丛书、丛刊等。

5）视听资料。包括录音带、录像带等，这些资料在会议现场录制而成，时效性较强。

（3）没有一种数据库或检索工具能检索到比较全面的会议文献，全文更是分散在不同的数据库中。

以上特点造成会议文献检索不便，“好用不好找”。

7.3.2 会议文献的检索

常用的会议文献检索包括：（1）中文会议文献，如万方会议论文数据库、CNKI中国重要会议论文全文数据库、读秀会议论文频道；（2）外文会议文献，如WM、CPI、ISTP（CPCI-S、CPCI-SSH）。

下面选择三种各具特色的会议文献检索工具做一介绍。

7.3.2.1 中文会议文献检索

（1）万方会议论文数据库。中国学术会议文献数据库（China Conference Paper Database，CCPD），收录始于1983年，有4000次重要的学术会议，年增20万篇全文，每月更新，以国家级学会、协会、部委、高校召开的全国性学术会议为主，国内目前收录会议数量较多、质量较高、学科覆盖较广。检索主界面见图7－1。可通过题名、关键词、摘要、作者、作者单位、会议名称、主办单位等方式检索。

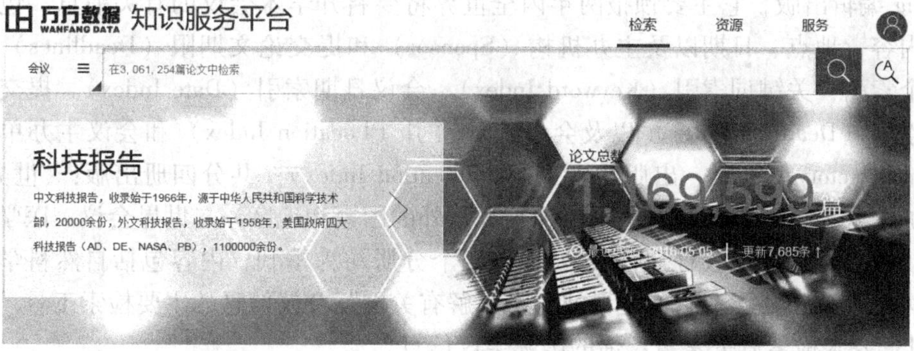

图7－1 万方会议论文数据库检索主界面

（2）CNKI中国重要会议论文全文数据库。国内外重要会议论文全文数据库的文献是由国内外会议主办单位或论文汇编单位书面授权并推荐出版的重要会议论文。重点收录1999年以来，中国科协系统及国家二级以上的学会、协会，高校、科研院所，政府机关举办的重要会议以及在国内召开的国际会议上发表的文献。其中，国际会议文献占全部文献的20%以上，全国性会议文献超过总量的70%，部分重点会议文献回溯至1953年。目前，已收录出版国内外学术会议论文集28394种，累积文献总量2583489篇。检索主界面见图7－2。

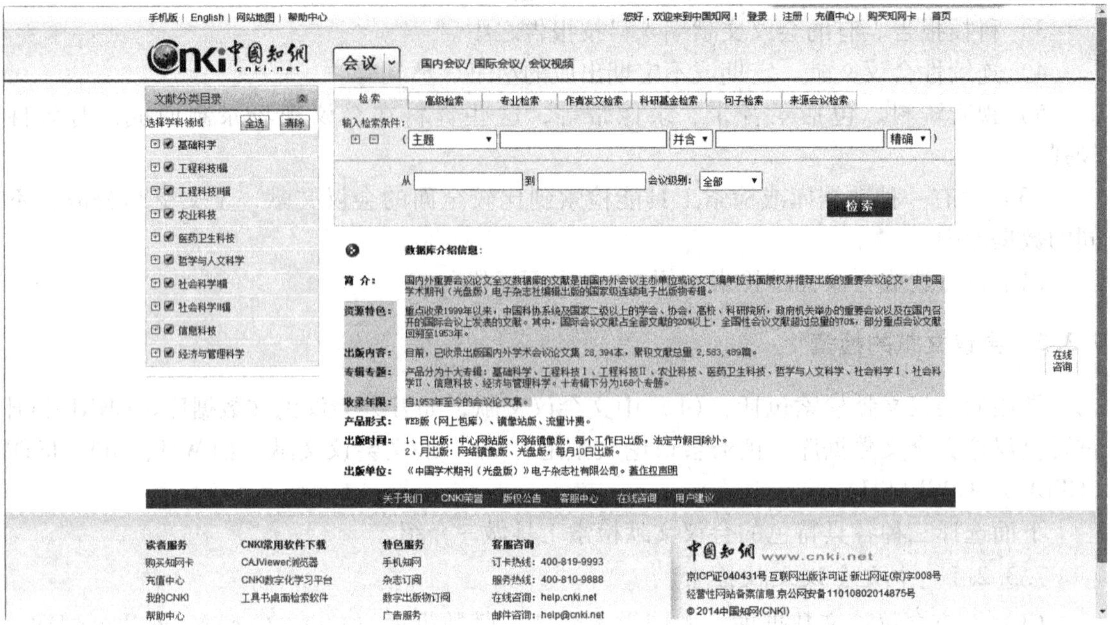

图7-2 CNKI会议论文数据库检索主界面

7.3.2.2 外文会议文献检索

（1）《世界会议》（World Meetings，WM）。WM由美国世界会议情报中心Macmillan Publishing编辑出版，它主要预报两年内全世界将要召开学术会议的有关消息，包括会议名称、内容、地点、日期以及主办机构（Sponsor）和提交论文期限（Deadlines）等；并提供6个索引：关键词索引（Keyword Index）、会议日期索引（Date Index）、提交日期截止期限索引（Deadline Index）以及会议地址索引（Location Index）和会议主办单位索引（Sponsor Dircetory Index）、出版物索引（Publication Index）。共分四册出版：《世界会议：美国和加拿大》；《世界会议：美国、加拿大以外的国家和地区》；《世界会议：医学》；《世界会议：社会与科学、教育与管理》。以上四个分册均为季刊，内容包括自然科学、工程技术、医学和社会科学。它们是科技人员了解有关国际会议信息的主要检索工具。

［例］要求检索有关聚氯乙烯的国际会议信息。

查阅《世界会议：美国、加拿大以外的国家与地区》1988年第21卷第1期。

1）从关键词途径入手。根据题意选"聚氯乙烯"（Poly Vinyl，Chloride）为关键词，按字顺查关键词索引，得：

‖Poly(vinyl chloride)①(plague②,Jul18 ~ Jul21)③……8830427④

说明：①关键词；②会议地址；③会议日期；④会议登记号。

2）如已知"PVC国际会议"召开日期为Jul18 ~ Jul21，则可利用会议日期索引，按月份字顺查得：

‖Jul18 ~ Jul21 ①　　Plague ②(Poly(vinyl chloride))③……8830427④

说明：①会议日期；②会议地址；③会议名称；④会议登记号。

3）如已知“PVC 国际会议”提交论文截止日期为 1988 年 4 月 15 日，则可利用同期的提交论文截止期限索引，按月份字顺查得：

‖ Apr 15 ① Poly(vinyl chloride)②……8830427③

说明：①提交论文截止期限；②会议名称；③会议登记号。

4）如已知“PVC 国际会议”开会的地点为 Prague，Czechoslovakia，则可查阅会议地址索引，查得：

Czechoslovakia

‖ Prague①(poly(vinyl chloride)②,Jul18 ~ Jul21)③……8830427④

说明：①会议地址；②会议名称；③会议日期；④会议登记号。

5）如已知“PVC 国际会议”主办单位为 International Union of Pure&Applied Chemistty (IUPAC)，则可查会议主办单位索引，查得：

International Union of Pure&Applied Chemistry
(IUPAC)①,Dr. M H Freemantle,Information Officer
Chambers,2-3Piund Way,Cowley Ctr,Oxford
OX4 3YF,United Kingdom②
8820099,8830070,8830181,8830184,
8830188,8830190,8830301,8830427,③

说明：①会议主办单位；②联系人或主办单位的地址；③会议登记号。

6）只要从以上任一途径查得会议登记号后，即可查阅同期的“正文”，便能得到即将召开的“PVC 国际会议”的基本情况。

‖ 883 0427①:Poly(Vinyl chloride)-Prague Mtgs
On Macromolecules② Prague,Czechosolovakia③:Inst of Macromolecular Chemistry
18—21 Jul 88④
Sponsor:Int Union of Pure&Applied Chemistry
(IUPAC);Czechoslovak Acad of Sciences
(CSAV);Czechoslovak Chemical Soc(CSC)⑤
Gen Info:Dr P Cefelin,CSAV⑥
Content:Topics are polymerization,chemical
Structure,morphology,Physiochemical properties,chemial transformations,
Degradation stabilization,modification,rheology,processing,compounding-of vinyl chloride
(co)polymers(50 papers in Eng)⑦
Attendance:100. RESTRICTION:None⑧ Deadlines:15Apr88(absts)LANGUAGES:Eng.
CONTACT:IUPAC⑨
Publication: * ABSTS-FORM:In program. LANGUAGE:Eng. SATE:
Jul88. SOURCE:IUPAC.
PAPERS-FORM:Pure and Applied Chemistry
60 (1988). LANGUAGE: Eng, DATE: Dec88. SOURCE: Blackwell Scientific Publications Ltd,
Oxford,GB⑩

Exhibit:None ⑪

说明:

① 会议登记号。共由7位数字组成，前两位数字表示召开会议的年度，第三位数字表示季度，后四位数字表示该会议在数据资料库中的登记号。登记号前若有“§”符号，则表示会议情况在前期登载过，但情况有变动或有新情况增加。登记号前若有“‖”符号，则表示会议第一次为《世界会议》收录。

② 会议名称。名称中用黑体字印刷的为会议名称的关键词。

③ 会议地点（城市、州（美国）或国家）。

④ 会议召开的日期（包括全部天数）。

⑤ 会议主办单位。

⑥ 联系人或联系单位的地址。

⑦ 会议内容。

⑧ 会议出席人数。

⑨ 提交论文或论文摘要的截止期限。

⑩ 会议出版物情况。

⑪ 会议举办的展览会情况。

（2）《会议论文索引》（Conference Paper Indexs，CPI）。CPI由美国世界会议信息中心出版，月刊。它报道近期国际学术会议论文的有关信息，是检索世界范围内有关化学、物理、工程技术、生物科学以及医学等领域会议文献的主要工具。

[**例**] 要求从《会议论文索引》1987年Vol. 15 No. 1中检索生物工艺学冲击化学工业的会议论文。

1）从主题索引入手，选“化学工业”为主题词，取《会议论文索引》1987Vol. 15 No. 1，在主题索引20查到下列条目：

Chemical industry①，Impact of biotechnology on the②……87—003360③

说明：①主题词；②说明语；③论文顺序号。

2）若已知生物技术在化工行业的影响的会议论文著者为MQuitty，J，则可查著者索引，得：

MQuitty，J………………………87—003360

3）从正文类目中检索，根据题意从“化学和化学工程”类目下查找，查得：

CHEMTSTRY AND CHEMICAL
ENGINEERING①

---

863 0396②:American Chemical Society 192nd Meeting③
7-12Sep 1986④
Anahein,CA(USA)⑤
American Chemical Society(ACS)⑥
ORDERING INFORMATION:ACS Distribution Office,
210,1155 16th,Street,N. W. ,Washington,DC 20036

(USA). Telephone:(202)872-4405;Contact speciffic authors of specific papers for copies of entire papers.

ACS will publish a book of abstracts. Price: $ 34.00⑦.

87-0.3360⑧. impact of biotechnology on the chemical industry⑨. J. MacQuitty⑩

说明：著录前半部分是会议情况，后半部分是会议论文情况。①大类目录；②会议登记号；③会议名称；④会议日期；⑤会议地址；⑥会议主办单位；⑦订购通知；⑧论文顺序号；⑨论文题目；⑩著者姓名。

7.3.2.3 美国《科技会议录索引》(ISTP)

其具体内容详见第8章8.3节。

7.4 科技报告及检索

7.4.1 科技报告

科技报告（Technical Reports）是记录某一科研项目调查、实验、研究的成果或进展情况的报告，又称研究报告、报告文献。由于科技报告在内容上一般具有一定的保密性，故往往以内部资料的形式出现，或在一定时期后公开发表。作为一种科技文献类型，它既不像一般的图书，也不像期刊。

科技报告出现于20世纪初，但自第二次世界大战以来，由于国外不少军事、科研、工业机构利用政府研究报告对内、对外传递科技情报，科技报告得以迅速发展。科技报告基本上都是一次文献（少数书目索引也被编入科技报告）。它的内容比较专深具体，大致可分为基础理论研究和生产技术两大类，在检索工具的文摘中，常有“Report”标志。由于它是研究的记录和成果，代表了一个国家和某一专业的科技水平，因而可以对科研工作起到直接的借鉴作用。许多最新的研究课题与尖端学科的资料，往往首先反映在科技报告中。

科技报告一般有以下特点：

(1) 内容上专深具体，往往涉及军事和国防上的尖端科技和新设备、新材料、新方法等方面的最新研究课题。科技报告比期刊论文更具体、详尽、真实，数据比较完整，实用性很强。

(2) 每份报告独立成册，编有序号，陈述的格式统一、严谨。

(3) 发行范围受到控制，大部分属于保密文献，只有小部分在一定范围内公开或半公开发行，绝大部分在相当长的一段时期之后才被解密公开。

(4) 时效性强，报道速度快。有些科研项目或课题需有阶段性报告，承接单位必须按提供经费部门的要求，按时完成阶段性研究目标，提交阶段性科技报告。有些科研项目或课题则必须在终结时提供终结科技报告。

(5) 报告质量参差不齐。大部分科技报告是合同研究计划的产物，由工程技术人员编写，由于受撰写时间限制且因保密需要以工作文件形式出现，使报告的质量相差很大。

(6) 反映新的科研成果迅速。以科技报告形式反映科研成果与这些成果在期刊上发表相比，一般要早一年左右，有的则不在期刊上发表。

按科技报告反映的研究阶段，大致可分为两大类：一类是研究过程中的报告，如现状报告、预备报告、中间报告、进展报告、非正式报告；另一类是研究工作结束时的报告，如总结报告、终结报告、试验结果报告、竣工报告、正式报告、公开报告等。按报告的文献形式可分为：1）报告书，是一种比较正式的文件，内容完整详细，多属于总结性的报告；2）札记，研究中的临时记录或小结，内容不完整，属于实验研究的第一手资料；3）论文,准备在学术会议上或期刊上发表的报告，着重于理论而删除了关键的技术内容；4）备忘录，供同一专业或同一机构中的少数人沟通信息用的资料；5）通报，对外公布的、内容较为成熟的摘要性文件；6）技术译文，是外国有参考价值的翻译文献。按报告的使用范围可划分为：绝密报告、机密报告、秘密报告、非密限制发行报告、非密报告、解密报告等。

科技报告的代码和编号是科技人员进行检索的途径之一。科技报告一般都有编号和代码，但缺乏统一的标准和制度，非常混乱，给检索带来许多不便。归纳起来科技报告的代号大致可分以下几种：

（1）出版、发行机构代号。如 PB—美国政府出版局，AD—美国武装部队的技术信息局等。

（2）科技报告书出版形式代号。如 TM—技术备忘录，RM—研究备忘录，QPR—季度进展报告等。

（3）编写日期或出版发行日期代号。如“AFCRL-83-460”，其中“83”代表 1983 年，“460”则代表序号等。

除以上介绍的几种情况外，科技报告中还常含流水号及本书前面所讲的密集代号，但仅掌握这些有时难以查找所需报告，这就必须借助于专门的工具书，如美国 DDC（Defense Documentation Center）编辑出版的《政府缩语及字顺机构标识法》（Govenment Acronyms and Alphabetic Organizational Designations Used in DDC）、美国专业图书馆协会出版的《报告书代号辞典》（Dictionary of Report Codes）等来进行检索。

7.4.2　美国四大报告

（1）PB 报告。1945 年 6 月美国成立商务部出版局，负责整理、公布从第二次世界大战战败国获取的科技资料，于 1945 年 6 月成立了一个专门的出版局，即美国商务部出版局（Publication Board），并编号出版，号码前统一冠以“PB”字样。20 世纪 40 年代的 PB 报告（10 万号以前），主要为战败国的科技资料，50 年代起（10 万号以后），则主要是美国政府科研机构及其有关合同机构的科技报告。PB 报告的内容绝大部分属科技领域，包括基础理论、生产技术、工艺、材料等。70 年代以后，侧重于民用工程技术。1970 ~ 1975 年，每年发表 PB 报告约 8000 件，截至 1978 年，总共发表约 30 万件。

（2）AD 报告。凡美国国防部所属研究所及其合同户的技术报告均由当时的美国武装部队技术情报局（ASTIA）整理，并在规定的范围内发行。AD 报告即为这个情报局出版的文献。PB、AD 报告的主要检索工具为美国《政府报告通报和索引》。

（3）NASA 报告。美国国家航空与宇宙航行局（National Aeronautics and Space Administration）拥有的研究机构编写的技术报告。主要内容为：空气动力学、发动机及飞行器结构、材料、试验设备、飞行器的制导及测量仪器等。主要检索工具为《宇航科技报告》(STAR)。

(4) AEC/ERDA/DOE 报告。1946 年美国建立原子能委员会（简称 AEC）。AEC 报告即为该委员会所属单位及合同户编写的报告；1975 年该委员会改名为能源研究与发展署（简称 ERDA)，AEC 报告于 1976 年改称 ERDA 报告；1977 年该署又改组扩大为美国能源部（简称 DOE)，1978 年 7 月起逐渐改为冠以 DOE 的科技报告。其内容仍以原子能为重点。其主要检索工具为《核子科学文摘》，后来为《能源研究文摘》。

7.4.3 科技报告的检索工具

(1)《政府报告通报与检索》《GRA&I》。这是一种由 NTIS 编辑出版的综合报道 PB、AD、NASA 和 DOC 四大报告等的文摘性检索工具。1946 年创刊，为半月刊。自创刊以来，在名称、内容和卷期等方面均有多次变动。其前身为 1946 ~ 1949 年出版的《科技与工业报告目录》，以后陆续更名为《技术报告目录》、《美国政府研究报告》、《美国政府研究与发展报告》、《政府研究报告通报》等。1975 年 4 月与《美国政府报告索引》(Government Reports Index ，GRI) 合并改为 GRA&I。它报道全部的 PB 报告、所有公开或解密的 AD 报告、部分的 NASA 报告和 DOE 报告以及其他类型的报告。因此 GRA&I 是 PB 报告、AD 报告的主要检索工具。其检索途径为关键词途径、著者途径、团体著者途径和号码途径。

(2)《航空与航天科技报告》(STAR)。这是 NASA 最主要的专业性检索工具。该刊 1963 年创刊，为半月刊。STAR 的全称是 Scientific and Technical Aerospace Repoorts。它报道航天、航空及有关学科的文献。1975 年开始，STAR 采用新的分类表，包括 11 大类、75 小类。大类的名称是：航空学、航天学、化学和材料、工程学、地球科学、生命科学、数学与计算机科学、物理、社会科学、空间科学及一般问题。

STAR 每期有：主题索引、个人著者索引、团体来源索引、合同号索引、报告号/入藏号索引五种索引。

(3)《能源研究文摘》(ERA)。ERA 的全称是 Energy Research Abstraces。它是目前 DOE 报告的主要检索工具。其前身是《核子科学文摘》(Nuclear Science Abstracts, NSA)。ERA 除报道美国能源部所属各单位及合同单位的全部研究报告外，还报道世界各国有关的科技期刊论文和会议文献。其内容涉及面较广，其中，绝大部分与化学化工密切相关，例如煤炭及煤的产品、石油、核燃料、能源、化学、大气环境科学、生物医学等。它是化学化工专业科技人员常用的检索工具书。

ERA 每期有文摘部分和索引部分。文摘部分目前分 41 个大类，大类下又分若干个小类，大类和小类号均由两位数字组成。ERA 每期后附有团体著者索引、个人著者索引、主题索引、合同号索引、报告号索引五种索引。

8 主要科技索引

科学引文索引（SCI）是公认的最具权威的文献检索工具，也是学术评价标准，有很高的价值，目前已经成为当代世界最为重要的大型数据库。工程索引（EI）是世界上大型检索工具之一，是全球范围内的一个数据库，类似中国的知网。

8.1 科学引文索引（SCI）

8.1.1 概述

美国《科学引文索引》（Science Citation Index，SCI）是一种多学科的科技文献检索工具，由美国科学信息研究所（Institute for Scientific Information，ISI）在美国费城主办，1961年创刊，以布拉德福（S. C. Bradford）文献离散律理论、加菲尔德（E. Garfield）引文分析理论为主要基础，通过论文的被引用频率等的统计，对学术期刊和科研成果进行多方位的评价研究，从而评判一个国家或地区、科研单位、个人的科研产出绩效，以反映其在国际上的学术水平。因此，SCI是目前社会上被公认的最具权威的科技文献检索工具。

所谓引文（Citation），是作者认为对自己的研究“有用的资料”，也就是被引用的文献，即原始文章所附的参考文献（Reference）。

如果文献A引用或参考了文献B，则称文献B为文献A的“引文”（citation）或“参考文献”（reference），而文献A是文献B的“来源文献”（source item或source document）。引文索引（Citation Index），就是以引文著者的姓名为标目，标目下著录引用或参考过该文献的全部文献及出处。引文索引为SCI所独创。

引文索引与传统索引系统不同，它是把每篇文献后所附的参考文献，一一著录，按照一定的格式编排起来的一种检索工具。因此引文索引是名副其实的索引。这种索引的职能是回答某作者写的某论文曾在哪一年被哪些人的哪些文章所引证，这些文章见之于何种期刊、何卷何期。这种索引之所以有一定意义，就在于它揭示了科学技术之间引证与被引证的关系。

SCI由引文索引、来源索引、轮排主题索引三部分组成。其中，引文索引又可分作者引文索引、无名引文索引、专利引文索引；来源索引又分为来源出版物表、团体索引、来源作者索引等。因此，利用SCI检索的途径很多，非常方便。

SCI的收编范围很广，主要收录自然科学的各个学科，包括化学、物理学、生物学、环境科学、医学、药学、工程技术、农业等，侧重基础科学的研究方面。其文献来源涵盖45个国家或地区的最具影响力的期刊5600多种（扩大版），收录的主要是期刊论文和学术论文。

8.1.2 SCI的选刊

8.1.2.1 SCI的选刊原则

SCI或SCIE的选刊十分严格，其编辑的主要使命就是识别和评价新的重要期刊并从数据库中删除已经不重要的期刊。SCI 期刊的评价每两周进行一次，每年对 2000 种新期刊进行评价和选择，入选率为 10%～20%。已选上的期刊也在不断地进行评价，以确保其高水平和高相关度。SCI 有一套保密的选刊技术体系，统一的过程和严格的选刊条件。选刊主要依据下面三方面的信息综合决定。

A SCI 或 SCIE 选刊原则之一 ——期刊出版的基本标准

刊物出版是否及时准确，是否遵循国际编辑惯例（是否有最优的期刊名称、文章的名称和文摘、详细的参考文献著录信息，作者的联系方式），是否提供了足够的英文信息（提供英文的文献名称、文摘和关键词），是否有英文的引文（参考文献），是否具有国际影响（刊物作者和其引文作者是否源于多个国家），是否为 Peer Reviewed（同行评审刊）等。

B SCI 或 SCIE 选刊原则之二——定量评价

1975 年，ISI 开始出版《期刊引用报告》（Journal Citation Reports，JCR），对 SCI 和 SCIE 收录的科技期刊进行定量评价。定量评价的因子有总引文数（Total Cites）、总论文数（Total Articles）、快速指数（Immediacy Index）、影响因子（Impact Factor）等。总引文数是指某期刊在某年内被 SCI 或 SCIE 收录的期刊引用次数的总和；总论文数是指某期刊在某年内所刊载论文的总篇数，它代表了该期刊所载的信息量的大小；快速指数是指某年某期刊发表的论文被 SCI 或 SCIE 收录的期刊在当年被引用的次数与该期刊当年所发表的论文数的比值，它代表该期刊在当年对其他（包括其自身）期刊的贡献；影响因子是指某年某期刊在前两年被 SCI 或 SCIE 收录的期刊中引用该期刊的次数与这两年该期刊发表的论文总数的比值，它代表该期刊被同行的认可程度。以上几个因子中，最重要的是影响因子。一般认为影响因子值越大的期刊，它在本学科中的作用越大，它也是衡量一个期刊权威性的重要标志。在其他几个因子中最有代表性的因子是年总论文数。一个有重要影响的学术期刊，不仅其影响因子高，而且其信息量大。但是，也应注意到：这些定量评价的因子不能解决涉及多学科的期刊评价问题。由于学科特点的不同，SCI 或 SCIE 的影响因子分布不均衡，各学科重要期刊的影响因子差异较大，没有可比性，因此不能将影响因子作为不同学科、边缘学科和多学科期刊间评价的重要标准。

C SCI 或 SCIE 选刊原则之三——专家评判

SCI 编委会 21 名成员中有 2 名诺贝尔奖得主，编委每年根据订户、期刊编辑、出版者等各方面提出的取舍意见，对期刊进行综合评判。SCI 收录论文的前提是刊载论文的期刊为 SCI 或 SCIE 的来源期刊。也就是说，只有发表的论文属 SCI 或 SCIE 来源期刊，才有可能被 SCI（E）收录。SCI 或 SCIE 有严格的选用期刊标准和选择论文的标准，每年都要对所选用的来源期刊进行调整。因此，即使是 SCI 和 SCIE 来源期刊上发表的论文，也不是每篇都被收录。

8.1.2.2 SCI 对入选刊的要求

（1）基本的期刊出版标准。要求期刊做到及时出版，遵循国际编辑惯例，提供足够的英文信息（包括文献标题、摘要、关键词、目录），作者的全部联系信息，期刊编辑、审稿人的同行审阅制度等。

(2) 期刊内容。被收录期刊论文的内容必须能够充实ISI的数据库，强调在内容上要能反映新进展且具有创新性，研究的是热点问题、领域或有特殊意义的领域。必须能够严格审稿，以确保内容的科学性、真实性。

(3) 国际化程度。被选刊能正确反映科学研究的全球性，表现为多国界的作者群，引用刊物的多国性等。

(4) 引文分析。引文数据包括被引频次、影响因子、即时指数、引用半衰期等各项指标，利用这些指标对期刊进行定量评价。影响因子则是其中一个很重要的衡量标准。影响因子高的期刊就是重点期刊。SCI对入选的刊物进行动态管理，每年评出有前景的新刊，淘汰利用率不高的旧刊。

8.1.2.3 SCI刊源分布

最新的统计数据表明，SCI印刷版收录期刊近3600种。其中，收录美国期刊1439种，占40.6%，英国期刊724种，占20.65%，只有极少数非英文刊物被收录，这也说明SCI在选择和收录上具有一定的偏向性。截至2001年SCI印刷版收录中国期刊（不含台湾地区期刊）14种，扩大版收录63种，而医学类期刊仅收录3种。我国自1987年起开始引入SCI等三种国外著名的检索工具，作为期刊科技工作评价的依据。每年由中国科技信息研究所进行年度统计。年终的统计结果公布成为全国各地的科研机构、高校、医疗单位等关心的大事，其学术论文被SCI引用已成为评价学术水平和科研实力的重要标准。

8.1.3 SCI的结构和SCI的检索方法

8.1.3.1 SCI的结构

每年出版6期，篇幅巨大，每期分为A、B、C、D、E、F等六大本。每期主要包括引文索引（Citation Index）：编入A、B、C三大本，如2A、2B、2C；来源索引（Source Index）：编入D本，如2D。关键词轮排索引（Permuterm Subject Index）：编入E、F两本，如2E、2F。

A 引文索引

以一条文献为检索点，用来检索该文献被引用情况的一种检索途径。

以作者姓名（被引作者，即出现在SCI所收录的来源文献的参考文献中的作者）为检索起点，按作者姓名字顺排列的索引。均采用姓在前，名在后，姓氏用全称、名字用缩写的形式，引文作者仅列出第一作者。其用途是：检索该作者的文献被何人何刊引用，并查出这些来源文献的题录和施引作者所在的单位。

引文索引包括作者引文索引（Citation Index）、团体著者引文索引（Corporate Author Index）、匿名引文索引（Citation Index-Anonymous）、专利引文索引（Citation Index-Patent）四个部分。在引文索引前有SCI来源出版物一览表（List of Source Publications）。

B 来源索引

来源索引提供编入本期SCI的全部来源文献的篇名及其出处。由来源出版物一览表（List of Source Publications）、团体索引（Corporate Index）和来源索引（Source Index）三部分组成。

（1）按照施引作者（引用作者，即来源文献的作者）姓名字顺排列。匿名作者和团体机构作者放在前面，按刊名缩写字顺排列。其用途是：检索某个作者近期发表的文献是否被 SCI 收录。这些文献的详细信息（合作者、篇名、出处、作者单位等）；在引文索引中查到某个作者的文献被他人应用后，欲了解施引作者及来源文献（引用文献）的详细信息，须检索来源索引。

（2）根据来源文献所提供的来源文献作者及所在机构等资料编制而成。团体索引由两部分组成，即地理部分和机构部分。其用途是查找某国家、某机构近期有哪些作者发表的文献被 SCI 收录，这些文献刊载在哪些来源出版物中。

第一部分：地理部分（Geographic Section）。将全部来源文献按作者所在的地理位置（国家或城市）地名字顺排列。首先是美国按各州名字顺排列，然后其他国家按国名字顺排列。在国名（或美国州名）之后按字顺排省名或城市名，其下逐级列出机构名（大学、研究所）、分支机构名（系、医院、实验室等）。在分支机构名下列出该机构被 SCI 收录文献的出处。

第二部分：机构部分（Organization Section）。以机构名称为索引标目，按机构字顺排列，指明某机构所在的国家或城市。其用途是：在不知道某机构所在地时，可以先检索机构部分，以确定该机构所在的国家和城市，再转查地理部分。

C　轮排主题索引（Permuterm Subject Index，PSI）

由计算机在来源文献的篇名中自动抽取数个具有独立检索意义的关键词。其中一个关键词为主标题时，其他词均作为副标题。所有的关键词实行轮排。先按主标题的字顺排，其下按副标题的字顺排。副标题下列出来源文献的作者。如果一篇文献的篇名包含 n 个关键词，则在轮排主题索引中会有 $n(n-1)$ 条关键词轮排的索引条目。

8.1.3.2　SCI 的检索方法

第一步，确定检索点——被引著者姓名，被引文章应是较早时期发表的、与检索者研究领域相同、且是这一领域中较重要的文章或专著。

第二步，查引文索引。

第三步，利用得到的一系列引文作者名查来源索引，可获得多篇文章或题目。

第四步，对检索出的引文进行筛选，确定最后的检出文献。

第五步，从检出文献的出处查找原文。

［例］想快速了解 2007 年诺贝尔物理奖获奖课题“巨磁电阻效应 - Giant Magnetoresistance”在材料科学 - MATERIALS SCIENCE 领域的全貌。

（1）访问 Web of Science 数据库检索课题。访问：www.isiknowledge.com，进入 ISI Web of Knowledge 平台；选择 Web of Science 数据库（见图 8 - 1 中新界面）。

（2）精确检索 - Refine。在检索结果界面上，通过左侧的精确检索 - Refine 功能可以快速地了解该课题的学科、文献类型、作者、机构、国家等，直至通过 Subject Areas 选项锁定某一学科的相关文献，如图 8 - 2 所示。

8.1.4　SCI 功能及应用价值

8.1.4.1　功能

通过 Web of Science 提供的强大的精确检索 - Refine 功能，可以在 Subject Areas 选项

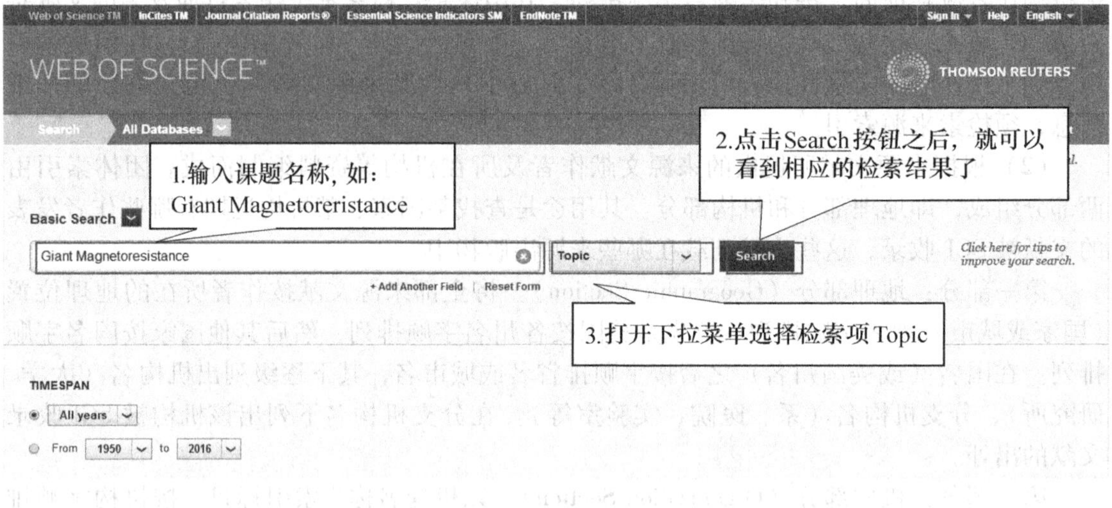

图 8－1　Web of Science 界面

图 8－2　精确检索－Refine 界面

下进行选择，立即从众多的检索结果中锁定所关注学科的文献，使检索更加精准，从而提高科研效率。

通过 SCI 统计数据，可以掌握某位著者的论文是否被他人引用，该著者有多少篇论文被引用过，某篇论文被引用多少次。以此了解该著者科学研究的进展情况；可以掌握国际上的同行或者竞争对手的现状。通过 SCI 可以了解到世界上有多少人共同研究相同或相近的科研课题，充分掌握这一领域的最新科研动态；通过团体索引可以掌握某一国家（地区）、某一学术机构或科研单位的研究进展；了解科学研究的现状。

8.1.4.2 应用价值

（1）如果科研人员想了解其在我国核心期刊或国外刊物发表的文章是否被引用，如果被引用，那么是在什么文章中引用，该文章是哪年写的，发表在什么期刊上；某单位科研部门想了解近10年中每年该单位公开发表的论文数量，或比较若干个同类医院、科研机构或院校1年或几年中公开发表的论文数量等，所有这些都可以在SCI上查找。

（2）在SCI的年度索引中有一个期刊引用（证）报告（Journal Citation Reports，JCR），它详细报道了期刊引用与被引用的有关信息，如某期刊被引用的总次数、影响因子、当年指数、某期刊某年发表的论文总数等。根据这些数据，可以确定某种期刊在科学杂志群中以及在整个科学交流系统中的作用和地位，从而帮助科研人员选择投稿方向，有助于提高本学科的知名度。

8.1.5 SCI的影响因子

JCR对包括SCI收录的3500种期刊在内的4700种期刊之间的引用和被引用数据进行统计、运算，并针对每种期刊定义了影响因子（Impact Factor）等指数加以报道。一种期刊的影响因子，指的是该刊前两年发表的文献在当年的平均被引用次数。一种刊物的影响因子越高，其刊载的文献被引用率也越高。一方面，说明这些文献报道的研究成果影响力大；另一方面，也反映该刊物的学术水平高。JCR以其大量的期刊统计数据及计算的影响因子等指数，而成为一种期刊评价工具。图书馆可根据JCR提供的数据制定期刊引进政策；论文作者可根据期刊的影响因子排名决定投稿方向。

一般来说，学术期刊被引用越多，影响因子通常越高。也就是说，杂志被关注越多，Impact Factor就越高。医学类好多杂志如《新英格兰杂志》、《柳叶刀》等因为看的人比较多，影响因子有些是很高的，尤其是综述类杂志。但这也不是绝对的。不能单单凭影响因子（IF）的高低来判断期刊的权威性，如美国科学院院报（PNAS）虽然每年的IF在10.0左右，但是大家都知道其在学术界的影响力和权威性与《Nature》、《Science》等IF在30.0左右的杂志几乎旗鼓相当。而且几乎每个学术领域都有自己的顶尖杂志，如糖尿病学、肝脏学等。姑且不管其影响因子大小，公认的权威杂志就是含金量最高的。而古生物学、系统分类学等领域的很多杂志也有被SCI收录的，由于专业性太强，很少有人看懂，也基本没什么应用价值，IF就很低。但是在其自己的领域，也有可能是最权威的。

许多人就期刊是否被SCI收录，以及影响因子的查询，这里给出查询步骤：输入网址http：//www.medsci.cn/sci/，然后在关键词填写所需查询期刊的关键词，便会出现想要的文章以及影响因子（见图8-3、图8-4）。

就其本身而言，SCI最重要的功能是帮助科技人员获取需要的文献信息。这也是编辑该部索引的主要意图。

SCI以其独特的引证途径和综合全面的科学数据，通过大量的引文进行统计，然后得出某期刊某论文在特定学科内的影响因子、被引频次、即时指数等量化指标来对期刊、论文等进行排行，被引频次高，说明该论文在它所研究的领域里具有较大的影响力，被国际同行重视，学术水平高。由于SCI收录的论文主要是自然科学的基础研究领域，所以SCI

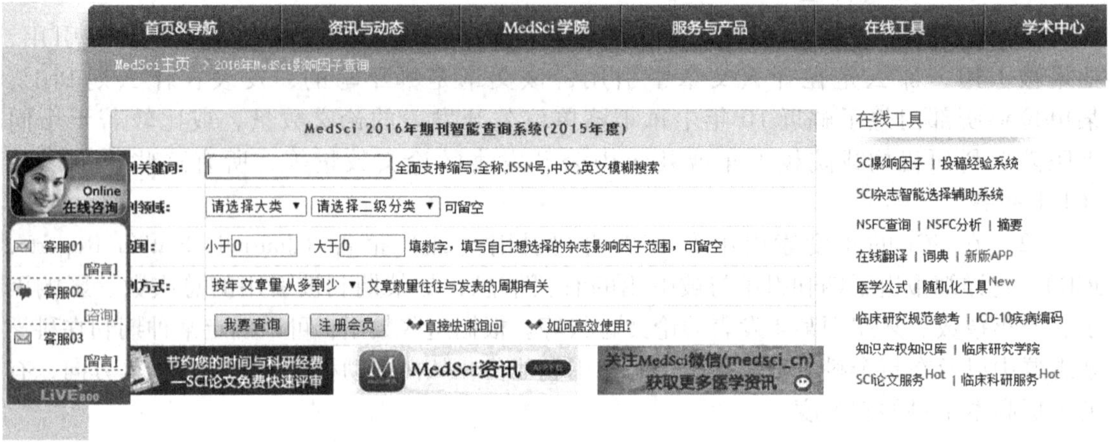

图 8－3　查询界面

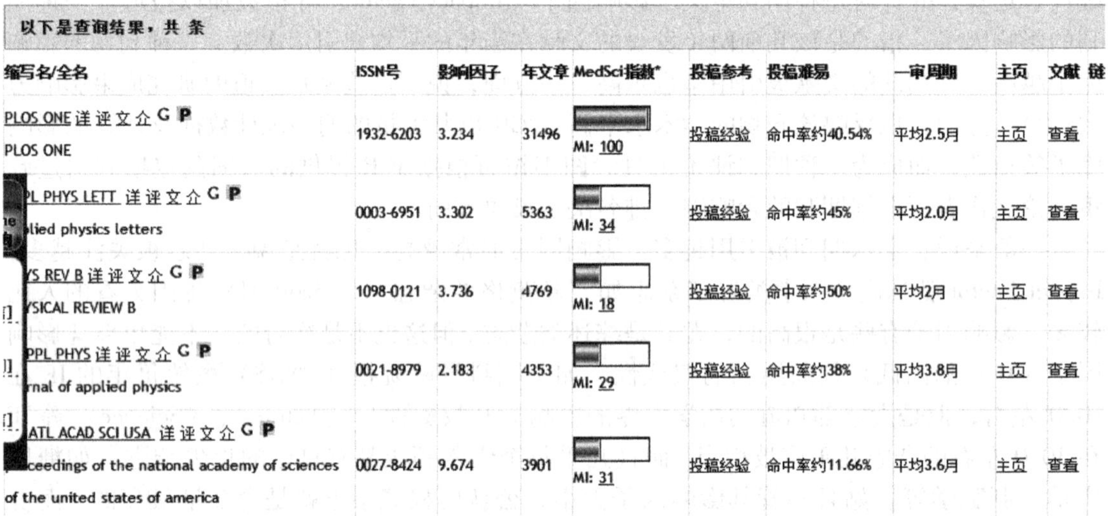
以下是查询结果，共 条

缩写名/全名	ISSN号	影响因子	年文章	MedSci指数*	投稿参考	投稿难易	一审周期	主页	文献
PLOS ONE 详 评 文 企 G P PLOS ONE	1932-6203	3.234	31496	MI: 100	投稿经验	命中率约40.54%	平均2.5月	主页	查看
PL PHYS LETT 详 评 文 企 G P lied physics letters	0003-6951	3.302	5363	MI: 34	投稿经验	命中率约45%	平均2.0月	主页	查看
S REV B 详 评 文 企 G P SICAL REVIEW B	1098-0121	3.736	4769	MI: 18	投稿经验	命中率约50%	平均2月	主页	查看
PPL PHYS 详 评 文 企 G P rnal of applied physics	0021-8979	2.183	4353	MI: 29	投稿经验	命中率约38%	平均3.8月	主页	查看
ATL ACAD SCI USA 详 评 文 企 G P ceedings of the national academy of sciences of the united states of america	0027-8424	9.674	3901	MI: 31	投稿经验	命中率约11.66%	平均3.6月	主页	查看

图 8－4　查询结果

指标主要适用于评价自然科学基础研究的成果。而基础研究的主要成果的表现形式是学术论文，所以，如何评价自然科学基础研究成果也就常常简化为如何评价论文所承载的内容对科学知识进展的影响。E. Garfield 教授曾利用 SCI 在 1968 年的数据进行过大规模的引文统计，成功地预测了 1969 年诺贝尔奖获得者的人选便是这方面的一个很好的例证。自从我国引入 SCI 进行科研绩效评价之后，我国的科研评估的方法发生了深刻的变化，逐步由科学家同行评价（主观方法）转向与国际接轨的定量与定性相结合的评估体系——文献计量法（客观方法）。利用文献计量指标和引文分析，客观评估科研机构和科学家的学术水平、科研绩效。SCI 已成为我国自然科学科研绩效评价中必须提到的一个重要指标，影响巨大。

8.2 工程索引（EI）

8.2.1 EI数据库概况介绍

《工程索引》创刊于1884年，由美国工程信息公司（Engineering Information Inc）编辑出版，EI概括报道工程技术各个领域的文献，还穿插一市场销售、企业管理、行为科学、财会贸易等学科内容的各种文献，但不收录专利文献，是世界著名的大型工程类检索刊物。

EI（Engineering Index）名为索引，实际上是一种文摘性的刊物。文摘篇幅一般在300字左右，由文献著者或文献专家编写，文摘质量高，内容逻辑性强，按目的、方法、结果和应用的次序叙述。文摘的第一句概括了整篇文章的中心内容。其主要特点如下：

（1）报道量大，增长速度快。创刊初年的报道量才924条，到1991年已超过16万条，而1995年的报道量已经增长到205613条，EI检索每月出版1期，文摘1.3万~1.4万条。

（2）出版形式多样化。目前EI出版了多种形式的版本：印刷版有月刊和年刊；数据库和光盘版；缩微片与磁带；卡片版（已停刊）。

（3）采用主题排检方式，查阅方便。EI采用的主题词包括主标题词和副标题词，在主标题词之下设副标题词，使相同性质的文献相对集中，便于查找。

（4）报道学科多，内容全面。EI报道的学科范围十分广泛，不仅涉及20世纪末工程技术的各个领域，还包括某些管理、财会、贸易方面的文献，但对纯理论和专利文献不报道。

8.2.2 EI收录范围

EI报道的内容涉及整个工程技术领域，包括空间技术、应用物理、生物医学仪器、化工、城市建设、环境工程、电子与动力工程、计算机技术与通信技术、能源、光学技术、海洋、机械工程与自动化、采矿与冶金、材料科学、工程管理、水利、交通运输等。每年报道的学科侧重点不同，主要以当今世界工程技术领域的科研重点为主要对象。EI不报道纯理论方面的基础科学的文献。

EI报道的文献均为美国工程学会图书馆（The Engineering Society Library）所收藏的，其地理覆盖面很广。近年来它所收录的文献来自世界上50多个国家、25种文字的文献，其中英文的文献占90%。侧重于北美、西欧、东欧等地区的工业化国家，以美国工程技术方面的文献收录为最全。

EI摘录的文献主要是各专业学会、高等院校、研究机构、政府部门和公司企业的出版物。文献类型有期刊论文、会议文献、技术报告、技术专著、学位论文、技术标准等，其中期刊论文占53%、会议文献占36%。EI自1969年以来不收录专利文献，此前曾收录美国的专利文献。

8.2.3 EI出版形式

为满足用户不同的检索需要，美国工程信息公司以下面几种形式出版EI：

（1）印刷型。《工程索引月刊》（The Engineering Index Monthly）；《工程索引年刊》（The Engineering Index Annual）和《EI 累积索引》（The Engineering Index Cumulative Index，多为每3年出版1期）。《工程索引月刊》创刊于1962年，每月出版一期，从原刊出版到EI月刊摘录报道时差约为6~8周，便于手工检索最新文献。《工程索引年刊》每年将12期月刊所报道的文献按标题词（或叙词）的字顺汇集成一卷，根据文献数量分为若干册出版，是EI的最早的一种出版形式。《工程索引累积索引》，将EI的3~5年报道的文献按标题词（或叙词）的字顺汇集成册，以方便回溯检索。

（2）缩微型。工程索引缩微胶卷（EI Microfilm）便于保存。它将从1970年开始出版的EI按年度累积缩微胶卷，并将1884~1970年的200多万条文摘存于缩微资料库中。

（3）机读型。工程索引磁带（EI COMPENDEX PLUS）收录1970年以来的文献，每周更新。它通过DIALOG、ORBIT、ESA-IRS、STN、OCLC、DATA-STAR等大型联机系统提供联机检索。

（4）光盘型。EI的光盘文摘库EI Compendex，收录1987年以来的EI文献，记录每月更新，用于光盘检索系统。另外，还有EI Page One，它在EI Compendex基础上扩大收录范围，共收录5400多种期刊、会议录、技术报告等的题录信息。

（5）网络版。EI的网络版即EI Compendex Web数据库，它是工程信息公司为适应用户的网络检索需要在因特网上开设的，收录1970年以来的文献，其收录范围是EI Compendex与EI Page One之和。该数据库每年新增50万条工程类文献，记录每周更新，用于网上检索。目前，该数据库中化工和工艺的期刊文献最多，约占15%；计算机和数据处理占12%；应用物理占11%；电子通信占12%；土木工程占6%；机械工程占6%。大约22%数据是有主题词和摘要的会议论文，90%的文献是英文文献。

8.2.4 EI 编排与著录格式

EI的月刊由以下三个部分组成：

（1）文摘部分：主题文摘 The Engineering Index。

（2）索引部分：主题索引 Subject Index，著者索引 Author Index。

（3）附录部分：机构名称缩略语表，Acronyms，Initials and Abbreviations of Organization Names，文摘正文中机构名称的缩写与全称的对照表，缩写词、计量单位、首字母缩略语表，Abbreviation，Units and Acronyms，EI文摘中出现的缩写与全写的对照。

8.2.4.1 文摘部分

全部文摘按主题词字顺编排，1993年以前，主题词为标题词，1993年以后主题词为叙词。这里主要以期刊文献的著录格式为例进行介绍。英文著录格式：

AIR POLLUTION CONTROL①

009037② Simple dispersion model for the analysis of chemically reactive pollution. ③ The simple is…

dryer process. ④（Author abstract）⑤ 13 Refs. ⑥In English⑦.

Hanna, Steven R.; Francis, William⑧（National Oceanic and Atmosphere Administration, Oak, Ridge,

Tenn.）⑨; Ranke, Robert. ⑩ J Environ Eng v25 n11 1998, Reston, VA, USA, p1082-

1089⑪

说明：

① 叙词（Descriptor）。大写黑体字。

② 文摘号（abstract no.）。六位数字，同篇文摘在年刊和月刊中的文摘号并不相同。

③ 文献篇名（title）。大写黑体字，1989 年以后文献篇名改为小写。

非英语文献先著录其原文题名或音译名，然后在方括号内著录其英译篇名。

西文但非拉丁文：原文题名 + [英译题名]。

俄文或日文：音译题名 + [英译题名]。

中文：意译题名。

④ 文摘（abstract）报道性文摘。介绍研究的目的、方法、结果和应用。

⑤ 著者文摘/编著者文摘（Author/Editor abstract）。如未注明，则是由 EI 的文摘员所写。

⑥ 参考文献数（reference number）。

⑦ 文献语种（language）。

⑧ 著者姓名（author's name）。姓在前，名在后，中间用“,”隔开。多个著者姓名之间用“;”号隔开。

⑨ 著者单位及地址（the first's affiliation）。

⑩ 其他著者姓名（co-author's name）。同一单位的著者著录在单位及地址之前，不同单位的著者写在括号后面。

⑪ 文献出处 source。

期刊名称用斜体字著录，其后是卷号、期号、出版日期及本文所在页码。

8.2.4.2 索引部分

（1）著者索引（Author Index）。将所收录的文献著者按其姓名字顺编排，一律为姓在前，名在后。对于表示辈分的词（Jr.）要放在整个倒置的姓名之后。

（2）主题索引（Subject Index）。1987 年以前，一篇文章只能有一个词作主题，1987 年以后，采用主题索引后，平均每篇文章可标上 4 ~ 5 个词作为主题词，检索者可以从其中任何一个主题词下找到该文摘。因此检出相关文献的概率高出几倍，查全率大大提高。而且这 4 ~ 5 个主题词，可以是自由词，读者不一定非用规范词检索，可增加灵活性。

1987 年以前，EI 没有单独的主题索引，按照主题词字顺排列的 EI 文摘部分具有双重作用，既是 EI 的正文部分又是主题索引。自从 1987 年开始，EI 开始编辑独立于正文的主题索引，年刊和月刊都有这种索引。由于当时主题词采用先组式二级主题词，所以主题词之间的关系仍然用相互交叉参见系统来反映。从 1993 年起 EI 文摘改按叙词字顺排列。

EI 正文部分主题词是规范词，有严格的词表控制。为了增加处理文献与检索文献的灵活性，在主题索引中增加了许多关键词（自由词）条目，区分二者的方法是根据词条的正体、黑体印刷形式。标题词用黑体字印刷，关键词用正体字印刷。从索引词级别来看，自由词是单级索引词，标题词多年来一直是二级索引词，其主、副标题词的词形、词意以及词间关系都由《EI 工程标题表》规范控制。但从 1993 年起，标题词全部改用单级主题词，并出版了新的叙词表。这使 EI 的主题索引产生了深刻的变化。对检索者来说，新索引词更加直观达意，利用计算机检索更加方便、迅速，增强了索引词表达文献的直接性。修正同时也降低了特性检索和族性检索，因为单级主题词下往往集中的文献量比较大，还需进一步选择有用文献，同时单级索引词表达的相关概念常常分散在索引各个部分，因此，若要全面检索则更需要借助于索引中的参照系统所反映的词间关系，开展多方位的检索。在单级主题词索引中，规范词仍然用黑体字印刷，自由词仍然用正体字印刷。

尽管 EI 主题索引中规范词和自由词都可以作检索词，但二者并非平分秋色。在实际检索中，如果能够用规范词表达文献主题内容，就无须用自由词重复表达了。一般文献在处理的时候，首先将文献标在规范词之下，对一些比较新的文献，没有合适的规范词表达文献主题，或规范词表达不够全面时，才用自由词表达或补充文献主题内容，增加文献检索途径。因此，有些文献在规范词和自由词下会重复出现。主题索引中，规范词下集中的文献比较多，查得文献比较全面，而自由词下的文献比较少，专指度比较高。因此，一般检索时，首先应考虑用规范词检索，其次考虑用自由词检索。

8.2.4.3 附录部分

（1）机构名称缩写表（Organization Names：Acronyms，Initials and Abbreviation）。供读者从机构简称查找机构全称。

（2）缩写，单位符号和缩略语表（Abbreviation，Units and Acronyms）。在月刊中将其列为一个表，名为："缩略语，首字母和机构名称缩写表"（Acronyms，Initials and Abbrevation of Organization Names）。

用 EI 检索文献可以用主题和著者两种途径查找。

（1）主题途径：

1）分析课题，确定主题词。根据所需查找的课题进行分析，然后确定主题词。

2）核对词表。将已确定的主题词按字顺在词表中查找核对。如果所选主题词为词表中所列的规范词，则可以像查字典一样在文摘正文部分按字顺查找。如果课题较新，尚未有相应的规范词，则只能用自由词。

3）查找主题索引。按词表核对所选主题词后，如果所选词为规范词，则既可以直接在文摘正文中查找文摘，也可以使用主题索引根据文摘号进入文献正文查找文摘；如果所用主题词为自由词，则只能使用主题索引根据文献号进入文摘正文查找文摘。

4）索取原文。根据文献出处项查找一次文献。

（2）著者途径：

1）确定需要查找著者的姓名。

2）按著者姓名字顺查找著者索引，查到后记下文摘号。

3）根据文摘号进入文献正文查找文摘。

4）索取原文。

确认大学图书馆已经为 EI 数据库系统付费，外部网络无法进入 EI 数据库。

进入 EI 系统后，在"SEARCH FOR"处输入文章题目，在"SEARCH IN"处选择"Title"，然后点击黄色"SEARCH"按钮，如图 8-5 所示。

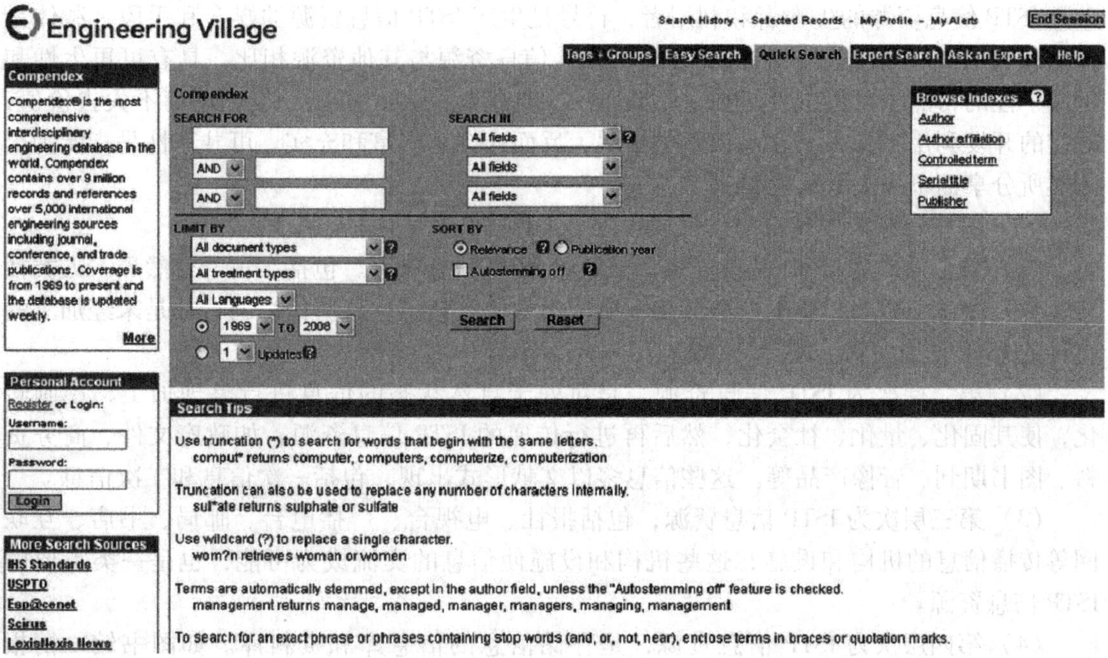

图 8－5　EI 检索界面

8.3　科技会议录索引（ISTP）

8.3.1　ISTP 数据库概况介绍

ISTP（Index to Scientific & Technical Proceedings）是《科技会议录索引》，创刊于1978 年，由美国科学情报研究所编辑出版。该索引收录生命科学、物理与化学科学、生物、农业和环境科学、工程技术和应用科学等学科的会议文献，包括一般性会议、研究会、座谈会、讨论会、发表会等。其中工程技术与应用科学类文献约占 35%，其他专业学科约占 65%。美国科学情报研究所（ISI）基于 Web of Science 的检索平台，将 ISTP（科学技术会议录索引）和 ISSHP（社会科学及人文科学会议录索引）两大会议录索引集成为 ISI Proceedings。集成之后 ISTP 分为文科和理科两种检索，分别是 CPCI-SSH 和 CPCI-S。所以它们还统称为 ISTP，也有称 CPCI 的。

ISTP 是全球三大检索（SCI、ISTP、EI）之一，被誉为全球核心，凌驾于中国的核心期刊之上。尤其在国内，发表 ISTP 检索论文，会获得现金奖励或学分累计，在各类职称评定以及硕士、博士学位中拥有举足轻重的地位。

8.3.2　ISTP 特点

ISTP 信息资源是信息与资源两个概念整合而衍生出的新概念。如前所述，信息是事物的一种普遍属性；资源，一般是指自然界及人类社会中一切对人类有用的资财。构成

ISTP 信息资源的基本要素是信息、人、符号、载体。信息是组成 ISTP 信息资源的原料，人是 ISTP 信息资源的生产者和利用者，符号是生产 ISTP 信息资源的媒介和手段，载体是存储和利用 ISTP 信息资源的物质形式。ISTP 信息资源与其他资源相比，具有可再生性和可共享性的特点。可再生性是指它不同于一次性消耗资源，可以反复利用而不失去价值，对它的开发利用越深入，它不仅不会枯竭，反而还会越丰富和充实。可共享性是指能为全人类所分享而不失去其信息量。

ISTP 信息资源，按其自身的性质可划分为四个层次：

（1）第一层次为 ISTP 信息资源，即原始 ISTP 信息资源。包括宇宙、自然界、人类社会、个人在自身运动和从事社会活动中所发出的所有信息，这些信息的特征是未经加工的直接的 ISTP 信息资源，属于零次信息。

（2）第二层次为 ISTP 信息资源，是对处于自然状态的信息进行整理加工、控制转化，使其固化、量化、社会化，然后再进行传递的 ISTP 信息资源，如政府文件、商务资料、图书期刊、音像产品等。这些信息多以文献形式出现，包括一次信息和二次信息。

（3）第三层次为 ISTP 信息资源，包括报社、电视台、广播电台、邮局、书店、互联网等传播信息的机构和设施，这些机构和设施使信息的交流成为可能，也是一类重要的 ISTP 信息资源。

（4）第四层次为 ISTP 信息资源，是存储信息的信息库和资料库。如图书馆、情报所、档案馆、博物馆等。这些机构的特点是集聚着大量的经过人工加工的信息和以数字化形式存储的数据库，可供人们按需索取、利用。

ISTP 信息资源是指人类经济社会活动中积累起来的以信息为核心的各类信息活动要素（信息生产者、信息技术等）的集合。这里所指的信息活动包括围绕信息的收集、整理、存储和提供服务而开展的一系列社会经济活动，指信息和与操作信息有关的物理设施、人力、机构、资金和运行机制的总称。信息是 ISTP 信息资源构成的核心部分，是社会开发利用最基本的要素之一。

8.3.3 ISTP 检索

它具体可以分为 7 个部分（Section）：

（1）类目索引，也称范畴索引（Category Index）。它是按会议内容的学科主题字顺序编排的，约分 200 个类目（Category），每一个类目下列出该类目内容的会议名称和会议录顺序号。交叉学科的会议录在相关的各学科主题下分别反映。

（2）会议录目录（Contents of Proceedings）。这是 ISTP 的主体部分，按会议录编号的大小顺序排列，每一种会议录依次著录以下信息：会议录编号、会议名称、会议地点和日期、会议主办者、会议录书名及副书名、丛书名及卷次（会议录以丛书出版时）、会议录编者、会议录的出版和版权项、美国国会图书馆书号及国际标准书号（International Standard Book Number，ISBN）、会议录的订购地址和订购号，其下再列出该会议上发表的各篇论文的标题、论文著者、第一著者所在单位、地址和论文起始页码。

（3）著者、编者索引（Author/Editor Index）。按编、著者姓名顺序编排，给出会议录编号和论文起始页码。

（4）会议主持者索引（Sponsor Index）。按会议主办者名称字顺编排，同时著录会议录编号。

（5）会议地点索引（Meeting Location Index）。按会议所在地国名字顺排列（美国除外，排列最先），然后再以城市名称字顺排列（若会议在美国召开，则先按州名顺排，然后再以城市名称细分），其后则著录会议名称、召开时间和会议录编号。

（6）轮排主题索引（Permuterm Subject Index）。它由选自代表会议内容的、具有实际意义的主题词和副题词两级类目组成，按照主题词字顺排列，在每个主题词下再按顺序列出各个副题词。在某个主题下还设参照项目以扩大检索范围。同时，在各个副题词后列有论文所属会议的会议录编号和起始页码。此索引是诸索引中最常用、最重要的一种。

（7）团体著者索引（Corporate Index）。该索引分为地域索引（Geographic Section）和机构索引（Organization Section）两个部分。地域索引部分是按论文第一著者所在单位的地名的字顺编排的,在地名下再按小地名的字顺排列,小地名后附有著者所在单位及著者姓名,在旁给出会议录编号和论文起始页码。机构索引部分可供进一步查找会议文献内容。

ISTP 收录会议文献齐全，每年报道最新出版的 10000 多种会议录逾 17 万篇论文，约占每年全球主要会议论文的 80%～95%。我国科技人员在国外举办的国际会议上发表的论文占被收录论文总数的 64.44%。ISTP 的会议论文资料丰富，有会议信息（主题、日期、地点、赞助商）、论文资料（题目、作者、地址）、出版信息（出版商、地址、ISSN）。ISTP 出版时差短，从 ISI 收到材料到索引出版，仅 6～8 周，比任何其他的索引都快。在中国，ISTP 与 SCI、EI 一起，被列入三大文献索引之中，供众多研究人员使用。

ISI 的科技会议录索引有 3 种不同的产品形式：印刷型文摘刊（ISTP）、光盘数据库（ISTP on CD-ROM）和网络版数据库（ISI Proceedings）。

ISTP 印刷版包括 12 期月刊和一年累计索引，每年索引 4700 种会议，总计 203000 篇会议论文。ISTP 光盘版可一次性检索五年来的会议文献资料，每年首期包括过去四年的 28000 次会议、960000 篇会议论文，每季更新，新增来自 2500 种最近出版的 53000 篇会议论文资料。

ISTP 检索途径多、速度快，提供分类索引、著者/编者索引、会议主办单位索引、会议地点索引、轮排主题索引、著者所在单位索引或团体著者索引。

［例］从《科技会议录索引》1988 年第 1 期中检索有关“日本化学工程教育”会议的资料。

（1）从《科技会议录索引》入手，分析此课题，可将“化学工程”（Chemical Engineering）作主要词，以“日本（Japanese）”作配合词；查 ISTP1988 年第 1 期的轮排主题索引，得：

PROC * PG *

CHEMIDTRCAL-ENGINEER①

⋮

JAPANESE② P39393③ 25④

说明：①主要词；②配合词；③会议录编号；④论文起始页码。

有了会议录编号，即可从正文“会议内容”查得此会议的详细情况。

（2）从会议录编号入手，如已知会议录编号为 P33993，则直接查 ISTP1988 年第 1 期的“会议内容”，可获得有关会议及会议论文的详细情况，著录如下：

P33993①

2ND INTERNATIONAL CONF ON CHEMICAL ENGINEERING EDUCATION②

Robinson Coll, Cambridge, England③, Apr 14-16, 1987④.

Sponiors: Inst Chem Engineers/European Federat Chem Engineers/Amer Inst Chem Engineers/Soc Chem Engineers Japan⑤

SECOND INTERNATIONAL CONFERENCE ON CHEMICAL ENGINEERING EDUCATION⑥

INSTITUTION OF CHEMICAL ENGINEERS SYMPOSIUM SERLES, NO. 101⑦

Ed: D. C. FRESHWATER⑧

Inst Chemical Engineers, Rugby/Pergamon Perss Ltd, Oxford, 1987 398pp., 40 chaps., $ 51. 8 hardbound, PREPAYMENT REQUIRED WITH ORDER, LC#87—14803⑨

ISBN0—85295—206—6⑩

INST CHEMICAL ENGINEERS BOOK SALES DEPT GEORGE E DAVIS

BLOG 165—171 RAILWAY TERRACE

RUGBY CV21 3HQ ENGLAND ⑪

⋮

FUTURE PROSPECT OF CHEMICAL-ENGINEERING EDUCATION IN JAPANESE UNIVERSITIES ⑫

. Y. Takeuchi (Meigri Univ, Dept Ind Chem, Tama Ku)

Kawasakl Kanagawa 222 Japan ⑬································25 ⑭

说明:

① 会议录编号;

② 会议名称;

③ 会议地点;

④ 会议日期;

⑤ 会议主办单位;

⑥ 书名;

⑦ 丛书名和期号;

⑧ 编者;

⑨ 出版单位、城市、版权年份、页码、章数、价码;

⑩ 国际标准书号;

⑪ 订购地点;

⑫ 论文名称;

⑬ 著者;

⑭ 论文在会议录中的起始页码。

除以上两种途径外，还可从类目、编著者、主办单位、会议地址等线索，查找相应索引，均可查会议录编号，通过会议录编号的纽带作用，即可查阅正文“会议内容”，然后可获取“日本化学工程教育”会议的详细情况。

网络版数据库（ISI Proceedings）覆盖广泛的学科范围，内容综合全面。每周更新，每年收录12000多次会议的内容。研究者可选择多种检索途径，包括主题、会议录名称和作者地址等；也可以通过会议信息展开检索，包括会议名称、主办机构、会议召开地点、召开日期等；也可根据作者或编辑的姓名进行作者检索。

自2008年10月20日起，ISI Web of Knowledge全新升级，ISI Proceedings更名为CPCI（Conference Proceedings Citation Indexes）。检索CPCI-S的读者登录后请点击“Web of science”，然后在当前限制（Current Limits）栏中仅选择“Conference Proceedings Citation Index - Science（CPCI-S）”，不检索其他数据库的数据。其特别之处在于ISI Proceedings可以用与会议相关的字段检索，如会议名称、地点、举办者和会议时间，但不具备Cited Reference Search（引用检索）功能。ISI Proceeding的检索记录仅包含题录信息，通过与Web of Science的链接，利用在Web of Science中的相应记录，可进一步获得详细的书目信息和著者文摘。通过查看所引用的参考文献和被其他文献的引用情况，揭示研究的历史进展及其影响。此外，利用ISI Links还可从Web of Science进一步链接到馆藏信息、电子期刊原文以及其他数据库等。

9 科技论文写作及投稿

检索和利用文献是科技工作者获取文献信息、创造新成果的最重要的手段，而撰写各种类型的学术文献则是科技工作者总结科研成果、增加科学知识、交流学术思想、探讨学术问题、活跃学术气氛、显示个人成就的重要途径。因此，科技工作者与文献的关系是互相紧密结合的，相辅相成。熟练地掌握科技论文的写作格式对于科技工作者是至关重要的。

9.1 科技论文的写作

9.1.1 概述

9.1.1.1 科技论文的概念

论文又称为议论文、论说文，是“讨论或研究某种问题的文章”。

科技论文是在科学研究、科学实验的基础上，对自然科学和专业技术领域里的某些现象或问题进行专题研究、分析和阐述，揭示出这些现象和问题的本质及其规律性而撰写成的文章。

科技论文是进行科学技术交流的载体，是获得科技信息、促进科学技术发展的重要途径。

9.1.1.2 科技论文的分类

科技论文的分类有多种不同的分法。下面从两个不同的角度对科技论文进行分类。

A 按科技论文发挥的作用分类

（1）学术性论文。指研究人员提供给学术性期刊发表或向学术会议提交的论文。它以报道学术研究成果为主要内容。学术性论文反映了该学科领域内最新的、最前沿的科学水平和发展动向，对科学技术事业的发展起着重要的推动作用。这类论文应具有新的观点、新的分析方法和新的数据或结论，并且具有科学性。

（2）技术性论文。指工程技术人员为报道工程技术研究成果而提交的论文、这种研究成果主要是应用目前已有的理论知识来解决设计、技术、工艺、设备、材料等具体的技术问题而取得的。技术性论文对提升技术水平和提高生产力起着直接的推动作用。这类论文应具有技术的先进性、实用性和科学性。

（3）学位论文。指学位申请者提交的论文。这类论文依学位的高低又分为以下 3 种：

1）学士论文。学位论文是指为了获得所修学位，按要求被授予学位的人所撰写的论文。工科大学生有的做毕业设计，毕业设计与科技论文有某些相同之处。论文或设计应反映出作者具有专门的知识和技能，具有从事科学技术研究或担负专门技术工作的初步能力。这种学士论文一般只涉及不太复杂的课题，论述的范围较窄，深度也较浅，因此，严格地说，学士论文一般还不能作为科技论文发表。

2）硕士论文。指硕士研究生申请硕士学位要提交的论文。它是在硕士生导师指导下完成的，但必须具有一定程度的创新性，强调作者的独立思考作用。通过答辩的硕士论文，应该说基本上达到了发表水平。

3）博士论文。是由攻读博士学位的研究生所撰写的学术论文。它要求作者在博士生导师的指导下，选择自己能够把握和驾驭的潜在的研究方向，开辟新的研究领域。它可以是1篇论文，亦可以是相互关联的若干篇论文的总和。博士论文应反映出作者具有坚实、广博的基础理论知识和系统、深入的专门知识，具有独立从事科学技术研究工作的能力，应反映出该科学技术领域最前沿的独创性成果。因此，博士论文被视为重要的科技文献。

B 按研究的方式和论述的内容分类

（1）实（试）验研究报告。这类论文不同于一般的实（试）验报告，其写作重点应放在“研究”上。它追求的是可靠的理论依据，先进的实（试）验设计方案，先进、适用的测试手段，合理、准确的数据处理及科学、严密的分析与论证。

（2）理论推导。这类论文主要是对提出的新的假说通过数学推导和逻辑推理，从而得到新的理论，包括定理、定律和法则。其写作要求是数学推导要科学、准确，逻辑推理要严密，并准确地使用定义和概念，力求得到无懈可击的结论。

（3）理论分析。这类论文主要是对新的设想、原理、模型、结构、材料、工艺、样品等进行理论分析，对过去的理论分析加以完善、补充或修正。其论证分析要严谨，数学运算要正确，资料数据要可靠，结论除了要准确外，一般还须经实（试）验验证。

（4）设计计算。一般是指为解决某些工程问题、技术问题和管理问题而进行的计算机程序设计；某些系统、工程方案、结构、产品的计算机辅助设计和优化设计，以及某些过程的计算机模拟；某些产品（包括整机、部件或零件）或物质（材料、原料等）的设计或调、配制等。对这类论文总的要求是相对要“新”，数学模型的建立和参数的选择要合理，编制的程序要能正常运行，计算结果要合理、准确；设计的产品或调、配制的物质要经实（试）验证实或经生产、使用考核。

（5）专题论述。这类论文是指对某些事业（产业）、某领域、某学科、某项工作发表议论（包括立论和驳论），通过分析论证，对它们的发展战略决策、发展方向和道路，以及方针政策等提出新的独到的见解。

（6）综合论述。这类论文应是在作者阅读大量文献的基础上，综合介绍、分析、评述该学科（专业）领域里国内外的研究新成果、发展新趋势，并表明作者自己的观点，做出发展的科学预测，提出比较中肯的建设性意见和建议。一篇好的综合论述，对于学科发展的探讨，产品、设计、工艺材料改进的研究，科学技术研究的选题，以及研究生学位论文的选题和青年科技人员及教师进修方向的选择等的指导作用都是很大的。对这类论文的基本要求是，资料新而全，选题起点高、眼光远，问题综合恰当、分析在理，意见和建议比较中肯。

9.1.1.3 科技论文的特点

科技论文是对创造性的科学技术研究成果进行理论分析和总结的科技写作文体。因此，科技论文既具有一般议论文的特点，由论点、论证、结论构成，又具有与一般议论文不同的特点：

（1）学术性。学术性是科技论文的主要特征，它以学术成果为表述对象，以学术见解为论文核心，在科学实（试）验的前提下阐述学术成果和学术见解，揭示事物发展、变化的客观规律，探索科技领域中的客观真理，推动科学技术的发展。学术性是否强是衡量科技论文价值的标准。

（2）创新性。科技论文必须是作者本人研究的，并在科学理论、方法或实践上获得的新的进展或突破，应体现与前人不同的新思维、新方法、新成果，以提高国内外学术同行的引文率。

（3）科学性。论文的内容必须客观、真实，定性和定量准确，不允许丝毫虚假，要经得起他人的实践检验；论文的表达形式也要具有科学性，论述应清楚明白，不能模棱两可，语言准确、规范。

9.1.1.4 科技论文写作的意义

科技论文的写作是科技研究工作的组成部分；科技论文的写作有利于促进科学技术的发展（是科技成果的重要标志）；科技论文的写作有利于提高科技人员的素质（是科学技术研究的一种重要手段）；科技论文的写作有利于进行学术交流和人才的发现。

著名物理、化学家法拉第的名言“科学研究有三个阶段，首先是开拓，其次是完成，再次是发表”。科技论文写作是一切科技交流（研究成果、技术发明、科技信息）的基础，不论是对国家、单位还是个人来说，其意义都是现实而有益的。

9.1.2 科研选题

科技信息是知识创新的源泉。世界上任何一项科研成果或创新都是在吸取和借鉴前人或他人研究成果的基础上，再加上自己的钻研和创新所获得的，科技信息是科研的先决条件。

9.1.2.1 科研选题及其步骤

课题是为了实现某个特定目标所需要研究的一个或一组科学问题。科研选题就是形成、选择和确定所要研究和解决的课题。科研选题的步骤一般是：文献调研和实际考察—提出选题—初步论证—评议和确定课题。

9.1.2.2 科研选题的基本原则

A 需要性原则

需要性是科研人员选择课题要遵循的基本原则。需要性是指从社会需求或科学技术本身的需要出发，优先选择那些亟待解决的问题，科研的选题要能够满足科学自身发展及社会、经济建设和发展的需要。需要性是科学技术发展的动力，离开社会需要，研究工作得不到支持，取得的成果也难以推广。对于技术和工程应用来说，首先要侧重于直接的经济效益的需要，同时，选题要讲求社会效益和经济效益的最佳统一。例如，通过研究新工艺、新技术，填补该领域的空白；解决生产中的难题，提高经济效益和社会效益。

科学上的重大课题并不全都直接来自实践的需要，许多课题是从科学发展中的内在矛盾中提出来的。有些理论课题的研究，暂时还看不到它们有什么实际价值，有认识上、文化上的需要和潜在形式上的需要，随着科学技术的进步，它们会变成巨大的生产力。譬如，著名物理学家丁肇中领导的世界上100多位物理学家参加的L3工程，即探讨宇宙起源的物质，这一重大课题就属于上述情况。

B 创造性原则

创造性原则是指选题是前人没有解决或没有完全解决的疑难问题，并预期能从中产生创造性的科学技术成果：概念或理论上的创新；方法上的创新；应用上的创新。

创造性原则实质上是要求做到：在选题时熟悉别人已经进行过的研究，避免重复劳动；课题论证时恰当估计课题的意义和可能包含的创造性成分。

科研是探索性工作，其本质在于创新。创新性是科学研究的灵魂，没有探索性、创新性，就称不上科学研究。别人已经解决了的问题，或者在现实条件下难以取得创造性进展的课题，不应作为选择对象。

C 科学性原则

科研选题是科学研究的起始步骤。选题的重要性在于，它关系到科学研究的方向、目标和内容，直接影响科研的途径和方法，决定着科研成果的水平、价值和发展前途。因此，科研中最困难的就是如何选好课题。

D 可行性原则

可行性原则包括两方面：一是研究方法、技术路线的可行性，这实际上也是一个科学性的问题；二是所拥有的人力、仪器设备等资源条件。现实社会中，具有创新意义、对科学和社会发展有效的、满足客观需要的课题很多，但科研工作往往受到许多因素的制约，因此选题时还必须考虑课题研究内容本身以及完成课题所需要的资源条件的可行性。因此,在选题时必须考虑内容本身以及完成课题所需要的资源等重要条件的可行性。在选题时必须从实际出发,量力而行,要根据本国、本地区、本部门的技术力量、仪器设备、资金等客观条件以及研究者的学术知识、研究经验和能力素质等主观条件来选择适宜的课题。

综上所述，在选题开始时，首先要了解前人的工作和现实的需要，进行文献调研和实际考察。文献调研的目的是：

（1）考察前人对有关课题已经做过的工作及其经验教训，以免重犯他人已经指出的错误和重复他人已经做过的研究。

（2）文献调研应查明有关专著和论文，并尽可能追溯其发展的历史，以便继承前人已有的研究成果，在新的起点上，选择研究课题，减少低水平重复。

在初步选出课题之后,还要对课题进行初步论证,即对课题进行可行性研究。例如建立模型,进行初步计算,或围绕课题设计一些必要的实(试)验。在初步论证的基础上提出开题报告,然后经过同行专家评议结合国家认定查新部门出具的查新结论,选出最佳课题。

综上所述，选题的过程是一个不断反馈调整的过程，常常需要反复进行文献调研和多次论证。因为科研选题既要尊重所依据的科学理论和科学事实，同时又要随着基础事实和背景理论的改变而对选择的课题进行调整。

9.1.3 科技查新

科技查新是指通过手工检索和计算机检索等手段，运用综合分析和对比等方法，为评价科研立题、成果、专利、发明等的新颖性、先进性和实用性提供文献依据，帮助管理部门和科研人员进行决策的一种情报信息服务工作。近年来，随着科研管理与科技决策工作科学化、规范化程度的不断提高，查新检索已成为科研课题立项、成果鉴定及申报奖励工作中的一个必要环节。查新主要有立项查新和成果鉴定查新两种。课题未中标或成果申报落选的原因有很多，但总体来说创新性不足是首要因素。以下对课题未中标及成果申报落选的原因进行了总结，也可见创新的重要性。

（1）申报项目未被立项或未得到资助原因（从高到低排列）：

1）需进一步完善研究技术路线；

2）需突出特色，避免与同类研究重复；

3）需进一步调查国内外研究动态；

4）尚需加强研究工作积累；

5）项目意义和目标需进一步明确，研究内容需突出重点；

6）研究力量需进一步加强；

7）申请研究经费过多，无力资助；

8）工作条件或时间缺乏保证；

9）资助项目超过限额；

10）选题偏离资助范围。

另外，科研课题申报各种科研基金项目落选常见的原因还有：科学价值不大；应用前景不佳；起点低，学术上缺乏创新；课题范围过大、主攻方向不明；研究方法不够先进；实验设计需改进；人员搭配不当；研究力量薄弱；已资助过的项目未按时报送年度报告或总结；已承担课题两项以上或同样课题已获其他渠道资助等。

（2）成果未获奖原因（从高到低排列）：

1）科研创新性不足，研究项目重复；

2）科研设计不合理，科学性不强；

3）研究成果未推广或未投产；

4）论文未发表或发表后未满一年等。

综上所述，科技成果创新不足或者研究项目重复占落选因素的首位。说明许多科技成果对本领域国内外研究动态与发展水平掌握不够，文献阅读少，学习交流不足，造成信息不灵，成果创新不足，重复别人研究过的项目，造成人力、资金浪费。

9.1.4 科技论文的撰写

科技论文是在公开刊物上发表的文章，有一定的编写规范和编写格式的要求。国家也对此制定了相关国家标准，例如：GB 7713—1987《科技论文编写格式》、GB/T 3179—1992《科学技术期刊编排格式》。

（1）科技论文的基本要求：学术性、真实性、逻辑性、规范性。

（2）科技论文的组成部分和排列次序（格式）：前置部分主要包括标题、作者姓名（工作单位名称、地址）、摘要、关键词；主体部分主要包括引言、正文论述部分、结论、致谢、参考文献。

9.1.4.1 题名

A 概念

题名，又称文题、题目、标题（或称“总标题”，以区别于“层次标题”），是论文的总纲，能反映论文最重要的特定内容，是最恰当、最简明的词语的逻辑组合。

B 题名的一般要求

（1）准确性。题名应能准确地表达论文的中心内容，恰如其分地反映研究的范围和达到的深度，不能使用笼统的、泛指性很强的词语和华而不实的辞藻。

常见的毛病有：

一是大题名，小内容。如："……三相图特征研究"。

二是不注意分寸，有意无意地拔高。如"……对……的作用机理（影响）"。

三是标题一般化，没有特点。如："……关系分析（探讨）"——"……特性分析"。

（2）简洁性。即在能够准确反映、清楚表达"最主要的特定内容"的前提下，题名字数越少越好，便于记忆与应用。

GB 7713—1987 规定，题名"一般不超过 20 字"。其做法：一是尽可能删去多余的词语。二是避免将同义词或近义词连用，如"……问题的分析与计算"，"分析"与"计算"在该处是近义的；常见的还有"……的研究和探讨"、"……的分析研究"，一般可删去其中的一个。三是当题名不易简洁时，可以采用主题名（表示论文的中心内容或论点）和副题名（表示论文的中心内容或论点涉及的范围）的办法处理，即副题名对主题名的内容起一种限制作用。

（3）鲜明性。要一目了然。比如有的作者，其课题的研究深度并不大，却常常把"……的机理"、"……的规律"一类词语用在题名上。比较客观的做法是，在确实弄清了"机理"、掌握了"规律"的前提下，题名采用"……现象的（一种）解释"、"……的一种机制"等比较恰当和慎重，也留有余地。

9.1.4.2 作者的署名、单位名称和地址

署名的意义：

（1）署名表示文责自负的承诺。所谓文责自负，就是论文一经发表，署名者即应对论文负法律责任，负政治上、科学上的责任。如果论文中存在剽窃、抄袭的内容，或者政治上、科学上、技术上存在错误，那么署名者就应完全负责，署名即表示作者愿意承担这些责任。

（2）署名便于读者同作者联系。署名方便了建立作者与读者的联系。读者阅读文章后，若需要同作者商榷，或者要询问、质疑或请教，以及求得帮助，可以直接与作者联系。署名即表示作者有同读者联系的意向，署名也为读者同作者联系提供了可能。

（3）署名作为拥有著作权的声明。1990 年 9 月 7 日第七届全国人民代表大会常务委员会第十五次会议通过、1991 年 6 月 1 日起施行的《中华人民共和国著作权法》规定："著作权属于作者"；著作权包括"署名权，即表明作者身份，在作品上署名的权利"。可见，在发表的论文中署名，是国家赋予作者的一种权利，当然受到国家法律的保护。其实，署名也是作者通过辛勤劳动所应得的一种荣誉，以此表明其劳动成果得到了社会的承认和尊重。署名本身即向社会声明，作者对该作品拥有了著作权，任何个人和单位不能侵犯。

（4）署名对象。署名者只限于那些参与选定研究课题和制订研究方案、直接参加全部或主要部分的研究工作并做出主要贡献，以及参加论文撰写并能对内容负责，同时对论文具有答辩能力的人员；仅参加部分工作的合作者、按研究计划分工负责具体小项的工作

者、某一项测试任务的承担者，以及接受委托进行分析检验和观察的辅助人员等，均不应署名，但署名者可以将他们作为参加工作的人员一一列入“致谢”中，或注于篇首页页末处。

个人的研究成果，由个人署名；集体的研究成果，由集体署名（一般应署作者姓名，不宜只署课题组名称）。集体署名时，按对研究工作贡献的大小排列名次。

（5）署名的位置与格式。通常，学术性期刊中将署名置于题名下方，并采用以下格式：

作者姓名

（作者工作单位名称及地址）

9.1.4.3 作者简历

根据国家统计源的需要，有些刊物要求注有作者的出生年月、性别、学位、职称及研究方向等。此外，如果论文有产出的资助背景，还应注明基金项目名称并在圆括号内标出项目编号，譬如“国家自然科学基金资助项目（69625101）”。

9.1.4.4 摘要

A 摘要的概念和作用

摘要是对“论文的内容不加注释和评论的简短陈述”。对一篇完整的论文都要求撰写随文摘要。其作用是：

（1）让读者尽快了解论文的主要内容，以补充题名的不足。科技文献数量大，读者不可能一拿到文章就通读。读者是否需要通读某篇论文，从题名上进行判断后，主要的就是根据摘要来决定，所以，摘要担负着吸引读者和介绍文章主要内容的任务。

（2）为科技情报人员和计算机检索提供方便。论文发表后，文摘杂志对摘要可以不作修改或稍作修改而直接利用，从而可避免由他人编写摘要可能产生的误解、欠缺和错误，这就为科技文献的检索和利用提供了极大的方便。

B 摘要的分类

摘要按其性质分为三种类型：

（1）指示性摘要，又称概述性摘要或简介性摘要；

（2）报道性摘要，又称资料性摘要或情报性摘要；

（3）报道指示性摘要，又称中间性摘要。

C 摘要段的内容

摘要中应写的内容一般包括研究工作的目的、方法、结果和结论，而重点是结果和结论。下面举例说明。

［例］ 摘要段的内容

题名：含氟废水中 CaF_2 形成的动力学研究

摘要：通过对低浓度的氟与钙反应生成沉淀反应的动力学研究以及 pH 值、过量 CaF_2 和电解质等因素对 CaF_2 溶解度影响的研究，查明了用通常的方法——过量钙盐（石灰、氯化钙）处理含氟废水难以达标的原因，从而为含氟废水的有效处理提供参考。

D 摘要的写作要求

（1）用第三人称。用第三人称的方式如实报道，以增强客观效果，排除主观因素。

“本文介绍了……”，“本文报道了……”中的“本文”作主语，语法和逻辑虽对，但依据 GB 6447—1986 的要求，“本文”也应删去。

（2）简短精练，具体明确，内容完整。最短的有十几个字，长的 300 ~ 500 字。一般报道性摘要以 200 ~ 300 字为宜，指示性摘要以 50 ~ 100 字为宜，报道 – 指示性摘要以 100 ~ 200 字为宜。

摘要的写作应逐字推敲，力求做到“多一字有余，少一字则不足”。

（3）格式规范，文字为主。正文中的图、表、公式等非文字部分一般不列入，通常也不举例证。切忌重复题名中已有的信息和罗列段落标题以代替摘要。

（4）独立成段。即不应再分段落。

E　摘要的写作内容和写作方法

（1）摘要的写作内容。摘要为论文全文的浓缩，其写作内容主要为研究的目的、方法、结果、结论等。但注意对不同类型的摘要，其内容的详略程度应有所不同。

（2）摘要的写作方法。摘要可以根据作者的意图有不同的写法，但都要反映论文的主要内容，即不阅读全文，就能获得必要的信息。摘要具有独立性和自含性，是一篇完整的短文，可以独立使用。

9.1.4.5　关键词

关键词是为了满足文献标引或检索工作的需要而从论文中选取出的词或词组。

关键词包括主题词和自由词两部分：主题词是专门为文献的标引或检索而从自然语言的主要词汇中挑选出来并加以规范的词或词组；自由词则是未规范化的即还未收入主题词表中的词或词组。

每篇论文中应专门列出 3 ~ 8 个关键词，它们应能反映论文的主题内容。其中主题词应尽可能多一些，它们可以从综合性主题词表（如《汉语主题词表》和专业性主题词表（如 NASA 词表、INIS 词表、TEST 词表、MeSH 词表等）中选取。那些确能反映论文的主题内容但现行的主题词表还来不及收入的词或词组可以作为自由词列出，以补充关键词个数的不足或为了更好地表达论文的主题内容。

关键词作为论文的一个组成部分，列于摘要段之后。

9.1.4.6　引言

引言又称前言、绪论、引子、绪言等。引言是写在书或文章前面类似序言或导言的部分，作为书的概述或感想，亦指座谈会、讨论会、研讨会的开场白。经常作为科技论文的开端，提出文中要研究的问题，引导读者阅读和理解全文，以及作者是如何展开论述的。

A　引言包括的内容

（1）提出课题的现实情况以及背景。

（2）说明课题的性质、范畴及其重要性，突出研究的目的或者需要解决的问题。

（3）前人研究成果及其评价。

（4）达到研究目的的研究方法和实（试）验设备。

（5）研究工作的新发现。

一篇科技论文的引言中，研究的背景、目的、方法和结果是应该包括在内的。

B　引言的写作要求

（1）言简意赅，突出重点。引言中要求写的内容较多，而篇幅有限，这就需要根据研究课题的具体情况确定阐述重点。不应过多地叙述同行熟知的及教科书中的常识性内容。主要写好研究的理由、目的、方法和预期结果，意思要明确，语言要简练。

（2）开门见山，不绕圈子。避免大篇幅的讲述与主题无关的内容。

（3）尊重科学，实事求是。有的作者在论文的引言部分往往对自己的研究工作或能力表示谦虚，说几句客套话，如“限于时间和水平”、“由于经费有限，时间仓促”、“不足或错误之处在所难免，敬请读者批评指正”等。其实大可不必。因为，第一，这本身是客套话，不符合科学论文严肃性的要求。第二，既是论文，作者应有起码的责任感和自信心。这里的责任感表现在自我要求不能出差错；自信心表现在主要问题上不会有差错。否则就不要投稿，不要发表。第三，水平高低，质量好坏，应让读者去评论。

确实需要说明或表示歉意的，可以在文末处写，但要有分寸，实事求是；同时要具体写，不能抽象和笼统。

当然，必要时引言中可以交代方法和结果等可以供哪些专业或领域的读者参考。

［**例**］《高纯五氧化二钒的制备及偏钒酸铵结晶的机理》一文的引言：

“随着钒应用范围不断拓宽，一些行业像航天航空、电子工业、电化学工业对钒产品的纯度要求越来越高，所以对高纯度精钒制备技术的研究是很有必要的。我国石煤提钒生产和研究是从20世纪60年代初开始起步的，由于含钒石煤的物质组成比较复杂，钒的赋存状态和嘉泰多种多样，石煤提钒工艺方法也各不相同。结晶过程是精钒提取的重要环节，通过控制不同的条件，亦可得到不同的形态及纯度；同时，考虑到结晶过程中杂质的行为进而控制反应的最优条件，得到高纯五氧化二钒。”

9.1.4.7 正文

正文即论证部分，是论文的核心部分。论文的论点、论据和论证都在正文中阐述，因此它占论文的主要篇幅。

由于论文作者的研究工作涉及的学科、选题、研究对象和研究方法、工作进程、结果表达方式等差异很大，所以对正文要写的内容不能作统一规定；但是，总的思路和结构安排应当符合“提出论点，通过论据（事实和（或）数据）来对论点加以论证”这一共同的要求。

A 正文的写作要求

（1）理论性论文。用理论分析或计算分析来证明论文观点的正确。对于研究对象进行精确的描述，定量地揭示各因素之间的关系，在写作方法上，常用举例、推理、反证、类比、对比、因果分析、归谬法等。在写作要求上，论点应明确而唯一，论据充分而必要，层次清楚，结构合理，逻辑性强。

（2）实验性论文。实验是为实现科学上新的发现的一种手段。其内容一般包括理论分析，实验材料、方法，实验结果及分析等几部分。在论述实验具体材料和方法部分，要把材料的来源、性质和数量，实验使用的仪器、设备、实验条件和测试方法交代清楚，其目的是能够让别人可重复操作进行同样的实验，以验证新的发现的正确性和可靠性。

（3）试验性论文。相对技术而言，试验是为解决或验证技术措施的可行性服务的。写作的内容一般包括试验的目的（即要解决或验证的问题）、试验的方法、试验结果及分析等。

实（试）验性论文正文的写作应按研究问题的逻辑关系来写，不应按实（试）验的时间顺序来写。

（4）创新性技术论文。以自然理论为基础，应用自然科学的最新成果实现技术创新，或者是运用已有的科学技术理论和自己的实践经验实现技术创新而形成的论文（此类论文较为多见）。例如：《新型聚合物锂电池的研制》的写作内容一般包括理论分析（也就是应用科学理论或原理）、研究成果、实践验证等。正文表述的重点是理论分析，也是论文学术价值之所在。由于技术研究具有明确的目的性，所以，技术论文强调其实践性，以证明理论分析的正确性和技术的可行性。换言之，技术强调其经济性和效益，所以，成果需经过实践和验证，才能证明其经济、社会效益大小和使用效果精度如何。

（5）新技术应用性论文。应用一种新的技术（工艺、产品、设备），解决工程实践中遇到的问题，并取得了良好的经济效益和社会效益而形成的论文，又称其为技术总结。例如：《用于微生物浸出的转鼓式生物反应器》。论文写作时，主要在于回答"为什么要应用这种新技术"，"如何应用"和"结果如何"三个问题。正文写作的重点在于从理论上回答应用这种新技术的必要性和可行性，以及如何应用。对于应用的改进或改进的建议，可写入结论部分。

B 正文的层次

正文是表达作者思想观点的最重要的部分。为表达清楚，正文必须分成若干个标题层次来写。

（1）有的正文一气呵成，只分成若干个自然段。但应注意一个自然段只能表示一个中心意思。

（2）有的正文分成若干个小标题进行分层表述。但应注意拟定小标题的注意事项与拟定题名一样，一个小标题下的论述只能围绕小标题来论述。每个小标题都应有题名，不能有的有题名，有的没有题名。

用小标题对正文进行分层时，每层的小标题均用阿拉伯数字连续编码。编码的两个数字之间用圆点（·）分隔开，末位数字后面不加圆点。如："1"、"2.1"、"3.1.1"。所有的编码均左顶格书写，最后一个序数码之后空一格写标题。

当用小标题对正文分层时，每一层次一般不超过4级（如"2.2.1.1"），最后一级内如果还要分层可用A、B和"(1)"、"(2)"的形式表述。

正文的层次不论是分成若干个自然段，还是用小标题进行表述，都要注意层次之间的逻辑关系。

[例]《反应结晶过程研究Ⅱ》

1 准基本过程

1.1 成核过程

1.2 晶体生长

2 二次过程

2.1 老化

2.2 聚核和破裂

3 结论

9.1.4.8 结论和建议

结论又称结束语、结语。是指从一定的前提推论得到的结果，对事物做出的总结性判断。它是在理论分析和实验验证的基础上，通过严密的逻辑推理而得出的富有创造性、指导性、经验性的结果描述。它又以自身的条理性、明确性、客观性反映其论文或研究成果的价值。结论与引言相呼应，同摘要一样，其作用是便于读者阅读和为二次文献作者提供依据。

结论不是研究结果的简单重复，而是对研究结果更进一步的认识，是从正文部分的全部内容出发，并涉及引言的部分内容，经过判断、归纳、推理等过程，将研究结果升华为新的观点。其内容要点如下：

(1) 本研究结果说明了什么问题，得出了什么规律性的结论，解决了什么理论或实际问题。

(2) 对前人有关本问题的看法做了哪些检验，哪些与本研究结果一致、哪些不一致，作者做了哪些修正、补充、发展或否定。

(3) 本研究的不足之处或遗留问题。

对于某一篇论文的“结论”，上述要点 (1) 是必需的，而 (2) 和 (3) 视论文的具体内容可以有，也可以没有；如果不可能导出结论，也可以没有结论而进行必要的讨论。

结论段的格式安排可做如下考虑：

如果结论段的内容较多，可以分条来写，并给以编号，如 (1)、(2)、(3) 等，每条成一段，包括几句话或一句话；如果结论段内容较少，可以不分条写，整个为一段，几句话。

结论里应包括必要的数据，但主要是用文字表达，一般不再用插图和表格。

9.1.4.9 致谢

对于在研究过程中，或在论文撰写过程中，对于直接提供过资金、设备、人力以及文献资料等支持和帮助的团体和个人，均应表示谢意。

书写格式为：“在研究（论文撰写）过程中，得到×××高级工程师的帮助（指导），谨致谢意”。“致谢”空一行放在“结论”一节后。

9.1.4.10 参考文献

参考文献的概念是在学术研究过程中，对某一著作或论文的整体的参考或借鉴。

A 著录参考文献的原则

(1) 最必要的文献。

(2) 著录公开发表过的文献。

(3) 规范的著录格式。

B 顺序编码制的著录方式

采用顺序编码制时，对引用的文献，按它们在论文中出现的先后，在文中用阿拉伯数字连续编码，将序号置于方括号内，并视具体情况把序号作为上角标，或作为语句的组成部分。

C 参考文献类型及其标识代码

根据 GB/T 7714—2005 的规定，各种参考文献类型以单字母方式标识：专著 [M]，期刊文章 [J]，论文集 [C]，标准 [S]，报纸文章 [N]，学位论文 [D]，报告 [R]，专利 [P]。对于专著、论文集中的析出文献，其文献类型标识建议采用单字母 [A]；对于其他未说明的文献类型，建议采用单字母［Z］。

电子文献类型及其标识：联机网上数据库［DB/CD］，磁带数据库［DB/MT］，光盘图书［M/CD］，网上期刊［J/OL］，网上电子公告［EB/OL］，网上图书［M/OL］。

D 各类参考文献条目的书写格式及示例

a 专著

［序号］作者．书名［M］．版次（第1版不标注）．出版地：出版者，出版年．引文所在的起止页码．

例如：［48］罗胜联，刘承斌，罗旭彪．植物内生菌修复重金属污染理论与方法［M］．北京：科学出版社，2012.

b 期刊（作者超过3人者只列前3人，后加“等”字）

［序号］作者．题名［J］．刊名，出版年，卷（期）号：起止页码．

例如：［27］刘建云，胡启阳，李新海，等．从不合格锂离子蓄电池中直接回首钴酸锂［J］．电源技术，2006，30（1）：308~310.

c 论文集

［序号］作者．析出文献题名［A］．见（英文用In）：论文编著者（××主编或××文集编写组）．论文集名［C］．出版地：出版者，出版年．起止页码。

例如：［1］张佐光，张晓宏，仲伟虹．多相混杂纤维复合材料拉伸行为分析［A］．见：张为民编．第九届全国复合材料学术会议论文集（下册）［C］．北京：世界图书出版公司，1996. 410~416.

d 国际标准、国家标准、行业标准

［序号］标准编号，标准名称［S］．

例如：［6］ISO 1210—1928，塑料—小试样接触火焰法测定塑料燃烧性［S］．

e 学位论文

［序号］作者．题名［D］．学校，出版年，卷（期）号：起止页码．

例如：［6］柳建设．硫化矿物生物提取及腐蚀电化学［D］．长沙：中南大学，2000.

f 科技报告

例如：［5］冯西桥．核反应堆压力管道和压力容器的LBB分析［R］．北京：清华大学核能技术设计研究院，1997.

g 专利

［序号］专利所有者．专利题名［P］．专利国别：专利号，出版日期．

例如：［14］厦门大学．二烷氨基乙醇羧酸酯的制备方法［P］．中国发明专利：CN1073429，1993-6-23.

9.2 科技论文的投稿

论文投稿是为了使自己的论文得到发表，这就需要作者做到“知己知彼”，首先要了解自己的论文内容，选定适合的期刊，然后根据该刊具体要求进行打印、投递。因为不同的刊物对投稿有不同的要求，所以作者也应通过网站等方式查阅该刊的具体要求。

网上投稿更为快捷、高效，越来越多的期刊要求网上投稿，许多期刊已经拒绝传统的纸制函件投稿，只接受网上投搞。

下面以化学学报为例，以供参照。

化学学报 http://sioc-journal.cn/Jwk_hxxb/CN/volumn/current.shtml

（1）进入《化学学报》主页（见图9-1），可以根据窗口，执行所要操作，在“作者中心”可找到投稿须知。作者即可按照要求进行稿件准备。

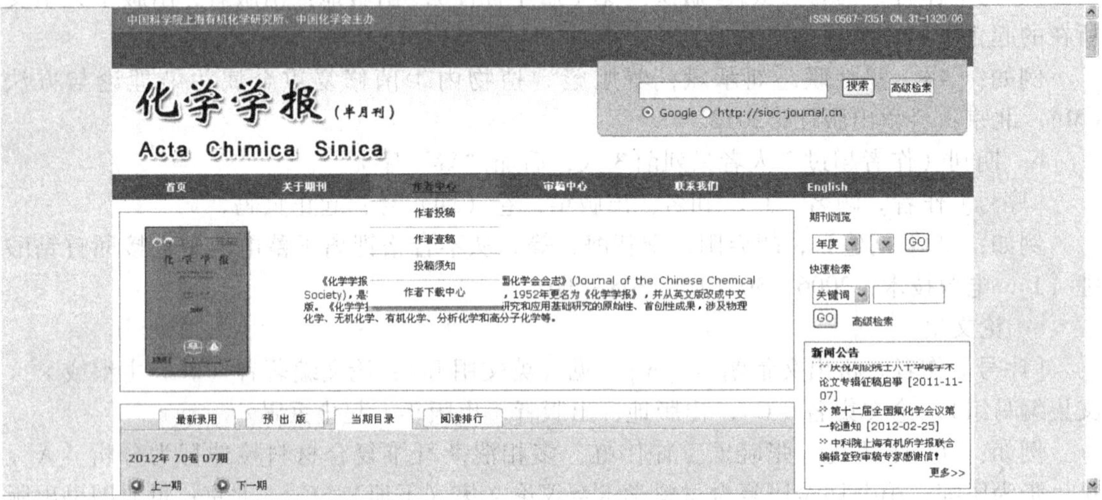

图9-1　化学学报主页

（2）需要下载版权转让协议、单位介绍信模板、投稿注册表等。投稿前要进行注册（免费），键入个人信息，要记住用户名和口令。

（3）在网站注册后，根据网站提示步骤投稿。投稿时须在线提交投稿说明信、版权转让协议书（也可在签名后邮寄给编辑部）、稿件正文（包含图文摘要）和支持信息文件。

（4）投稿成功后，作者可以从网上查阅审稿进展情况。

10 计算机检索与因特网的使用

随着信息时代的到来，各类文献检索工具大多都具有电子出版物的形式。在前面章节中已经介绍了利用计算机和网络进行检索的内容，本章介绍计算机检索的基础知识，这将有助于了解逻辑符的运用，能在检索式的形成方面帮助用户使用检索工具，缩小检索范围。

10.1 计算机检索基础知识

10.1.1 数据库的一般结构

在计算机检索系统中，数据库是一种经过编辑组织以机读形式出现的记录集合。不同的数据库，其结构也不相同，所提供的检索途径也有差别，但无论什么类型的数据库，其基本结构都具有共同的特征。

10.1.1.1 字段、记录、文档

字段是文献著录的基本单元，反映文献外部特征和内容特征的每一个项目，在数据库中就称为字段，在数据库中每一个字段，往往都给予一个字段名。如 Title，字段名为 TI；Author 为 AU；SO 为文献来源，AB 为文摘字段，PY 为出版年份，SN 为国际标准书号 ISSN，DE 为叙词或主题词，CS 为著者单位。在某些数据库的检索中，在上机检索前必须了解数据库的字段名。

记录是由若干不同字段组成的文献单元，一个记录在数据库中往往代表一篇文献，在数据库中每一个记录都有一个记录号，与检索工具中的文摘号类似。

文档，由若干数量的记录所构成的数据集合，在一些大型联机检索系统中称作文档。如 DIALOG 系统中 399 号文档是美国化学文摘（CA），211 号文档是世界专利索引（WPI）。

10.1.1.2 顺排档、倒排档

以固定的字段顺序，按文献输入先后排列的文档，称为顺排档。顺排档是文献数据库的基本单位，相当于手工检索工具的文摘正文部分，全面记录着文献的各个特征，但要在顺排档中检索文献，检索速度相当慢。

将顺排档中某些文献特征的字段抽取出来，再按一定的规律排列而形成的文档，称为倒排档。倒排档相当于手工检索工具中的索引部分，因而往往也称作索引。倒排档大大加快了数据库的检索速度，在数据库的编制中，建立倒排档的字段越多，相应的检索途径越丰富，检索效率就越高。

10.1.1.3 基本索引、辅助索引（Basic Index，Additional Index）

Basic Index，是由数据库中的某些字段的倒排档组成，这些字段通常是能够以主题概

念检索的字段，如主题词（DE）字段、关键词（ID）字段、篇名（TI）字段等。不同的数据库基本索引的字段有所差别，因而在检索前要先了解该数据库的 Basic Index 包含哪些字段。如 DIALOG 系统的 EiI 数据库的基本索引包括 TI、DE、ID、AB 四个字段，而 WPI 数据库只包含 ID 一个字段。

Additional Index，除 Basic Index 包含的字段外，其他建立倒排档的字段都是辅助索引。在检索中，基本索引的检索与辅助索引的检索有所不同，基本索引检索不用加字段名，而辅助索引的检索需加字段名，如要检索 ARAI 写的文章，检索式应为 AU = ARAI。

10.1.2 国际联机检索系统

联机检索，是指用户通过终端和通信线路，从信息检索系统存储的文献数据库中检索自己所需的信息。国际联机检索系统（On-Line Retrieval）是以大型计算机为核心，大容量存储设备为基础，以公共数据交换网或电话通信线路为传输媒介建立起来的大型计算机情报检索系统。只要通信线路能延伸到的地方都能进行异地远程通信检索。具有高质、高速、高效的特点，可运用于科技、经济、时事等方面的信息检索。

10.1.2.1 DIALOG 系统

DIALOG 系统是国际上最著名、规模最大的联机检索系统，也是我国科技节普遍使用的系统。其总部设在美国北卡罗来纳州的 Morrisville，在 27 个国家有直接业务，为 103 个国家的用户提供服务。目前该系统拥有 3 台大型计算机，总存储量共达 18 万兆，与两个卫星通信网络相连，在全世界 80 多个国家和地区有 10 多万个终端用户，系统每天 24 小时为用户提供联机检索服务。目前该系统建有 400 多个文档，文献存储量达 2 亿多个记录，文档的专业范围遍及科学技术、政治经济、商业、新闻等。DIALOG 公司还将数据库文档制作成各专业的数据库光盘，单独出版。

10.1.2.2 ORBIT 系统

ORBIT 系统是目前世界上仅次于 DIALOG 系统的国际著名联机检索系统，始建于 20 世纪 60 年代。它约有 120 个文档，0.6 亿篇文献，约占世界机读文献总量的 25%，每月更新 20 万篇，约有 20 个文档与 DIALOG 系统相重。

10.1.2.3 BDS 系统

BDS 系统是我国最大的联机检索系统，属北京文献服务处。该系统文献存储量达 1000 余万条，该系统的数据库主要是专利文献和美国政府报告。该系统在全国各地拥有数百个终端用户，由于国内的联机检索费用较低，因而利用率要高于国际联机检索。但国内联机检索数据量太少，无法满足各专业的用户需求。

10.1.3 光盘检索网络

光盘是一种存储量大、价格低廉的计算机存储设备，是采用激光、计算机、数字通信和光电集成等现代高科技成果的结晶。目前 CD-ROM（Compact Disk Read Only Memory）只读式光盘在图书馆中广泛应用，每张光盘的信息存储量达 650 兆，相当于 3 亿多汉字，是普通软盘的 1600 倍，缩微平片的 1200 倍，相当于 30 万页 A4 型纸的信息量。存取速度快，仅用 0.5 秒就可以从 1 张存有几万页资料的文献中检索出所需要的一页。

10.1.3.1 光盘检索系统的基本原理

光盘检索系统由光盘、CD-ROM 驱动器、计算机并配以相应的驱动软件和检索软件构成。

10.1.3.2 光盘检索网络系统

单机的光盘检索系统随着光盘数据库的大量涌现，检索时需频繁换盘，给用户带来不便。并且同时只能有一个读者使用而无法充分发挥昂贵的光盘数据库的效益。在计算机网络技术的基础上开发了光盘检索网络的硬件和软件，形成了光盘检索网络系统。目前建成的光盘检索网络系统有多种模式，共同的特点是拥有能同时运行几十张光盘的光盘塔驱动器，有可供上百个用户同时检索同一张或不同光盘的光盘网络软件。由于光盘网络检索系统不用换盘，可多用户共享数据库，充分发挥了光盘的作用，在国内外高校图书馆中得以迅速的发展。

10.1.3.3 布尔逻辑运算

在计算机检索中，逻辑运算是常用的方法。用逻辑运算的方法反映检索词之间的关系，能达到提高检索效果的目的。常用的逻辑运算有三种：逻辑与、逻辑或、逻辑非。

（1）逻辑与。机检的输入符号为“*”或“AND”，是反映概念之间交叉和限定的一种组配。A*B，表示数据库中既含有 A 概念又含有 B 概念的文献才被命中。用逻辑与可以逐步缩小文献的检索范围，提高文献命中的准确性。

如：乙烯的加成反应　A：ethylene　A*B　（交集）
A　B　B：markon　A AND B

（2）逻辑或。机检的输入符号为“+”或“OR”，是反映概念之间并列关系的一种组配。A+B，表示在数据库中只要含有 A 概念或 B 概念的文献都可命中。用逻辑或可以扩大文献的检索范围，防止漏检，以提高文献的检全率。

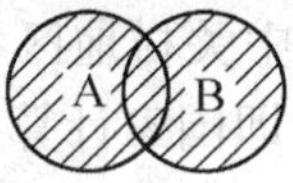

如：石油和煤炭　A：petroleum　A+B　（并集）
A　B　B：coal　A OR B

（3）逻辑非。机检的输入符号为“-”或“NOT”，A-B，表示在数据库中，在命中含有 A 概念的文献集合里，去除同时含有 B 概念的文献。逻辑非也是一种缩小检索范围的概念组配方法，但并不一定能提高文献命中的准确性，往往只是起到减少文献输出量的作用，在联机检索中以降低检索费用。

如：石油炼制催化剂以外的催化剂　A：catalyst　A-B
A　B　B：petroleum refining　A NOT B

逻辑运算符是计算机检索过程中广泛采用的一种方法，在各检索词之间合理地综合运用逻辑运算是提高文献命中准确性和文献查全率的基本方法，其运算次序为：“NOT”“AND”“OR”，括号中先运算。

10.2 因特网的使用

10.2.1 Internet 的概况

1969 年年末，美国国防部出资兴办 ARPAnet（Advanced Research Projects Agency Network，高级研究计划局）项目。当时开通时只有 4 个点。

1970 年，诞生了用于网络互联的标准、通用的网络协议 TCP/IP（Transfer Control Protocol/ Internet Protocol）协议。

1987 年，NSF（National Science Foundation，美国国家科学基金会）选择了 IBM（计算机制造商）、MCI（长途电话公司）、Merit（密执安州一个区域性网络服务公司）提出的联合方案，合作建立新的广域网。MCI 提供长途传输线路；IBM 提供专用的计算机和软件；Merit 管理这一网络。1988 年，NSFnet 取代了 ARPAnet 而成为 Internet 的骨干网。1990 年，ARPAnet 停止运行。

1992 年 IBM、MCI 和 Merit 组建了 ANS（Advanced Network and Services，高级网络和服务公司）。ANSnet 的传输速率是 NSFnet 骨干网的 30 倍，达到 45Mbps。

Internet 的发展经历了三个阶段：研究网、运行网、商业网。到 1998 年 3 月，全世界 Internet 用户人数已达 1.1 亿。预计到 2000 年，Internet 上将有 100 万个网络、1 亿台计算机和 10 亿个用户。

10.2.2 Internet 在中国的发展情况

中国的 Internet 发展大致经历了以下三个阶段：

第一阶段（1987～1994 年）。中科院高能物理所是我国首家联入 Internet 的单位。第一批 Internet 使用者是全国 1000 多名科学家。

第二阶段（1994～1995 年）。这是教育科研网发展阶段。中关村地区教育与科研示范网络 NCFC（National Computer & Networking Facility of China）即国家计算机与网络设施工程，简称中关村网。1994 年 3 月开通了速率为 64Kbps 的 Internet 国际出口专线，中国网络域名也最终确定为 cn，这标志着我国正式加入 Internet。

第三阶段（1995 年至今）。即商业应用阶段。1995 年 5 月，邮电部开通了我国公用 Internet 网 Chinanet。1996 年 9 月，电子工业部 ChinaGBN 又开通。

目前我国已建成了四大互联网络：CSTnet 中国科学技术网、CERnet 中国教育与科研网、Chinanet 中国公用 Internet 网、ChinaGBN 中国金桥信息网，有 6 个 Internet 国际出口：中科院高能所、中科院网络中心、清华大学（10M）、北京化工大学、邮电部（北京、上海）、电子部吉通公司。

10.2.3 Internet 的服务与工具

Internet 服务，根据形式可以分成 3 大类：工具类、讨论类、信息查询类。

（1）工具类服务。包括 Telnet、E-mail、FTP、Archie 等。

（2）讨论类服务。包括 News、BBS、IRC（在线聊天系统）等。

（3）信息查询服务。包括 Gopher、Wais（广域信息服务系统）、WWW 等。

此外，还有网络会议、网络游戏、网络广播、网上教学等。

10.2.3.1 TCP/IP 协议简述

网络协议即网络中（包括互联网）传递、管理信息的一些规范。如同人与人之间相互交流是需要遵循一定的规矩一样，计算机之间的相互通信需要共同遵守一定的规则，这些规则就称为网络协议。

ARPAnet 最初设计因特网的目的是用以支持军队的一项研究。即：设计建立一个网，当它的一部分被迫停止运行时（例如遭核弹袭击），此网仍能完成工作。Internet 是建立在把全世界的网络集合起来的基础上的。在这些网络上可能连接许多不同类型的计算机，因此，必须有个共同的东西通过某种方式把它们都连在一起，这个东西就是 TCP/IP 协议。

TCP/IP 是上百个（用来连接计算机和网络的）协议合起来的共有名字。TCP/IP 的实际名字来自最重要的两个协议：TCP（Transfer Control Protocol，传输控制协议）和 IP（Internet Protocol，互联网协议）。

在 Internet 内部，信息不是一个恒定的数据流从一台计算机传送到另一台计算机，而是把数据分解成小包，即数据包。例如，当传送一个很长的信息给远方的朋友时，TCP 就把这个信息分成很多个数据包，每一个数据包用一序号和一接收地址来标定。此外，为了使接受方知道数据在传输过程中是否出错，TCP 还插入一些校验信息。接着数据包被传过网络，这就是 IP 的工作，即把它们传送给远程主机。在 Internet 上每台主机都有一个特定的地址（称为 IP 地址）。IP 的任务就是根据地址，在两台计算机之间寻找一条适当的路由。在接受端的主机上，TCP 接收到数据包并检查错误。如果有错误发生，TCP 可以要求重发这个特定的数据包。当全部数据包都被正确地收到时，TCP 再根据序号重新组合成原来的信息。

简言之，IP 的工作是把原始数据从一地传送到另一地；TCP 管理这种流动并确保其数据正确。

10.2.3.2 TCP/IP 通信协议的基本应用

A 远程登录 Remote Login（命令：Telnet）

顾名思义，就是本地计算机通过网络，连到远端的另一台计算机上去，使用它的资源，这个过程就叫远程登录。

远程登录服务的使用，使计算机资源可以得到充分的利用。例如，个人计算机往往缺乏强大的计算能力，不能进行复杂精确的科学计算，而若知道网上某大型计算机系统正好提供这种服务，用户只需申请一个账户，就可以登录到大型计算机系统上共享资源，根本不受地域的限制。

远程登录的使用方法：telnet + 远端主机域名（或 IP 地址）

例如：telnet mail. hdpu. edu. cn 可以连到学校的邮件服务器，修改自己的邮件参数；telnet 202. 194. 145. 66 可以连到学校主机。

B 文件传输 File Transfer Protocol（FTP）

文件传输协议是双向的，用户既可以从远程系统获取文件的一份拷贝，也可将本地文件的一个副本传送到远程计算机上。现在一些学生喜欢做个人主页，但首先要申请一个个人主页空间存放自己的主页，该系就提供这种服务。若想把文件传到服务器，就可以使用FTP，也可以从服务器下载文件，非常方便。

C 简单邮件 Simple Message（Mail）Transfer Protocol（SMTP）

因特网的另一个典型应用就是电子邮件（Electronic Mail，简称 E-mail），电子邮件又称电子信箱、电子邮政。它是一种新型的信息系统，是通信技术和计算机技术结合的产物。目前电子邮件的发送和接收使用两个协议：SMTP 用于邮件的传输，POP（Post Office Protocol）邮局协议，用于邮件的接收。现在使用 POP3 协议。

10.2.3.3 Internet 上的地址和域名

Internet 上的每台计算机和每个用户都有一个地址，能唯一确定每台计算机的位置、区分每个不同用户。通常看到的地址是一组词语或有隐含意义的字母（或数字），它们均按标准格式用“.”隔开，这种地址的编排称为域名系统（Domain Name System，DNS）编址。地址可以写成两种形式。

A IP 地址格式

每个 IP 地址都由 4 个字节组成，每个字节相当于一个 8 位位组，每个 8 位位组的二进制数可以表示为 0 ~ 255 的十进制数。有人可能要问，为什么要到 255 呢，大了不行吗？这是因为：二进制的 8 位数最大就是 11111111，而这 8 个 1 代表的十进制数就是 255。数字之间用“.”隔开。例如：“202.194.145.66”就表示某台计算机的 IP 地址。

目前 Internet 上采用的 IPv4 协议，其 32 位长度的地址已经不能满足需求，地址资源存在枯竭的可能。以后网络将采用新的 IPv6 协议。IPv6 协议使用 128 位长度的地址，是 IPv4 协议地址长度的 4 倍，从而大大扩大了寻址空间，使全球任一台计算机都可以分配到一个全世界通用的 IP 地址。

B 域名格式

例如：“www.hdpu.edu.cn”表示中国（cn）教育部门（edu）石油大学（hdpu）的一台 www 服务器。

“用户名@域名.高层域名”，例如“name@hdpu.edu.cn”表示中国教育部门石油大学用户“name”，而其拥有账号的那台计算机的域名是“hdpu.edu.cn”。

域名和 IP 地址是一一对应的。

a 部分最高级域地区域名

.au 澳大利亚 Australia	.ca 加拿大 Canada	.ch 瑞士 Switzerland
.cn 中国 China	.de 德国 Germany，Deutschland	.dk 丹麦 Denmark
.es 西班牙 Spain，Espana	.fr 法国 France	.gr 希腊 Greece
.jp 日本 Japan	.nz 新西兰 New Zealand	.uk 英国 United Kingdom
.my 马来西亚 Malaysia	.sg 新加坡 Singapore	

b 最高级域机构域名

.com 商业机构	.edu 教育机构	.gov 政府部门	.int 国际性机构
.mil 军事部门	.net 网络机构	.org 除上述机构以外的部门(非营利机构)	

1997 年 1 月，IAHC 宣布新增 7 个通用最高级域机构域名。

c 新增最高级域机构域名

. firm 商业组织或公司 . store 提供货物供人购买的商业组织
. Web 强调其活动与 Web 有关的组织 . arts 从事文化和娱乐活动的组织
. rec 从事娱乐和消遣活动的团体 . info 提供信息服务的组织
. nom 希望用独立单位或个人的命名

10.3 网络资源的综合利用

10.3.1 如何在网上快速地查找信息

目前，使用WWW（环球信息网）进行检索的人日益增多，日趋完美的网页检索工具也层出不穷。每人都有各自所喜欢使用的网页检索工具，每人的检索方式也大相径庭，不可强求统一。但是，如果能从众多的检索工具中摸索出一些规律，就能提高检索质量、节省时间和精力。本书旨在根据笔者平时使用网上各种检索工具的经验，总结、归纳几种一般的检索策略，供读者参考。

10.3.1.1 要掌握网上检索工具类型

所有的网上检索工具都大致可以分为两种基本类型：一是目录型，如 Magellan 和 Yahoo；二是检索型 AltaVista，Excite，Infoseek，Lycos，OpenText 以及 WebCrawler。目录型的检索工具比较适合检索大量的网址目录，也就是在扩检时，可以使用目录型的检索工具；而如果要进行缩检，要具体到每一网址的内容，就应该选择检索型的检索工具。它是基于上百万个网址内容的文摘而建立起来的，有的有全文，有的则只有网页的标题和题目。如果想要知道网上有哪些可以进行检索的数据库，可利用 www.isleuth.com 网址。该网址提供了上百万个可以进行检索的数据库，从标准的检索工具到新闻小组的检索、目录、主题等应有尽有。还有一个网址是 http://www.wiredsource.com/wiredsouc，它也提供许多检索工具。

10.3.1.2 要了解自己使用的检索工具

掌握了一两种检索工具的使用，并不能说明对其他检索工具也有所了解。在进入新的检索之前，应该了解如何使用该检索工具。尤其要注意了解该系统所特有的检索方式，同时还应了解检索结果有几种表达方式。如可以选择按关键词的相关性来排列结果或按网页的更新时间或索引来排列检索结果。显然，前者的效果要优于后者。

10.3.1.3 要熟悉所检索的主题

要确切了解自己所想要查询的内容。如果键入的检索式不正确，有可能导致许多无用信息的产生。当然也可以边查边修改检索策略，有时这也是唯一选择。但是，如果相当了解自己学科的主题，熟悉常用的术语，那么，检索进展就会要顺利得多。如想查找有关以太网方面的信息，这种信息网上太多，如果能知道再具体一点的信息，如要查的以太网是属于哪种范畴（10Mbps 和 100Mbps）的以太网，这样就能更有的放矢地进行检索。另外，还须注意专有名词要大写。

10.3.1.4 要明确网上的局限性

所有网页检索工具，就其检索所要求的查准率和查全率来说，都是不太高的，同时也不是一上网就可以查到有关学科方面的最新信息。这只是相对而言，有些检索工具还是能检索到一些较新的信息，但网上的信息一般也都滞后，因为检索工具一般也得用数月时间在网上搜寻新资料，而有些动态的网址就其本身性质来说就难以被编成索引。

10.3.1.5　要正确使用布尔逻辑组合式

在网上所有一流的网址都容许使用布尔逻辑式。一般常用布尔逻辑运算符来进行检索：首先是“And”，如当在一个检索式中使用 A AND B 时，实际上是通知所选择的检索工具在所要查找的文献中既要有 A 也要有 B。举例来说，要检索与 Java 有关的数据库，就应该这样输入检索式：Java AND database。要注意的是，有些检索工具的缺省值就是使用 AND（Yahoo），但并非所有的检索工具都如此，如 Lycos 检索工具的缺省值就是“OR”。因此在使用每一检索工具之前，最好读一读相关的帮助信息，以进一步了解该检索工具的具体特性。在上网进行检索时，“OR”可能是用处最少的布尔逻辑运算符，因为它检索出来的信息太多，有许多网上服务器甚至不对带有这种逻辑运算符检索式的请求进行加工。还有些词如“计算机”，太多太泛，失去了检索的价值，故称这种词为“禁用词”，网上每个检索服务器一般都有自己的禁用词表，如果在检索前对此有所了解，就有可能避免不必要的误检。另一个比较有效的逻辑运算符是“Not”，可以用 Not 来排除在检索中同名但不同义的词组。但是要注意的是有些检索服务器，如 Yahoo 和 Lycos，不能执行 Not 逻辑运算符，在检索时要考虑这些问题。

10.3.1.6　要注意收集具体的检索网址

要经常关注网上一些有用的、学术性强的检索网址，这些具体化的检索工具可以帮助进行较为精确的检索。如 FindLaw（http：//www.find.law.com），可以查找网上有关的法律资源。

10.3.2　Internet 上的化工资源站点简介

Internet 上有丰富的化工信息资源，有关的化工技术人员查询使用可获取大量的学术资料、科技成果。下面介绍几种主要的站点。

10.3.2.1　专业站点

（1）化工“虚拟图书馆”（http：//www.che.ufl.edu/www-CHE/outline.html）。该网站由美国佛罗里达大学建立，主要为用户提供化工、生物、环境、给排水、能源等方面的技术资料，同时还提供有关标准、专利以及化学制品的价格、制造商和相关服务信息，用户还可免费订阅“化学品交易信息”。该网站连接了许多著名化工站点，通过它可进一步搜寻有关化工信息。

（2）化学“虚拟图书馆”（http：//www.che.ufl.edu/chempointers.html）。

（3）OCLC（http：//www.oclc.org）。是世界上最大的为读者提供文献信息服务的机构，通过它可方便地检索大量学术资源。

（4）环境信息（http：//envirolink.org）。

（5）美国化学工程师协会（http：//www.che.ufl.edu/~aiche/）。介绍部分化工论文及该协会有关活动。

（6）美国化学学会（http：//www.acs.org）。介绍的主要内容有美国化学文摘、教育、公共事物、出版物、计算机软件、会议等。

（7）DIALOG 系统（http：//www.dialog.com/）。提供相关领域的论文、新闻、统计

等在线服务，以及全球100多种报纸及数千种杂志。

（8）美国化学学会化学文摘CA（http：//info. cas. org/ONLINE/）。是世界著名科技文摘，提供科技信息的在线检索服务，但需付费建立合法账号方可使用。

10.3.2.2 科技期刊

（1）国内科技期刊站点：

1）中国期刊网（http：//www. chinajournal. net. cn）。于1999年6月18日正式开通。网上汇集了6600种科技类、社科类期刊的题录、摘要。其中包括3500多个核心和专业特色期刊的现刊全文信息资源。

2）通过万方数据（http：//www. chinainfo. gov. cn/periodical/）进行分类查询，并可免费登载。

（2）国外科技期刊站点：

1）EEVL（http：//www. eevl. ac. uk/eese/）。其中有大量外文科技期刊网址。

2）Electronic Journals and Journal Information in Chemistry（http：//www. lib. uchicago. edu/）。专门收集整理网上与化学化工有关的期刊杂志，可免费索取部分资料，也可提供部分文章的全文。

10.3.2.3 标准

（1）中国标准服务网CSSN（http：//www. cssn. net. cn）。可提供所需标准的最新全文及标准信息动向。

（2）美国国家标准与技术研究院NIST（http：//www. nist. gov）。可提供标准、标准参考数据及有关服务。

10.3.2.4 专利

（1）中国专利文摘数据库（http：//www. beinet. net. cn/patent/）。包含了中国专利局1985～1998年公布的所有发明专利和实用型专利的申请。该数据库中的“失效专利文摘数据库”中约有21万件失效专利，可供无偿使用。

（2）美国SPO专利服务（http：//www. spo. eds. com）。储存了美国专利与商标局1972年以来的专利约170万条。

（3）IBM专利数据库（http：//www. patens. ibm. com）。包含了美国专利局27年来的专利文献以及24年来的图像资料，可查找并下载超过200万份专利。

（4）缺失或不完整专利。缺失专利是指一些专利说明书因难以得到，而没有装入服务器。不完整专利是指个别专利缺少了一些字段。整个数据库中，不完整专利只有两条，没有说明书图像的专利约有1.2万条，IBM承诺，缺失和不完整专利一旦得到会立即装入。

10.3.3 各种搜索引擎

网络的发展彻底改变了人们的生活和工作方式，它在让人们更容易获取信息的同时，也彻头彻尾地将人们抛弃在无边无际的信息海洋之中。搜索引擎的出现，让人们有了探索信息海洋的“指南针”。

10.3.3.1 搜索引擎的概念和类型

搜索引擎（Search Engine）是一些在网络中搜集信息并将其索引，然后提供检索服务的一种网络服务器。搜索引擎使用自动索引软件来发现、收集并标引网页、建立数据库。以网页形式提供给用户一个检索界面，供用户输入检索关键词、词组或短语等检索项。使用搜索引擎检索时，无须判断类目、归属，使用比较方便，另外，由于人工干预过少，使其准确性较差，检索结果中可能会有很多冗余信息。

因特网是有很多功能强大的搜索引擎，至今已经有1000多个，这些引擎处于不断发展中。搜索引擎有很多不同的分类方式。按组织信息的方式可分为目录索引搜索引擎、全文搜索引擎、分类全文型搜索引擎与智能搜索引擎。按照信息服务对象和规模来分，搜索引擎可分为综合门户搜索引擎和垂直搜索引擎。按照查找内容分为文本搜索引擎、语言搜索引擎、图形搜索引擎、视频搜索引擎等。

10.3.3.2 中文搜索引擎

中文搜索引擎多属于独立搜索引擎。代表性的有雅虎中国、百度、搜狐、Google中文、新浪、网易等。下面介绍几种主要的搜索引擎。

A 百度（http：//www. baidu. com）

1999年年底，身在美国硅谷的李彦宏看到了中国互联网及中文搜索引擎服务的巨大发展潜力，怀着技术改变世界的梦想，他毅然辞掉硅谷的高薪工作，携搜索引擎专利技术，于2000年1月1日在中关村创建了百度公司。如今的百度，已成为中国最受欢迎、影响力最大的中文网站（见图10－1）。

图10－1 百度搜索主界面

从创立之初，百度便将“让人们最便捷地获取信息，找到所求”作为自己的使命，公司一直秉承“以用户为导向”的理念，始终坚持更好地满足广大网民的需求的宗旨。不断地为网民提供基于搜索引擎的各种产品，其中包括：以网络搜索为主的功能性搜索，以贴吧为主的社区搜索，针对各区域和行业所需的垂直搜索、MP3搜索以及门户频道、IM等，全面覆盖了中文网络世界所有的搜索需求，根据第三方权威数据，百度在中国的搜索份额超过了70%。

B 微软必应搜索——全球搜索，有问必应（Bing）（http：//cn. bing. com/）

微软必应（英文名：Bing）是微软公司于2009年5月28日推出，用以取代Live

Search 的全新搜索引擎服务。为符合中国用户使用习惯，Bing 中文品牌名为“必应”。作为全球领先的搜索引擎之一，截至 2013 年 5 月，必应已成为北美地区第二大搜索引擎，如加上为雅虎提供的搜索技术支持，必应已占有 29.3% 的市场份额。2013 年 10 月，微软在中国启用全新明黄色必应搜索标志并去除 Beta 标识，这使必应成为继 Windows、Office 和 Xbox 后的微软品牌第四个重要产品线，也标志着必应已不仅仅是一个搜索引擎，更将深度融入微软几乎所有的服务与产品中。

a 与 Windows 操作系统深度融合

从多次点击到零次点击。通过与 Windows 8.1 在操作系统层面的深度融合，必应为用户带来了全新的沉浸式搜索体验——必应超级搜索功能（Bing Smart Search）。通过该功能，用户无须打开浏览器或点击任何按钮，直接在 Windows 8.1 搜索框中输入关键词，就能一键获得来自互联网、本机以及应用商店的准确信息，从而颠覆传统意义上依赖于浏览器的搜索习惯，实现搜索的“快捷直达”。

b 全球搜索与英文搜索

中国存在着大量具有英文搜索需求的互联网用户。但中国目前几乎没有搜索引擎可为广大用户带来更好的国际互联网搜索结果体验。凭借先进的搜索技术，以及多年服务于英语用户的丰富经验，必应将更好地满足中国用户对全球搜索特别是英文搜索的刚性需求，从而实现稳定、愉悦、安全的用户体验。

c 输入中文，全球搜图

必应图片搜索一直是用户使用率最高的垂直搜索产品之一。为了帮助用户找到最适合的精美图片，必应率先实现了中文输入全球搜图。用户不需要用英文进行搜索，而只需输入中文，必应将自动为用户匹配英文，帮助用户发现来自全球的合适图片。

d 必应词典

必应词典是由微软亚洲研究院研发的新一代在线词典。不仅可提供中英文单词和短语查询，还拥有词条对比等众多特色功能，能够为英文写作提供帮助。

必应词典不仅具有翻译功能，还具有学习功能，支持划词搜索、模糊查询、单词对比、曲线记忆等众多实用功能，还有英语口模一起朗读英语。必应搜索主界面见图 10－2。

图 10－2 必应搜索主界面

C 搜狐（http：//www. sohu. com）

“搜狐”在中国是家喻户晓的名字。它是中国网民上网冲浪的首选门户网站。作为中文世界最大的网络资产，搜狐矩阵所提供的互联网服务从媒体资讯、无线增值、互动沟通扩展到产业服务、搜索引擎、网络游戏和生活服务等多个领域。搜狐搜索在2004年8月3日，正式推出全新独立域名专业搜索网站“搜狗”，成为全球首家第三代中文互动式搜索引擎服务提供商。提供全球网页、新闻、商品、分类网站等搜索服务。

搜狗中文搜索引擎，由搜狐与阿里巴巴合资成立，是中国互联网本土创新的典范，旗下拥有国内用户量最大的搜狗输入法等客户端产品，是国内仅有的兼具客户端和搜索核心研发能力的互联网公司。围绕输入法、浏览器、搜索这三大互联网最基础的应用，搜狗凭借具有前瞻性的技术趋势把握能力和敏锐的市场嗅觉，已完成了初步整合，成为中文互联网领域最具发展潜力的公司之一。

搜狗搜索主界面见图10－3。

图10－3 搜狗搜索主界面

D Google

Google（中文名：谷歌），是一家美国的跨国科技企业。致力于互联网搜索、云计算、广告技术等领域，开发并提供大量基于互联网的产品与服务，其主要利润来自于AdWords等广告服务。Google由当时在斯坦福大学攻读理工博士的拉里·佩奇和谢尔盖·布卢姆共同创建，因此两人也被称为“Google Guys”。谷歌搜索主界面见图10－4。

1998年9月4日，Google以私营公司的形式创立，设计并管理一个互联网搜索引擎“Google搜索”。Google网站于1999年下半年启用。Google的使命是整合全球信息，使人人皆可访问并从中受益。Google是第一个被公认为全球最大的搜索引擎，在全球范围内拥有众多的用户。

2015年11月4日，谷歌无人机业务主管沃斯透露，预计能在2017年推出无人机送货服务。根据业界权威机构最新发布的2015年度“世界品牌500强”，得益于美国搜索和广告业务的增长，谷歌（Google）重返榜首，苹果（Apple）和亚马逊（Amazon）分别居第二位和第三位。

图 10 – 4　谷歌搜索主界面

10.3.3.3　其他搜索引擎

除 Google 是全球最大的搜索引擎外，国外使用较多的还有 Yahoo（hrrp：//www. yahoo. com）、bing（http：//cn. bing. com/）、Alta Vista（http：//www. altavista. com）、Hotbot（http：//www. hotbot. com）。

另外，还有一些国内外专用搜索引擎，列举如下：

（1）biocrawler（http：//www. biocrawler）。面向生物学领域的搜索引擎。

（2）chemie. de（http：//www. chemie. de）。化学领域的搜索引擎。

（3）icivil engineer（http：//www. icivilengineer. com）。建筑及土木工程领域的搜索引擎。

（4）u. s. trademarks search page(http：//trademarks. uspto. gov/access/search-mark. html)。免费的美国专利搜索。

（5）artcyclopedia（http：//artcyclopedia. com）。维护着一个有关世界各国博物馆及收藏的艺术作品的索引目录，参观者可以在此查询。

11 文献管理

11.1 文献管理软件概述

11.1.1 文献管理软件产生的时代背景

文献管理软件的诞生也是社会需求的产物。很多整天与文献打交道的人被文献“郁闷”了，然后就有了专门的文献管理软件。整天与文献打交道最多的无非是科研工作者，还有一些图书馆员以及文献发行者，不过后者是少数。

孙武说,“知己知彼,百战不殆”。牛顿说自己是“站在巨人肩膀上的”。科研工作者要能做到“知己知彼”,寻找“巨人的肩膀”。捷径就是要找到所需要的文献。但读的文献越来越多,电脑已经建了很多文件夹。再读文献,经常碰到新的问题,“这篇文献好像见过”。翻出 Google 强大的桌面搜索,一找果然看过。当时有记录吗? 岁月流逝,文献越来越多,渐渐记不清看过什么了,也记不得看过的文献在哪儿了。要写文章的时候,找不到文献了,只好再重新查一遍。好不容易,写了一篇洋洋洒洒的论文,投稿前却发现少引了一篇重要参考文献。“崩溃”,又重新调整引文序号,几十个引文序号逐一更改后,论文撰写终于完成了。

估计这是大多数人在与文献打交道时所经历过的困扰。其实，只要方法得当，熟能生巧，这一切都会变得更简单。

11.1.2 文献管理软件需具备的基本功能

文献管理软件应具备以下基本功能:

(1) 建立属于自己的参考文献数据库。多种导入方式参考文献数据库（包括互联网上数以千计的国内外电子图书馆、国内外各大主流数据库在线导入、Google 学术搜索在线导入、本地文件导入、手动输入等），可以分门别类（按总目录—分目录—子目录）管理文献（包括电子书），并能加以整合，剔除重复信息。数据库容易携带和备份。

(2) 方便地阅读和编辑参考文献信息。参考文献可以与本地电脑中的 PDF 原文建立关联，对其进行管理。可方便地检索数据库中的文献，进行一定的统计分析。

(3) 方便地在 Word 中插入所引用的文献（安装完成后在 Word 中出现一个工具条）软件自动根据文献出现的先后顺序编号，并根据指定的格式（有国外 *N* 多期刊杂志模板，也可自定义）将引用的文献附在文章的最后。如果在文章中间插入了引用的新文献，软件将自动更新编号，并将引用的文献插入到文章最后参考文献中的适当的位置。

了解了文献管理软件的基本功能之后，知道这些软件可以帮助我们更高效地管理文献。所以学习的思路是，首先要弄明白怎么将文献交给软件管理，其实就是在软件中建立数据库的过程。在使用软件建立了数据库之后，就要知道软件提供哪些管理功能，以提高工作效率。如果需要写论文，还要知道著录参考文献的格式。

以上是学习的基本思路，但不同的软件，操作上略有不同。下面概要性介绍一下目前市面上的文献管理软件。

11.1.3 文献管理软件的分类及资源

关于文献管理软件的分类，未见专门的论述。笔者认为可以有多种分类方法。譬如，有免费的和收费的；有开源的和不开源的；有在线的和离线的，有跨平台的和不跨平台的，其中不跨平台的可能会有多种平台的版本软件。常见文献管理软件有汤姆森公司的Endnote，ReferenceManager，procite 以及基于网络的 refworks。其中 Endnote 是最受欢迎、最好用的软件，ReferenceManager 提供网络功能可同时读写数据库，ProCite 提供弹性的群组参考及可建立主题书目，WriteNote 是基于 Web 的 EndNote。中文文献管理软件中，有NoteExpress、Notefirst、医学文献王等，其中 NoteExpress 是目前较好的中文文献管理软件。

11.1.3.1 国外的老牌单机版软件

知名度最高的软件要数 Endnote 了，每年更新一版，每次都有一些功能上的改进。这是汤姆森公司（Thomson）推出的最受欢迎的一款文献管理软件，网址 www.endnote.com。一两年之前在中国，Endnote 和 Biblioscape 两个软件几乎就是参考文献管理软件的代名词。近期国产软件崛起，其影响才略微衰减。网上多是英文版，也有个别自己做的汉化补丁。具体功能见 11.2 节介绍。

优点：参考文献可以与本地电脑中的 PDF 原文建立关联，对其进行管理。

缺点：

（1）无法在一种 Outstyle 下同时体现中文和英文两种参考文献的格式，不如 NoteExpress（NE）方便。

（2）缺乏中文数据库（维普、CNKI、万方等）的在线检索和在线导入功能，需要专门的滤镜支持。

（3）笔记不支持图形绘制功能，只能以关联方式链接图片、表格等信息。

（4）不支持从剪贴板中导入题录。

（5）不能同时对多个数据库进行检索。

（6）不支持交叉引用（即不同文章的相互引用关系）。

（7）对于一篇中文文献，其中文和英文题录间不能建立对应关系，即同一篇文章的中文、英文题录在数据库中将视为不同的文献。

同属该公司的还有 referencemanager 和 procite 两款知名的文献管理软件。不过，出于商业上的需要，后两款软件被收编后，更新较少。公司主要的精力放在了 endnote 上。

对 Quosa 国内关注不多。它也是一款比较有个性的软件。最早能提供自动下载 PDF 全文（需要有权限），能追踪最新文献，目录可导入 Endnote，能进行全文文献分析等功能。但资源目前主要局限于生命科学领域。网址：http：//www.quosa.com/。

还有一款软件叫 Biblioscape，公司网址 http：//www.biblioscape.com/。从公司主页介绍看，节目类似 noteexpress 的目录导航，内置 pdf 浏览器。与 EndNote 同样是汤姆森公司出品的，很早使用的文献管理软件。

优点：可在一个数据库下，对题录分类、分层管理，非常符合研究需要。

缺点：对中文支持不好。

11.1.3.2 国外免费的单机版软件

（1）Jabref。是免费的跨平台文献管理软件。适用于 Windows，Linux 和 Mac OS X 系统。Jabref 最大的特点就是使用 BibTeX 格式的数据库，所以它最适合 LaTeX 用户使用。网址 http://jabref.sourceforge.net/。

（2）Bibus（windows 下推荐）。它和 Endnote 功能差不多，支持在 Word 及 OpenOffice 中插入文献，自动生成参考文献目录。支持文献分组。使用 MySQL 或 SQLite（任选其一）数据库储存参考文献数据。它能在 OpenOffice 及 MS Word 中直接插入引文，而无须在 Word 中安装宏，或插件类的。并自动生成参考文献目录。目前其功能已与商业软件 Endnote，RM 接近，支持 Unicode，支持中文。网址 http://bibus-biblio.sourceforge.net。

11.1.3.3 国外的在线文献管理软件

（1）Mendeley。既有客户端，又支持在线管理，与 notefirst 类似。免费，可以自动导入 pdf 文献是它的特色。用来管理 pdf 文件也是不错的主意。同时它还引入了社会化功能，可以实现“以文会友”的功能。网址 www.mendeley.com。

（2）Zotero。算是比较独特的了，它只是一个 firefox 的插件，可以在线收集文献信息，并通过插件的形式进行管理。公司网站上有详细的中文介绍，不妨看一下。网址 http://www.zotero.org/support/zh/quick_start_guide。

（3）Endnote Web。是 endnote 的网络版，可以与桌面端同步数据，除了 WOS 的强大数据源之外，EndnoteWeb 与其他在线软件相比没有多少优势。管理功能较强，缺少互动。

11.1.3.4 国产的文献管理软件

国产的软件基本只有四家，分别是 NoteExpress，Notefirst，医学文献王和新科学。

（1）NoteExpress。由北京爱琴海公司开发的一款专业级别的文献检索与管理系统，应该算是国产软件中的精品了，功能齐全，设计理念先进，有很多功能优于老牌的劲旅 Endnote。适合国人习惯，很容易上手。稳定性和设计细节还需进一步改进。网址 www.reflib.org 或 www.scinote.com。

优点：

1）可以从全球最大的在线书店 Amazon 的资料库中检索，下载题录信息。

2）对 word 插件的性能最好。

缺点：

1）好多国外的数据库不提供它的格式。

2）网上多是试用版的，只能用 1 个月，正版的要 100 多元。

（2）Notefirst。是基于 Science 2.0 的理念，倡导共享与协作。结合了客户端和在线管理的优势，集成了文件管理、文献收集、论文中参考文献的自动形成和自动校对等功能。支持多种其他软件的文件格式，并集成了多语言系统。详细信息可以参考公司网站 http://www.notefirst.com/。它由西安知先信息技术有限公司开发并提供技术支持，用户可免费下载，基本功能使用免费，但高级功能需要购买开通。

（3）医学文献王。针对医学领域的专业化文献管理工具。由北京金叶天翔科技有限公司开发，网址 http://www.medscape.com.cn/，想了解可以到公司网站查看。文献王综合了 Endnote、Biblioscape 二者的特长，中文界面，并且在数据获取和输出格式上实行本土化，因而赢得不少医学从业人员的喜爱。

优点：

1）数据分类、分层管理。用户可自行添加或删除数据文件夹，可以在不同文件夹之间实现数据的移动。这显然是借鉴了 Biblioscape 的做法。

2）用户可方便地将检索到的数据导入。这里应该特别提到的是，在检索 CNKI（中国期刊网）的时间，可以通过点击鼠标右键，将检索到的数据轻易导入。当然，这样导入的数据，对医学、生物专业人员来说，还不够详细，所以出现一些用户自己编辑的导入滤器。

3）可以比较方便地与 EndNote、Biblioscape 软件交换数据。

缺点：

1）其运行较慢，与 Word 兼容似乎有些问题。

2）它的输出格式只有尾注一种，无法用于脚注。

11.2 Endnote 文献管理软件

11.2.1 EndNote 安装

（1）程序需求：

1）系统需求：

Windows XP，with Service Pack 3（32 位或 64 位版本）；

Windows Vista（32 位或 64 位版本）；

Windows 7（32 位或 64 位版本）；

Windows 8（32 位或 64 位版本）。

2）硬件需求：个人 PC 需在 Pentium 450MHz 以上、256MB 以上的内存，至少 180MB 以上的硬盘可用空间。

如果需使用 Online Search 功能检索在线网站或数据库的功能，也需要有安装支持网络链接的浏览器。

（2）文字处理软件：Windows 系统的 EndNote 可支持：

点选 ENX7Inst. msi 开始进行安装，安装前请先关闭 Word 和 PowerPoint，然后按照其他软件安装步骤进行安装（见图 11－1）。

WINDOWS

Word Processor	X7	X6	X5	X4	Online
MS Word 2013	√	-	-	-	√
MS Word 2010	√	√	√	√	√
MS Word 2007	√	√	√	√	√
MS Word 2003	-	√	√	√	-
MS Word 2002 and earlier	-	-	-	-	-
Apache OpenOffice 3.X	√	√	√	√	-
Wolfram Mathmatica 8	√	√	√	√	-
Word Perfect (All)	M	M	M	M	-

图 11－1 EndNote 安装步骤

11.2.2 Endnote 的使用

Endnote 工作流程见图 11－2。

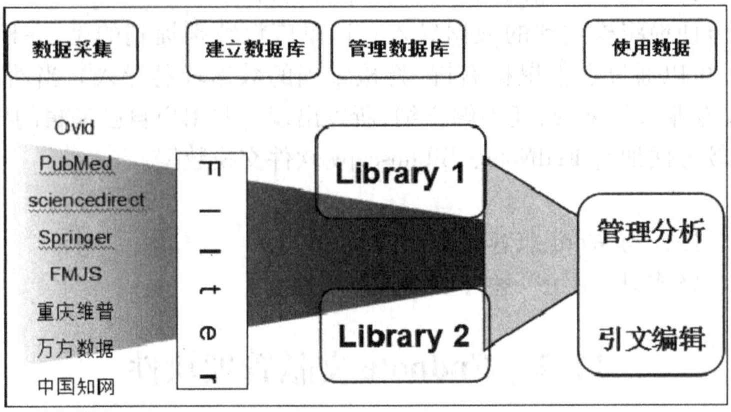

图 11－2 Endnote 工作流程示意图

11.2.2.1 Endnote 文献管理需要掌握的基本功能

A 建立数据库

数据库建立方式：Endnote 的内置在线检索功能；PDF 导入及文件夹批量导入；英文数据库的导入（PubMed、Ovid、FMJS 等）；中文数据库的导入（CNKI、万方、重庆维普等）；谷歌学术搜索数据的导入；数据库导入 Filter 的编辑。

B 数据库管理

（1）界面操作：栏位置显示与隐藏、排序。

（2）文献书目操作：拷贝、复制、删除、统计、查找、输出。

（3）管理操作：全文管理（PDF、图片、表格、其他文档）、合并数据库、分组管理、笔记等。

（4）文献分析：文献简单分析等。

C 引文格式编辑

在写作时插入引文；编辑文后参考文献的显示格式（即输出格式）；输出格式的编辑与修改；论文模版的使用。

11.2.2.2 文件存储、界面与系统升级

A 文件夹类型

（1）Filters 文件夹：存放数据库导入的过滤器文件。

（2）Styles 文件夹：存放引文输出格式文件。

（3）Templates 文件夹：存放预设写作模版。

（4）Endnote 会在“我的文档”目录里面新建一个名为“Endnote”的文件夹。建议将新建的“My Endnote Library. enl”（可自行命名）文件存放在“Endnote”文件夹内，方便数据迁移和备份。

（5）*.enl 文件：此文件是读者自己建立的 Library 数据库文件，通过此文件才可对数据库进行管理。

（6）My Endnote Library. Data 文件夹：随 Library 数据库文件（如 TissueEngineering.enl）建立而产生的文件夹，其内存放 PDF 全文等数据。

B　Endnote 界面（见图 11－3）

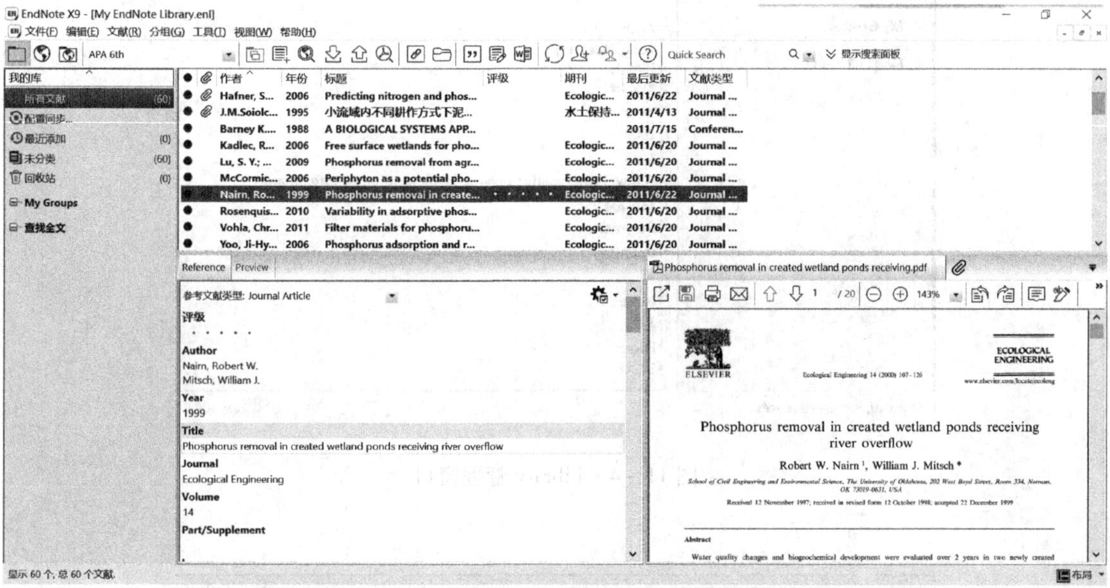

图 11－3　Endnote 界面示意图

Library 管理窗口如图 11－4 所示。

11.2.2.3　Endnote 的使用

A　Endnote 文献库的建立并添加文献

（1）建立数据库文件。

（2）手动输入文献数据。

（3）直接联网进行文献检索。

（4）通过“文件”导入。

（5）批量导入文献数据。

（6）全文下载与记录关联。

Endnote 软件中建立数据库的方式有手动输入、网站输出、直接联网检索、格式转换四种。

a　建立数据库文件

开始/所有程序/EndNote/EndNote Program，第一次启动时，选择 Create a new library，即可建立个人的 EndNote Library（见图 11－5）。

已经有文献库，建立新的文献库时，可选 File/New，选择合适的保存路径（见图 11－6），并命名。

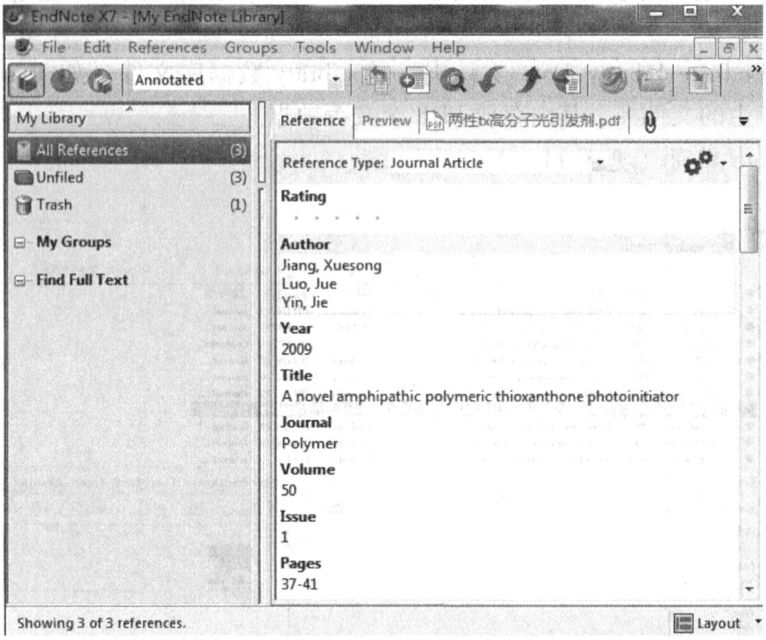

图 11－4　Library 管理窗口

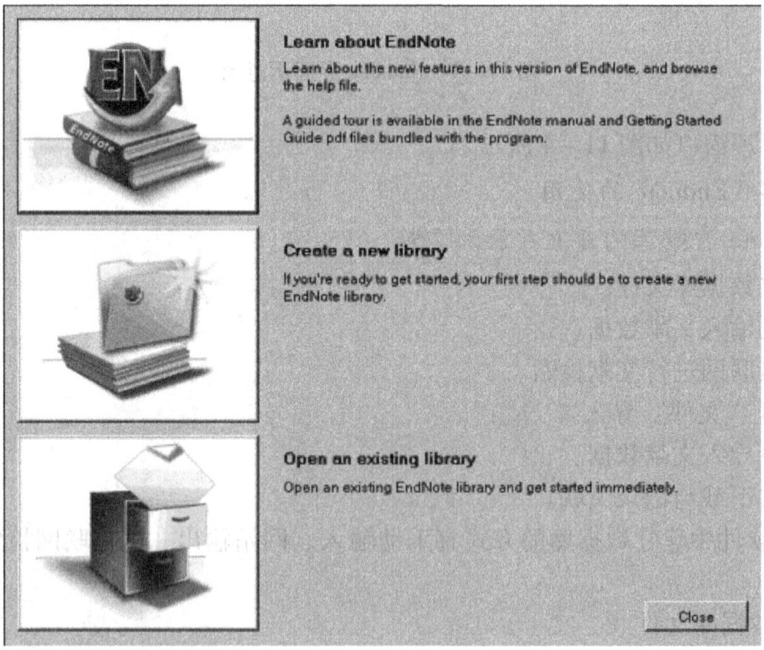

图 11－5　个人数据库界面

新建文献数据库如图 11－7 所示。

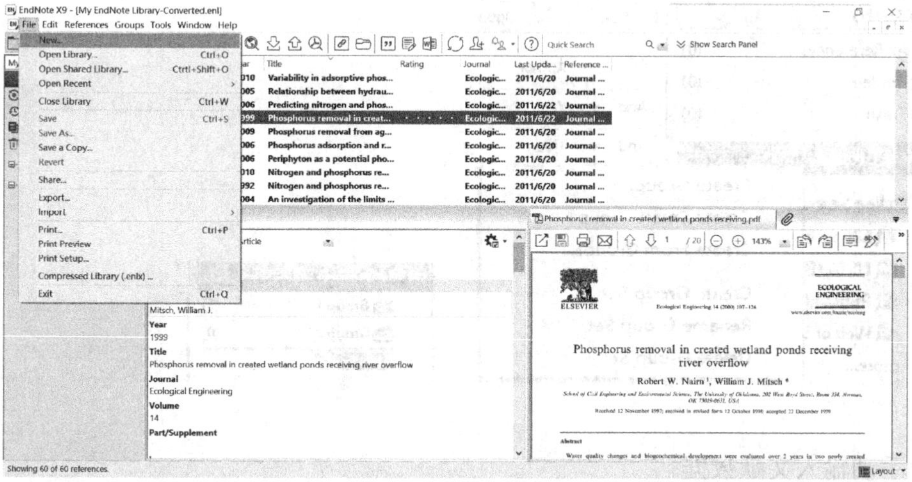

图 11-6 选择保存路径

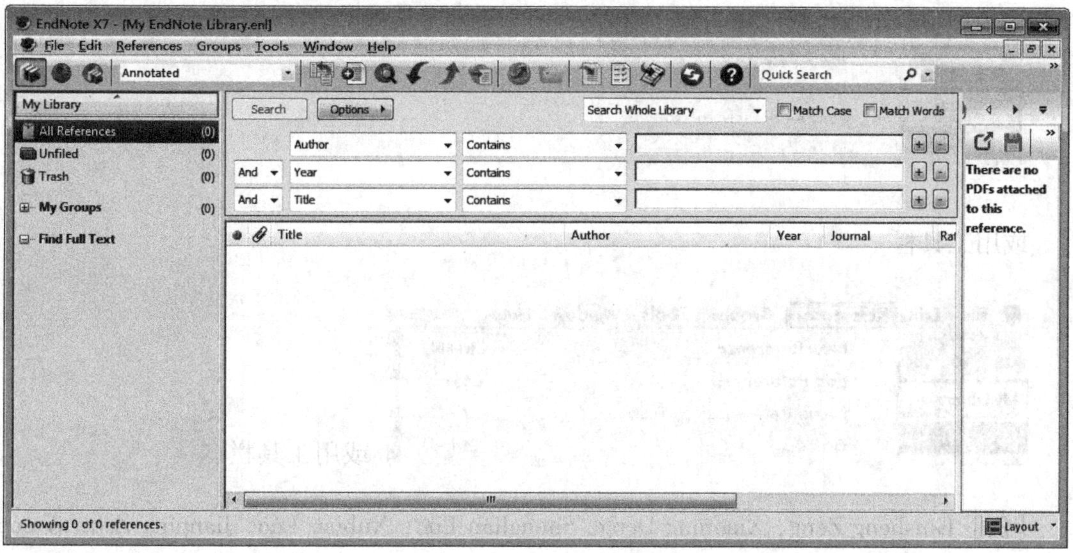

图 11-7 新建文献数据库界面

下面对数据库各个区域及工具或按钮做简单介绍。

：在线与本地结合显示模式，同时显示本地文献和在线搜索结果，推荐使用。

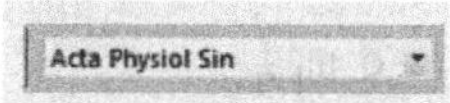

：参考文献的输出格式。

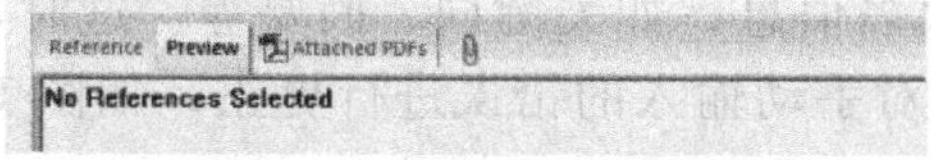

：参考文献输出格式预览。

右键 My Groups 可以新建一个分组，用于分类。

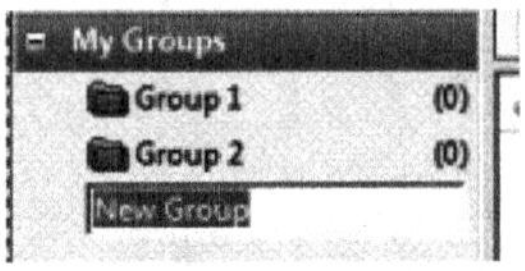

b 手动输入文献数据

菜单 References → New Reference

Reference Type 下拉菜单选择文献类型，在各字段中键入数据。

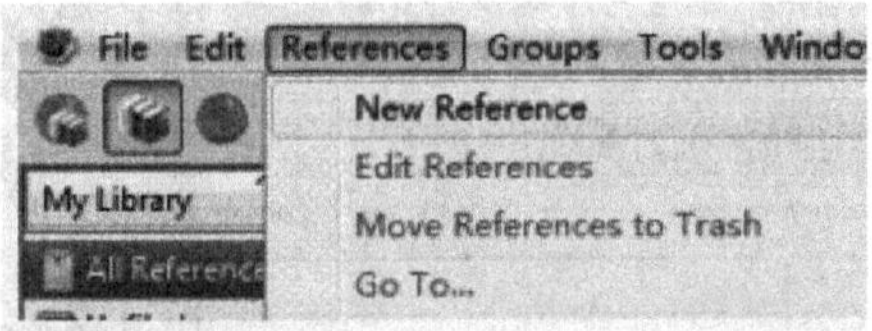

或用工具栏

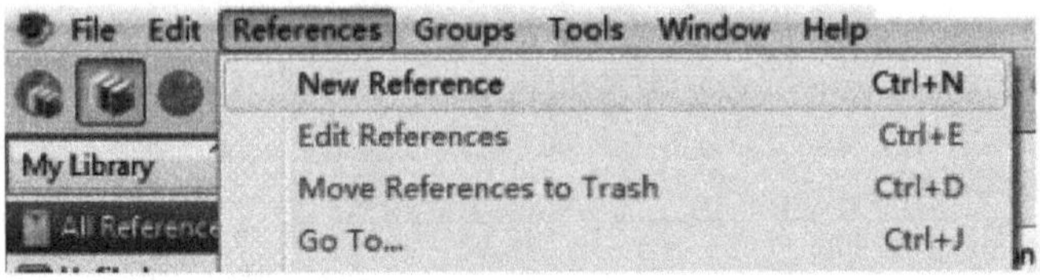

或用工具栏 

[例] Guisheng Zeng, Xiaorong Deng, Shenglian Luo, Xubiao Luo, Jianping Zou. A copper-catalyzed bioleaching process for enhancement of cobalt dissolution from spent lithium-ion batteries. *Journal of Hazardous Materials*, 2012. 199-200 (1): 164-169.

这个参考文献包括以下内容：Author. Title. Journal Year; Volume (Issue): Pages.

将这个参考文献手动录入到数据库中，只需要将信息输入到相应的字段即可，如图 11 - 8 所示。

输入完毕后，点击当前窗口右上角的内侧的关闭按钮。

关闭当前窗口后，本条文献记录自动保存到数据库中，如图 11 - 9 所示。

但是这样保存的文献记录，往往会缺少很多信息，如关键词、摘要等。这时可以通过 Find Reference Update 功能进行完善，并对手动输入的错误进行更正，如图 11 - 10 所示。

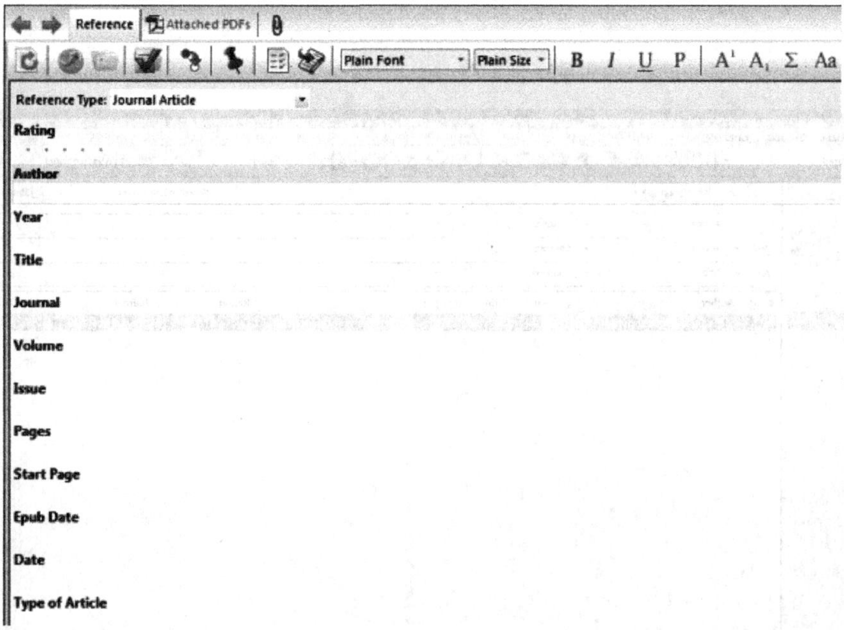

图 11 - 8 参考文献手动录入界面

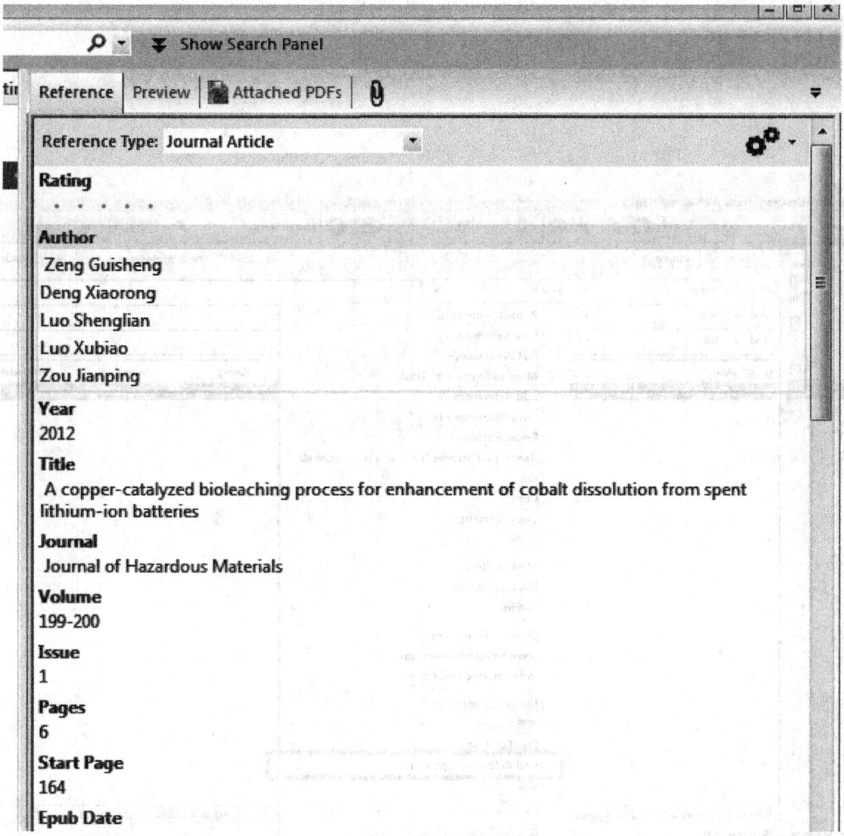

图 11 - 9 文献手动录入保存界面

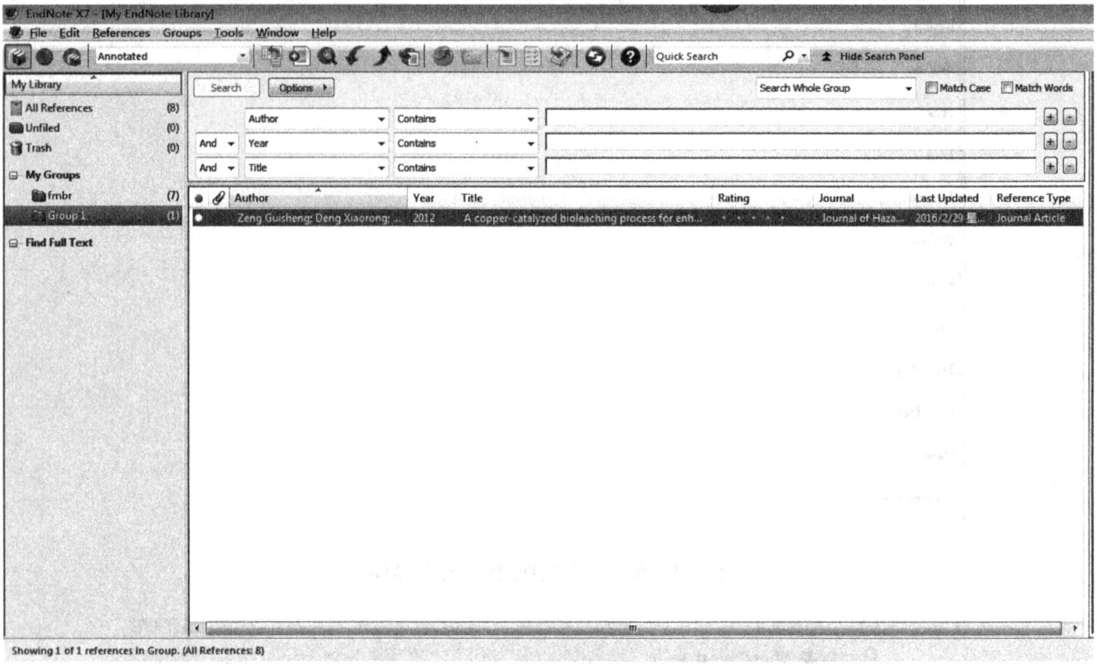
EndNote X7 - [My EndNote Library]
File Edit References Groups Tools Window Help
Annotated
Quick Search
Hide Search Panel
My Library
All References (8)
Unfiled (0)
Trash (0)
My Groups
fmbr (7)
Group 1 (1)
Find Full Text
Search
Options
Search Whole Group
Match Case
Match Words
Author Contains
And Year Contains
And Title Contains
Author Year Title Rating Journal Last Updated Reference Type
Zeng Guisheng; Deng Xiaorong; ... 2012 A copper-catalyzed bioleaching process for enh... Journal of Haza... 2016/2/29 星... Journal Article
Showing 1 of 1 references in Group. (All References: 8)

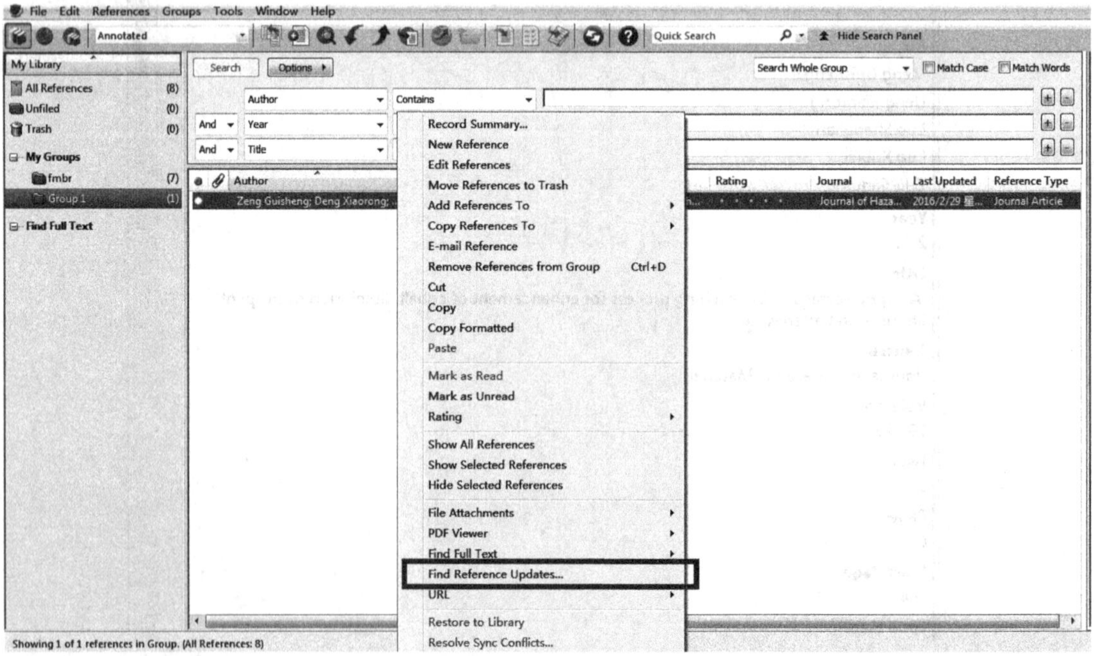
File Edit References Groups Tools Window Help
Annotated
Quick Search
Hide Search Panel
My Library
All References (8)
Unfiled (0)
Trash (0)
My Groups
fmbr (7)
Group 1 (1)
Find Full Text
Search
Options
Search Whole Group
Match Case
Match Words
Author Contains
And Year
And Title
Author Rating Journal Last Updated Reference Type
Zeng Guisheng; Deng Xiaorong; Journal of Haza... 2016/2/29 星... Journal Article
Record Summary...
New Reference
Edit References
Move References to Trash
Add References To
Copy References To
E-mail Reference
Remove References from Group Ctrl+D
Cut
Copy
Copy Formatted
Paste
Mark as Read
Mark as Unread
Rating
Show All References
Show Selected References
Hide Selected References
File Attachments
PDF Viewer
Find Full Text
Find Reference Updates...
URL
Restore to Library
Resolve Sync Conflicts...
Showing 1 of 1 references in Group. (All References: 8)

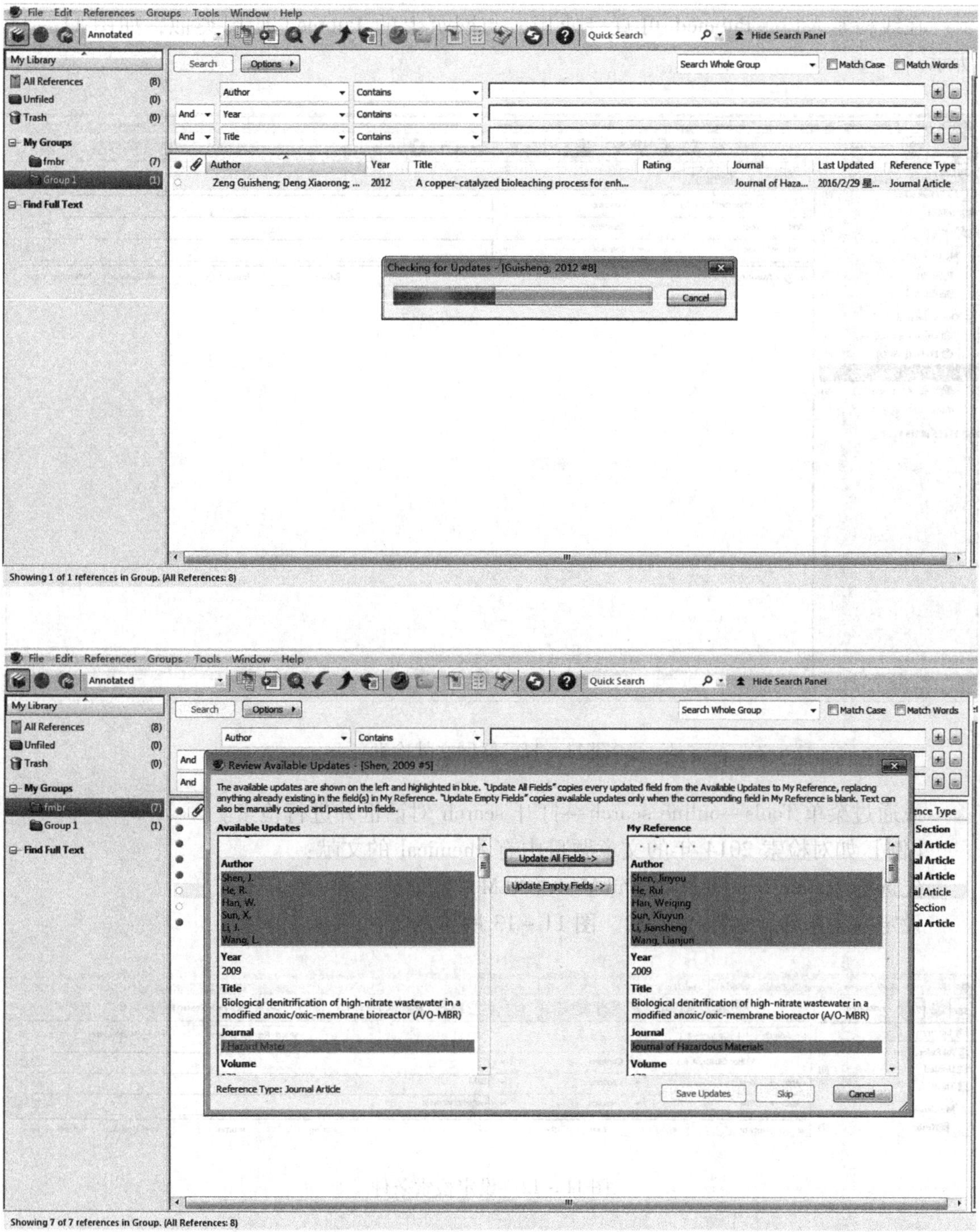

图 11-10 参考文献手动录入（Find Reference Update）更正过程

窗口左侧红色的文字（深色）部分为更新或自动更正的部分，但并不是所有的文献都能马上联网自动更新。隔一段时间，再去更新，一般都可以自动找到其对应的更新。

c 直接联网进行文献检索

在线检索入口，Pubmed 可直接使用，与网页上的 Pubmed 使用类似，如图 11－11 所示。

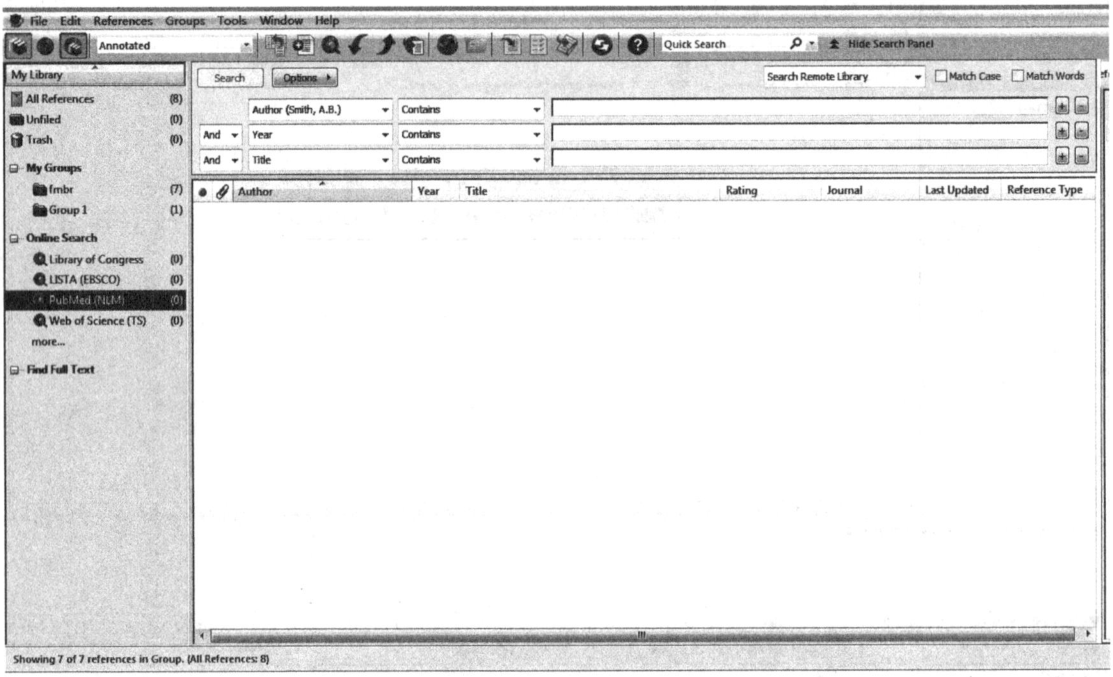

图 11－11 联网文献检索

或通过菜单 Tools→online search→打开 search 对话框并进行检索。

[例] 如对检索 2014 年的文章题目中有 chemical 的文献：

先选择 Online Search 中的 PubMed（NLM）数库。

设定检索条件，如图 11－12、图 11－13 所示。

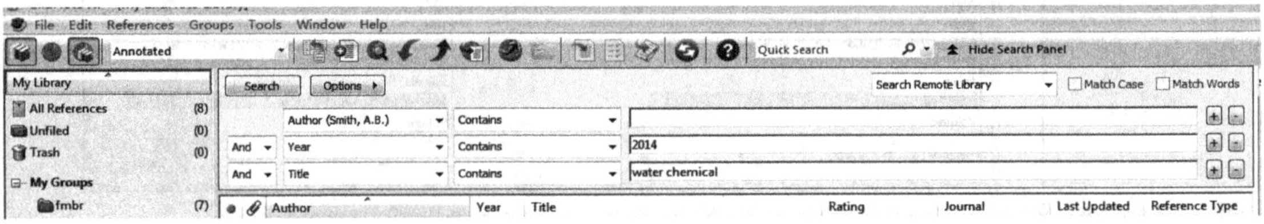

图 11－12 设定检索条件

共检索到 111 篇文献，点击 OK，自动下载这 111 篇文献，如图 11－14 所示。

d 通过“文件”导入

在数据库中选定记录→找到导出链接（export 或 save 等）→ 保存或直接打开文件。

对保存下来的文件，利用 endnote 菜单：File→Import→choose file→Import Option（选对应选项）→点击 Import 按钮。具体的选项内容（Import Option）如图 11－15 所示。

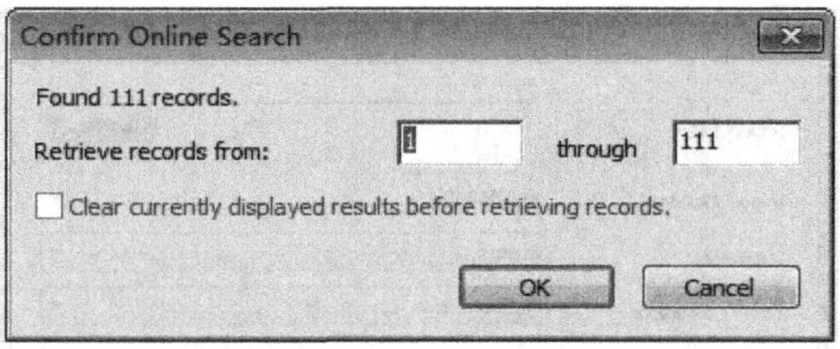

图 11－13　确认检索结果

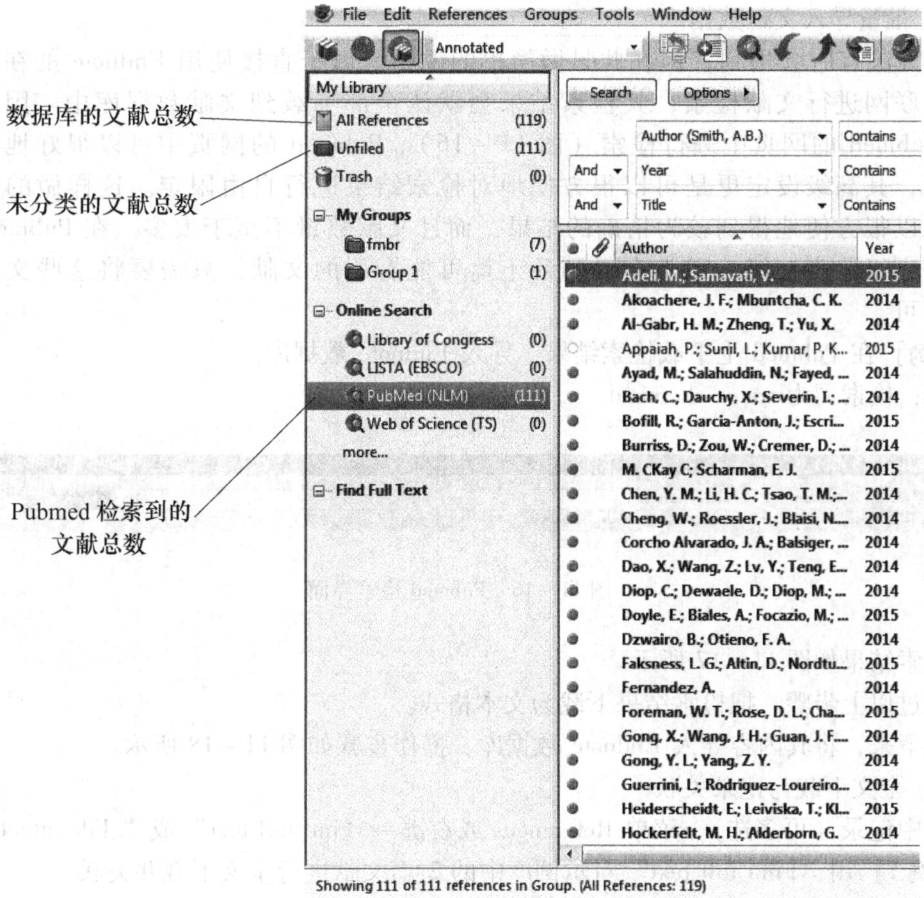

图 11－14　下载文献界面

关于“文件”导入，也可以利用 google 搜索文献并直接导入 Endnote。

另虽然 Endnote X7 可以将 PDF 直接导入数据库中，但经常会有很多的错误信息。对于这种情况，可以修改文献记录的关键信息后，再用 Find Reference Update 功能自动进行更正。

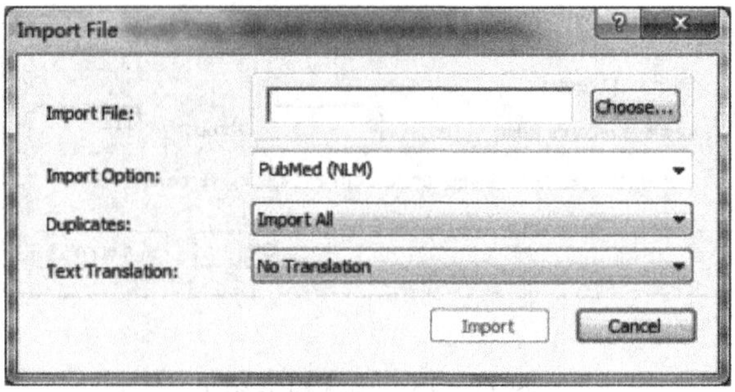

图 11－15　文献导入界面

e　批量导入文献数据

该方法有时会用到，但在此只做简单的说明。由于直接使用 Endnote 的在线检索功能，联网进行文献检索，其检索结果会默认全部下载到文献数据库中。因此，通常在 Pubmed 的网页中进行检索（图 11－16）。Pubmed 的网页中可以很好地进行自由检索，其高级设定更是可以很方便地对检索结果进行自由限定。这样做的优势在于，可以很方便地得到较为精确的结果，而且文献数量不至于太多。在 Pubmed 的网页中的高级检索功能，通常会得到几十篇可能有用的文献，只需要将这些文献下载下来即可。

[**例**] 在 Pubmed 上下载检索结果，导入 Endnote 数据库。

如：检索词为 water chemical

图 11－16　Pubmed 检索界面

检索结果如图 11－17 所示。

通过以上步骤，把检索结果下载为文本格式。

接下来，将其内容导入 Endnote 数据库，操作步骤如图 11－18 所示。

f　全文下载与记录关联

选中记录（可多选）→菜单 References 或右键→“Find full text” 或 “ File attachment”。

[**例 1**] 用 “Find full text” 对示例库中的 2 篇文献进行全文下载并关联。

首先，选中所需要下载全文的文献，可以单独选中，也可以全部选中。在此，示例为全部选中（Ctrl + A）并选择 “Find full text” 进行下载，全文下载结果如图 11－19 所示。

[**例 2**] 用 “File attachment” 对示例库中的个别文献进行全文关联。

如刚才没有自动下载到手动录入的记录（如图 11－19 中 2009 年的文献）的全文，但在网页上可以下载到全文，这时要把全文的 PDF 文件与数据库中的记录关联起来，即把全文 PDF 文件导入数据库中，需要进行以下操作（图 11－20）。

文献导入界面如图 11－21 所示。

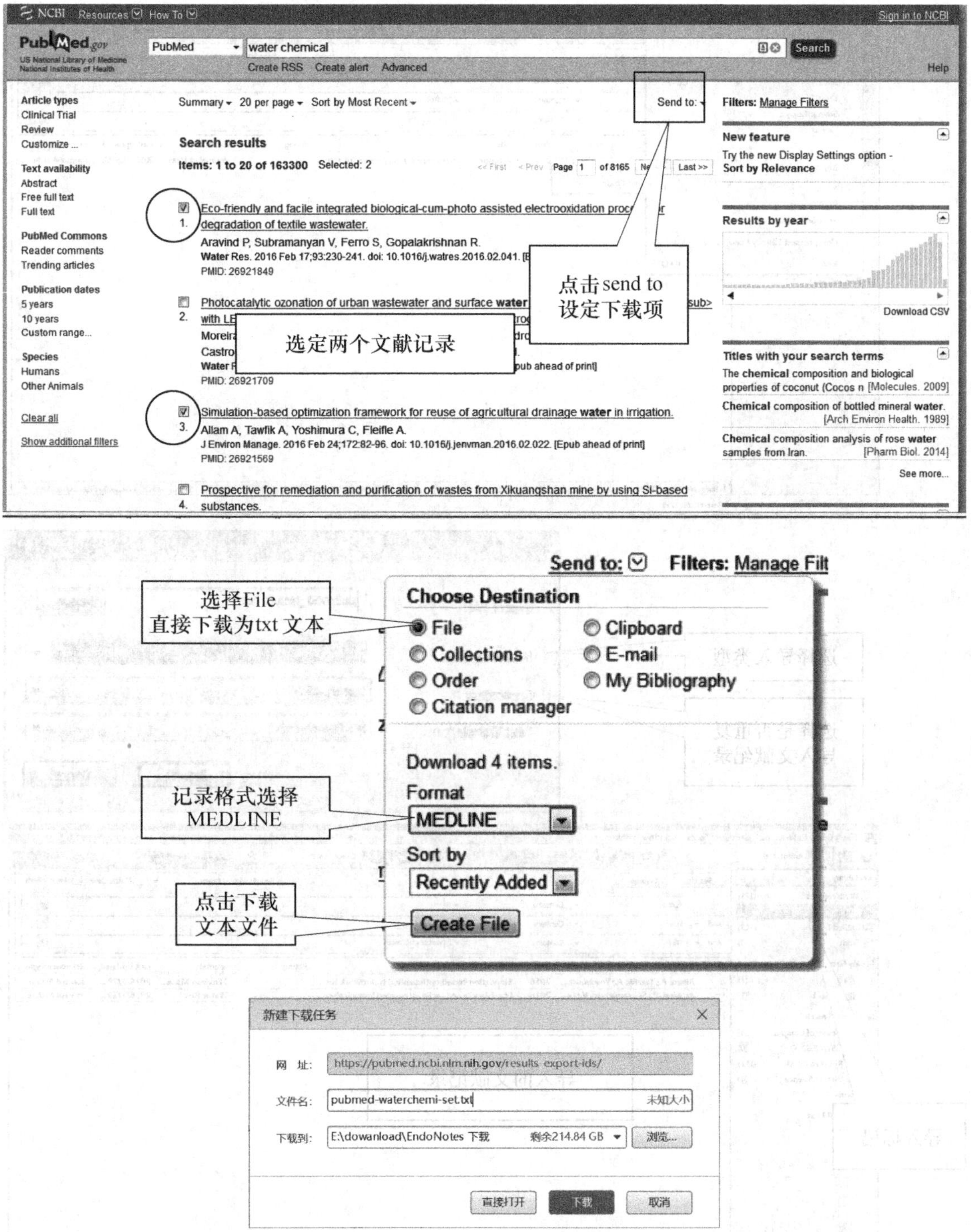

图 11-17 Pubmed 检索下载界面

这时点“打开”即可导入，并且默认将原有的全文 PDF 做了一个拷贝到数据库中。如图 11-22 所示。

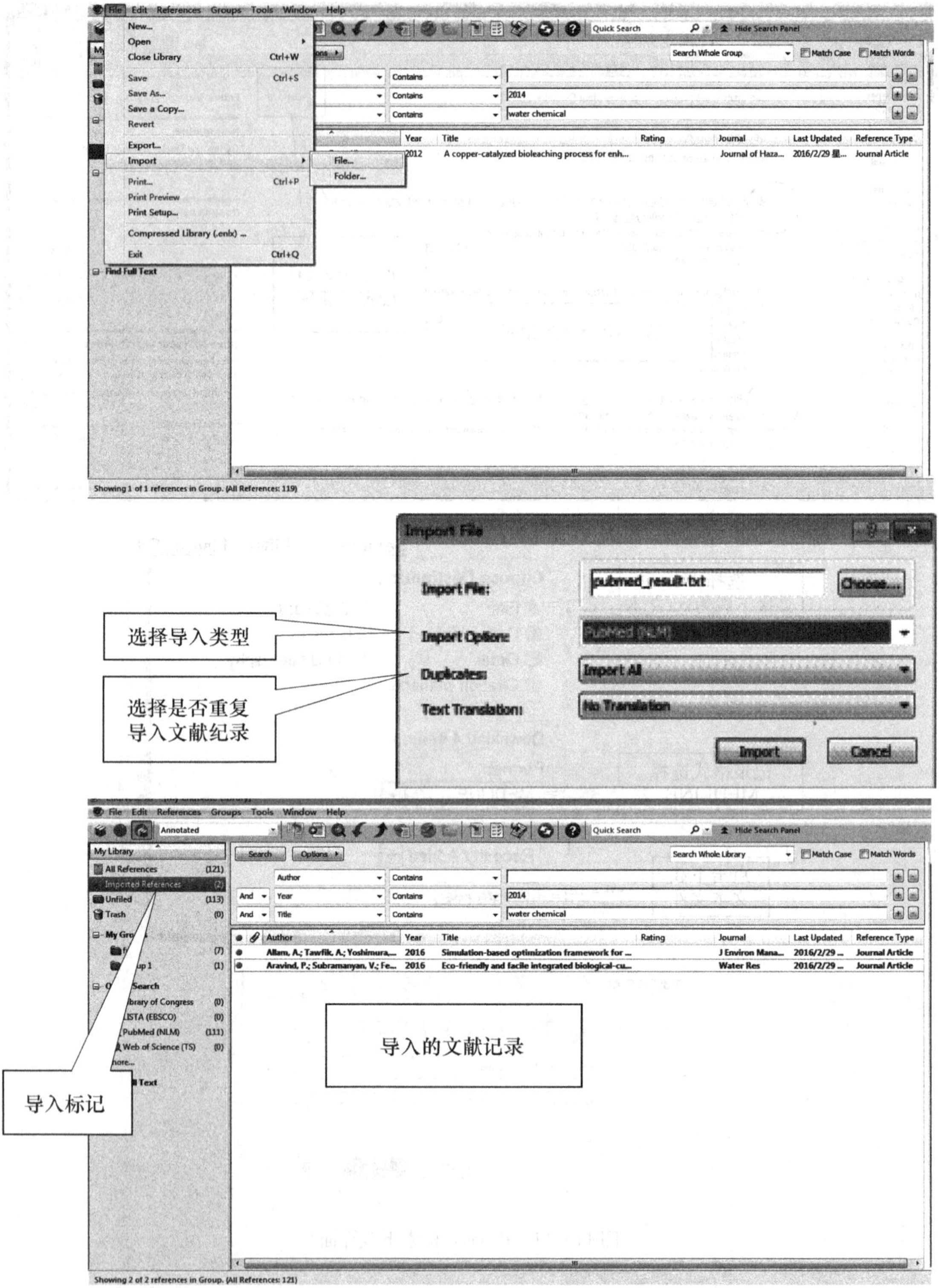

图 11－18　Pubmed 检索结果导入 Endnote

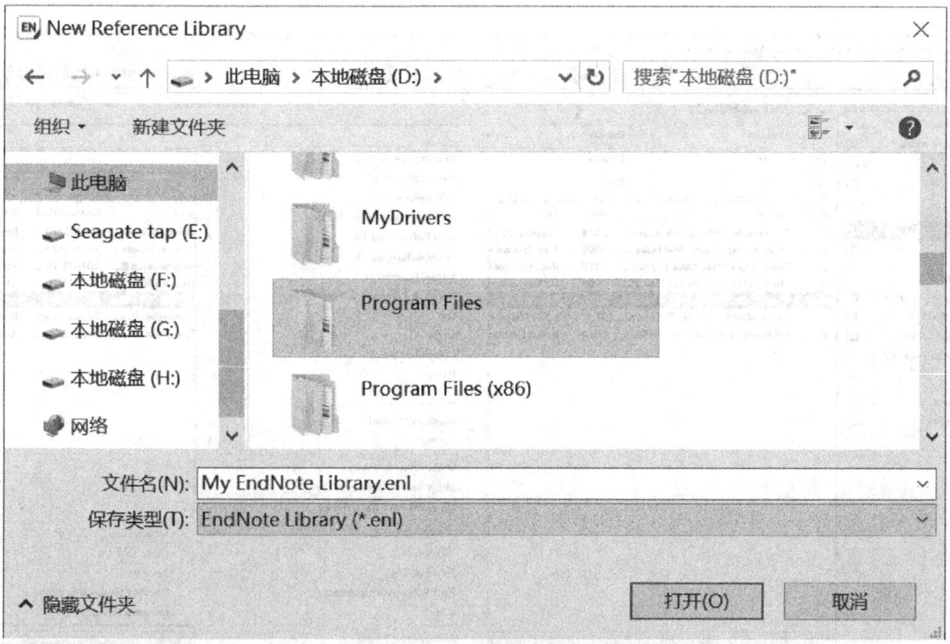

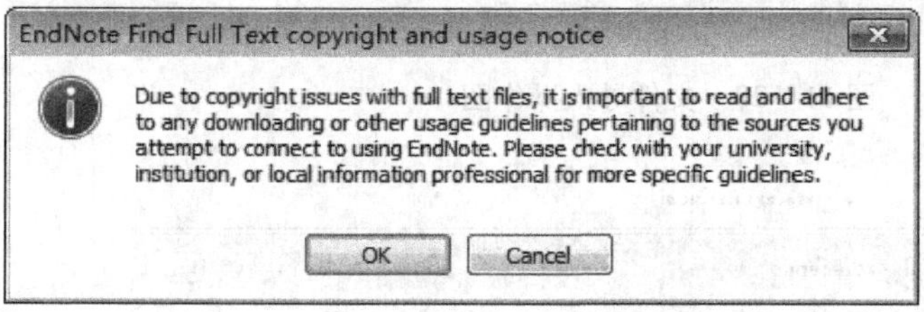

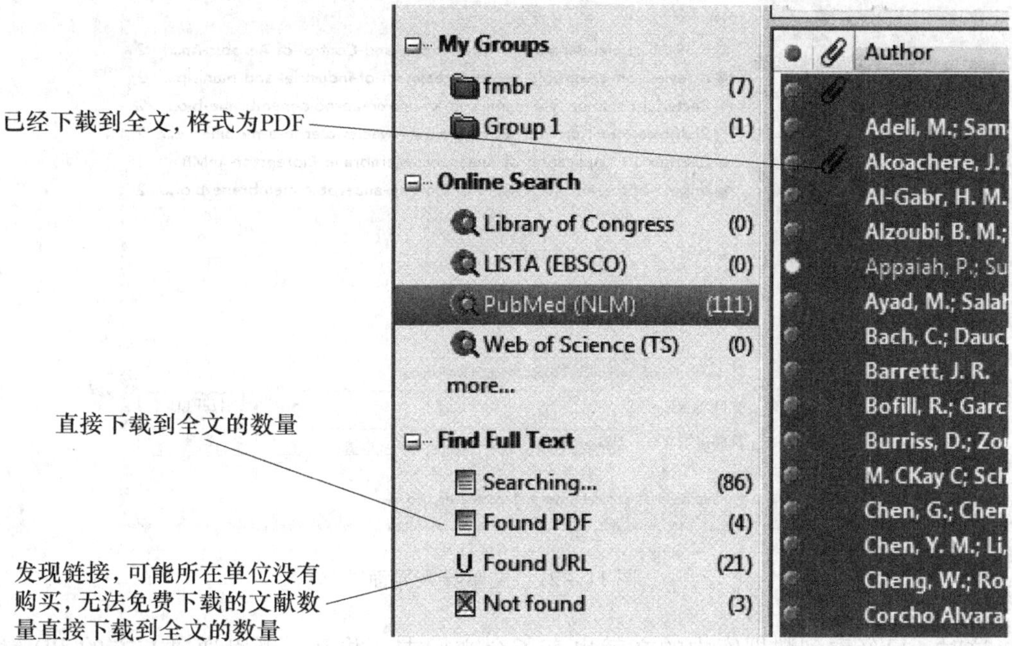

图 11－19 “Find full text” 全文下载界面

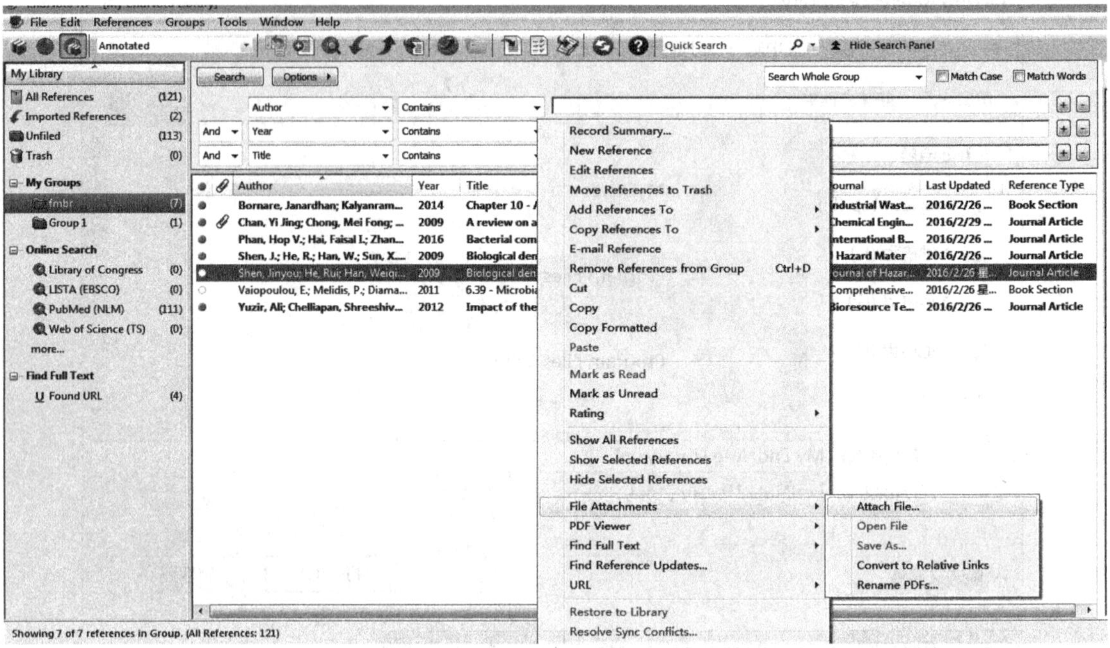

图 11－20　文件导入操作图

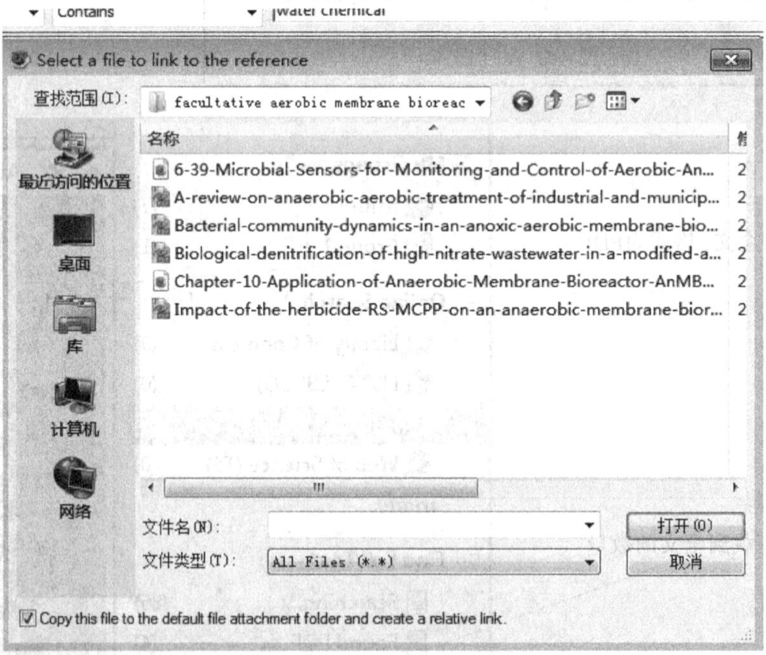

图 11－21　文献导入界面

这时，已经看到数据库中的文献也有了全文标志。并且，可以通过右方的 PDF 窗口进行全文的预览。另外，也可以直接用 open file 打开 PDF 全文，如图 11－23 所示。

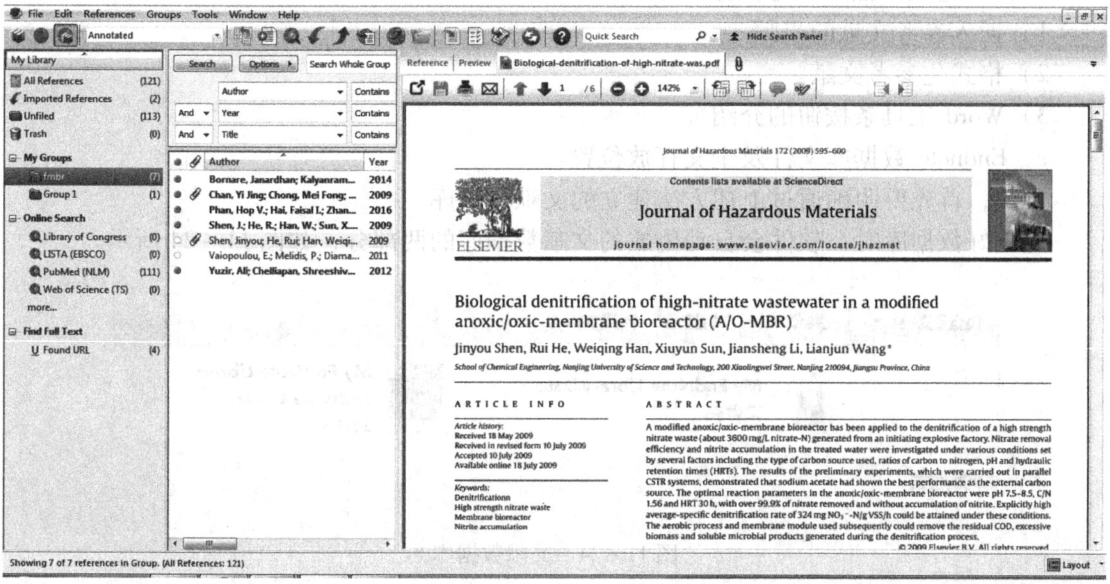

图 11－22　导入结果

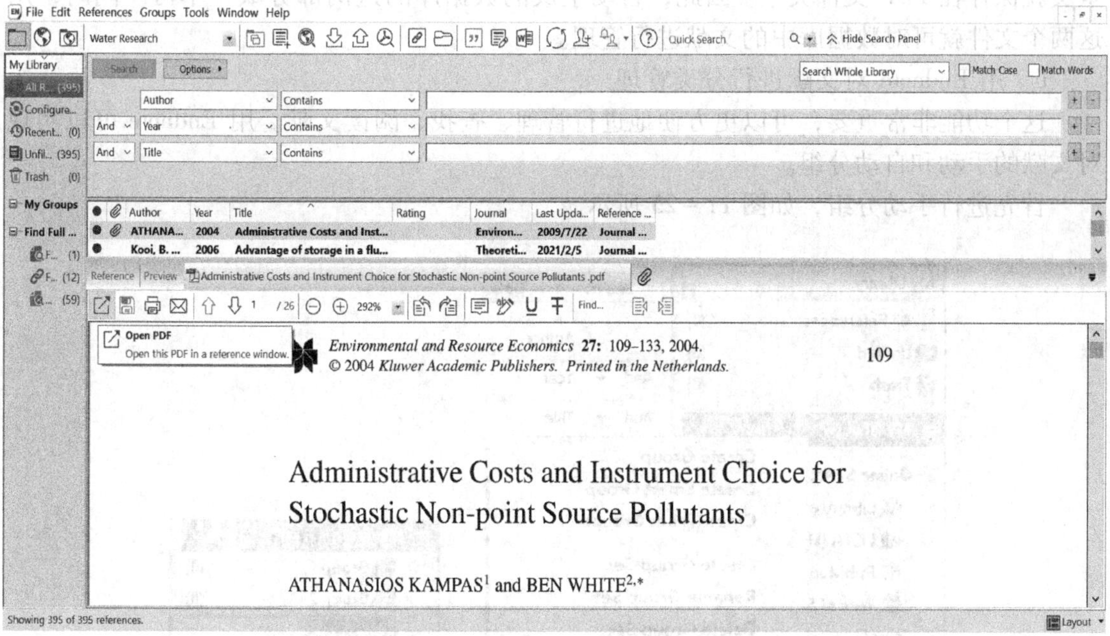

图 11－23　全文预览界面

B　Endnote 文献库的应用

（1）Endnote 数据库文件及全文存放位置。

（2）用 Endnote 对文献进行分类管理。

（3）在论文中插入参考文献。

1）插入参考文献的步骤。

2）格式化参考文献。

3）Word 工具条按钮的介绍。

a　Endnote 数据库文件及全文存放位置

在此，首先要明确通过上述方法建立的文献数据库。

建立好数据库时，软件会自动生成的文献数据库的两部分，如图 11－24 所示。

图 11－24　文献数据库

其中：后者用于保存数据库中文献的作者、年份、题目等一系列信息。而前者则是用于存放全文的文件夹，将其打开后可以看到 PDF、rdb、Trash 三个文件夹，文献的 PDF 全文就保存在 PDF 文件夹中。因此，自动生成的数据库的这两部分缺一不可。同时，用这两个文件就可对数据库中的文献进行管理。

b　用 Endnote 对文献进行分类管理

这个功能非常重要，可以更方便地进行管理、查找、阅读文献。用 Endnote 可以实现对文献的手动和自动分组。

首先进行手动分组，如图 11－25 所示。

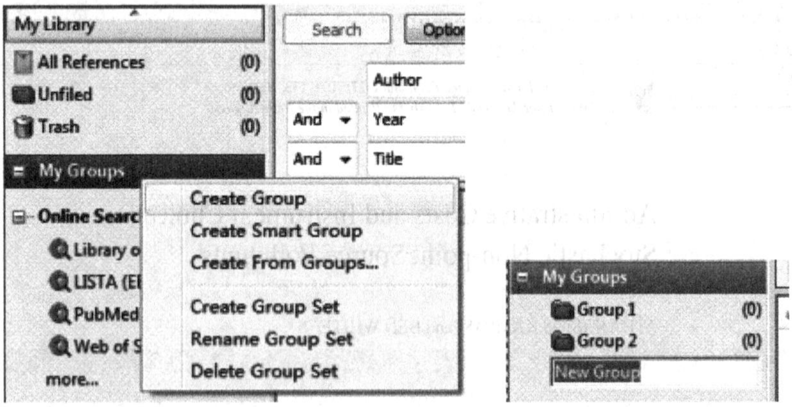

图 11－25　分组界面

右键 My Groups 可以新建一个分组，用于分类。建立组之后，将相应的文献用鼠标拖入其中即可。

接下来，用 Create Smart Group 实现对文献的自动分组。

如将上述文献库进行 2012 年、2013 年的分组（图 11－26）。

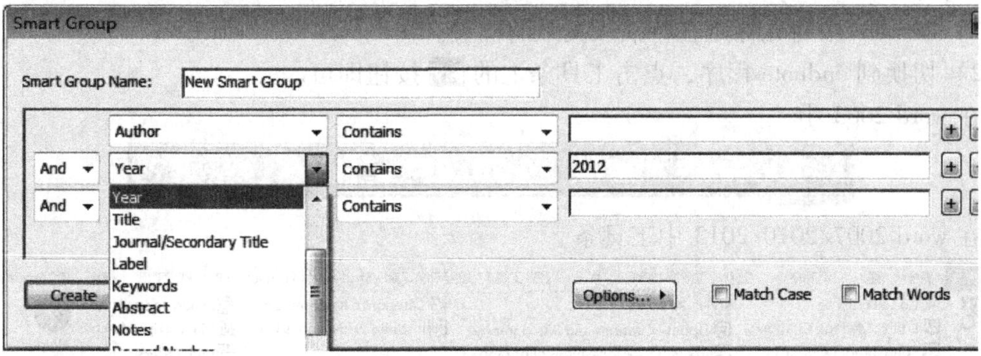

图 11－26　年份分组界面

另外，也可以将某一杂志的文章归类，如建立 PlosOne 组，即所有的文章都来源于该杂志（图 11－27）。

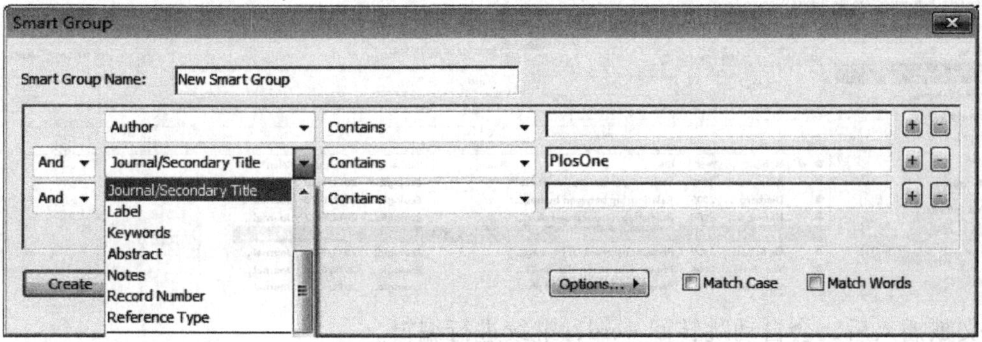

图 11－27　期刊杂志分组界面

分组结果如图 11－28 所示。

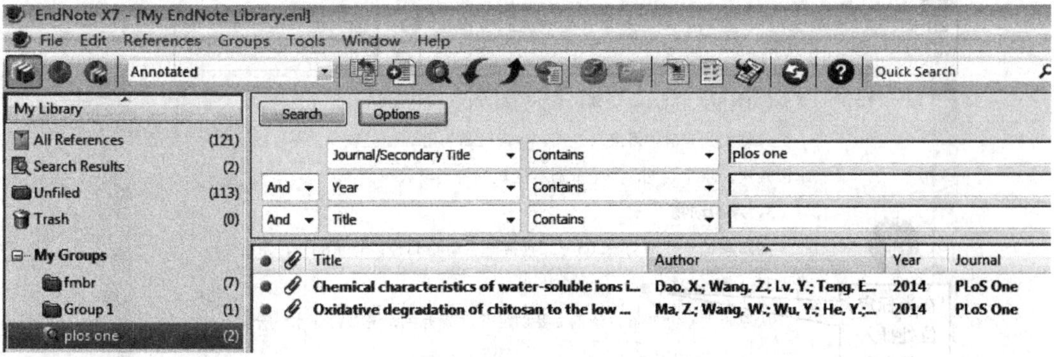

图 11－28　分组结果

c　在论文中插入参考文献

（1）插入参考文献的步骤。用 word 进行论文写作时，可随时插入参考文献。具体见如下 4 步：

1）在 word 中将光标定在待插入文献的位置。

2）切换到 endnote 程序，点击工具条上的 EN 按钮即可。

在 word 2003 中

在 word 2007/2010/2013 中工具条

3）在 endnote 程序中选择要引用的参考文献。

4）在 endnote 中点击上面的“insert citation”快捷键，即可将文献插入相应位置。如图：

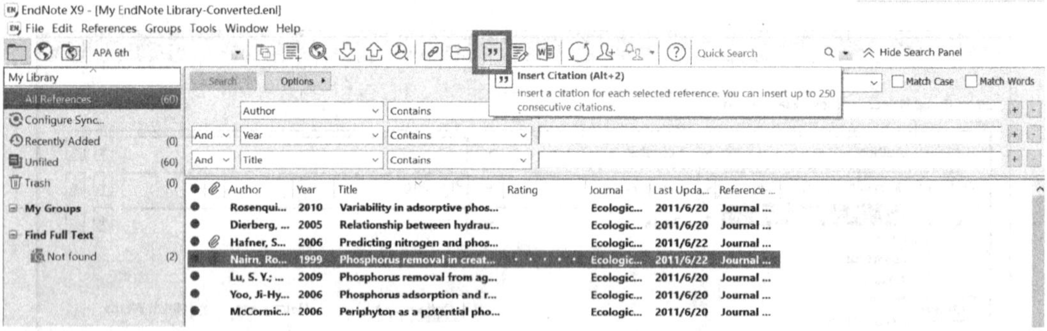

文献插入后，会自动跳转回 word，继续进行编辑。

下面为软件环境为 word 2010，用 endnote 插入参考文献的实例。

示例：软件环境为 word 2010。

1）在 word 中将光标定在待插入文献的位置。

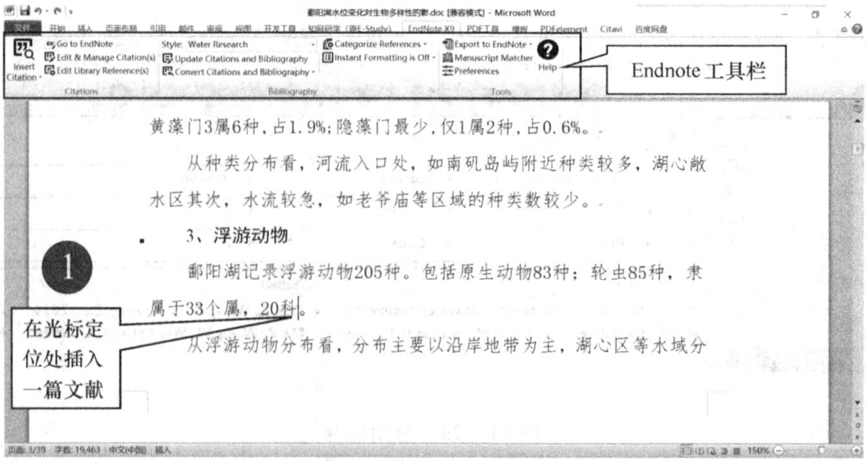

2）切换到 endnote 程序，点击工具条上的该按钮即可。

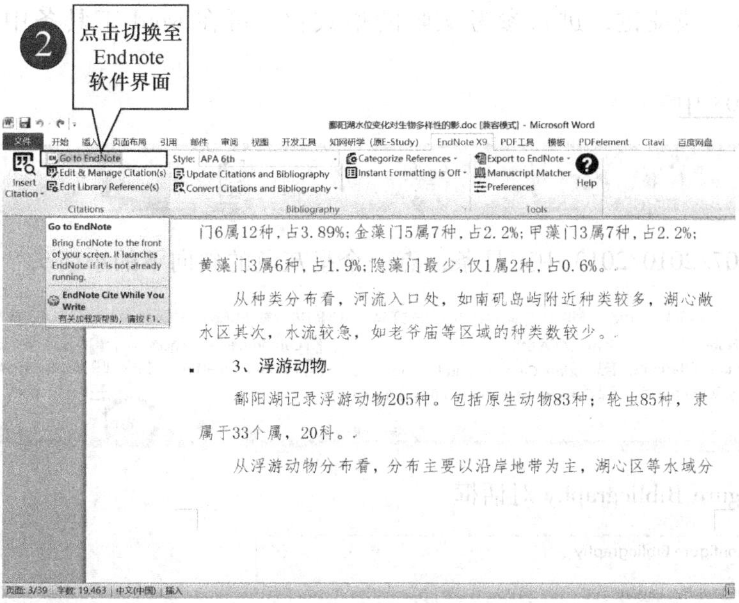

3）在 endnote 程序中选择要引用的参考文献并插入 word 文档。

4）文献插入后，会自动跳转回 word，继续进行编辑。

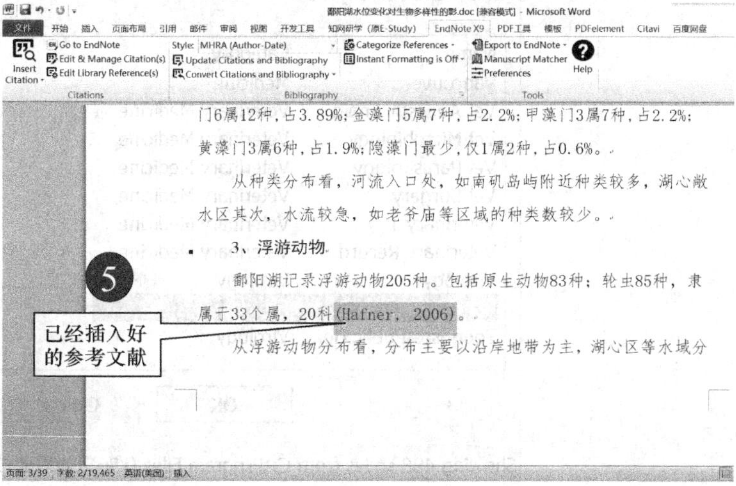

（2）格式化参考文献。插入一篇参考文献后，或待全部文献插入完毕后，点击“Format bibliography”快捷键，进行参考文献的格式化。可在 word 工具条中点击快捷按钮如下：

在 word 2003 中

在 word 2007/2010/2013 中工具条，点一个呈灰色的斜向下的小箭头

出现 Configure Bibliography 对话框

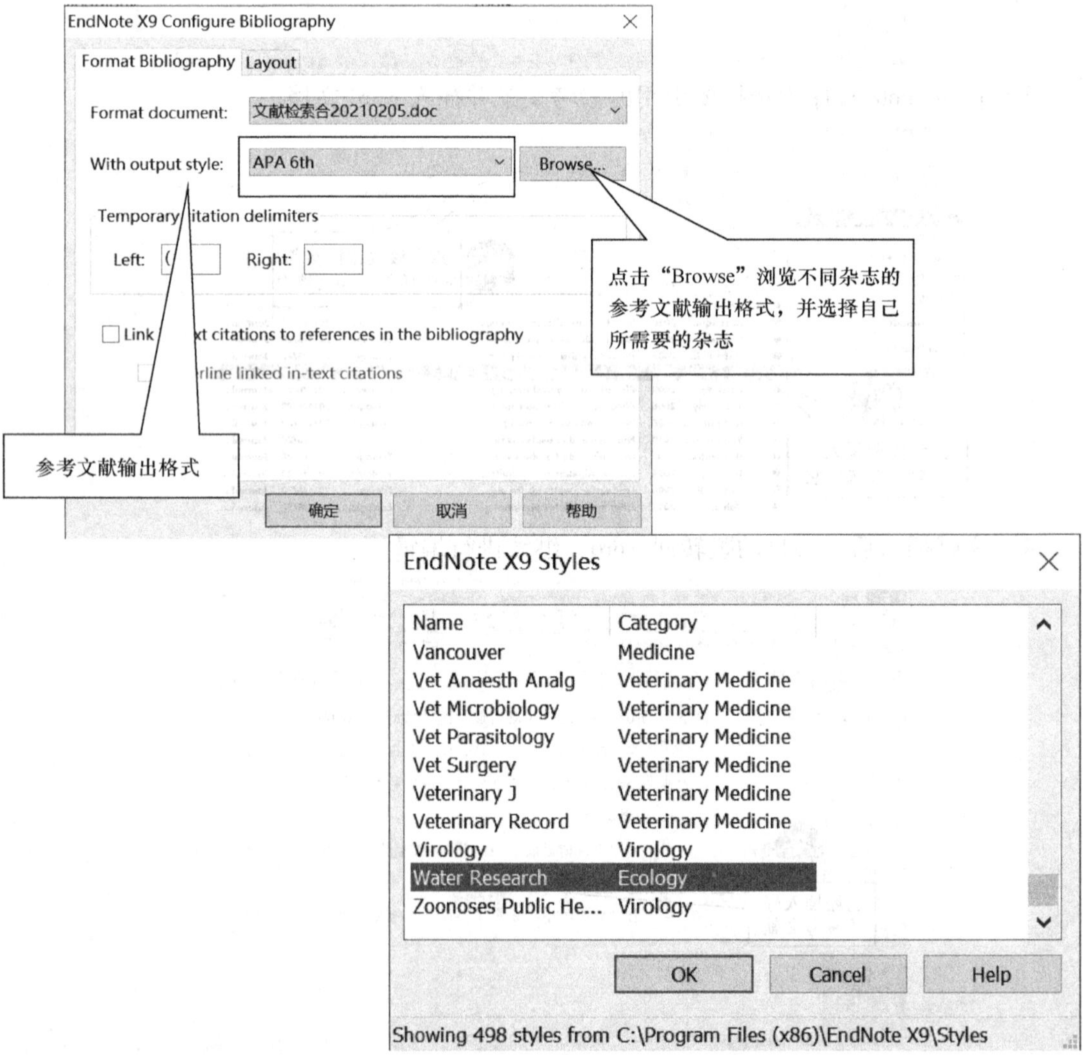

然后根据所投论文的需要，选择适合的期刊格式，如 water research，按“确定”即可进行格式化。这种格式化包括两部分，一部分是正文中的引文格式，另一部分是文章末尾的参考文献格式。

（3）Word 工具条按钮的介绍。各种快捷键的功能如下所述：

Find citation(s)　查找待引用文献。

Edit citation(s)　编辑引用。

Go to endnote　跳转到 Endnote 软件界面。

Format bibliography　格式化参考文献。

Insert selected citation(s)　插入选定的文献。

Insert note　插入标注。

Edit library reference(s)　修改参考文献。

Unformat citations　去格式化参考文献。

Remove field codes　去除 Endnote 标记。

Export traveling library　导出带有 Endnote 标记的文献并建库。

Find figure(s)　查找图片。

Generate figures list　生成图片列表。

Find citation(s)　撰稿引文时，可以通过查找的方式找到希望引用的参考文献。

Go to endnote　从 word 中跳转到 endnote；如果 endnote 没有开启，点击该按钮将开启 endnote 程序。

Format bibliography　将临时引用的参考文献格式按照选定的杂志进行编排，如果一边插入一边进行格式编排，会占用较多内存；如果不希望这样，可以点击下面的“Unformat citations”快捷键。

Insert selected citation(s)　插入选定的文献，可以是一篇，也可以是多篇。

Edit citation(s)　编辑已插入的参考文献，譬如有些文献引用不合适，或者顺序需要调整，可用该功能完成。

Insert note　在指定的位置插入输入的内容，插入位置会留下一条文献记录的标记，插入的内容会显示在后面参考文献中。

Edit library reference(s)　如果发现某条参考文献内容有错误，可以用该命令进行修改，该命令将同步更新数据库和后面引用的参考文献。

Unformat citations　不对临时插入的参考文献进行格式转换，以节约计算机资源。

Remove field codes　撰写的论文在投稿前，需要用该命令移除 endnote 标记；移除后将不能利用 endnote 对参考文献格式进行编排。

Export traveling library　如果你接收到一个带 endnote 标记的文档，可以通过该命令导出有关的参考文献信息，此时导出的信息不完整，只列举参考文献的一些必要的信息，如关键词、摘要等都没有。

Find figure(s)　查找图片。

Generate figures list 生成图片列表。

Cite while you write preferences 撰稿与引用偏好设定，可以根据自己的需要进行设定。

参考文献

[1] 徐军玲，洪江龙．科技文献检索［M］．上海：复旦大学出版社，2010.
[2] 姚钟尧．化学化工科技文献检索［M］．广州：华南理工大学出版社，2007.
[3] 王正烈．化学化工文献检索与利用［M］．北京：化学工业出版社，2004.
[4] 陈子康．化学文献检索与应用引导［M］．北京：北京师范大学出版社，2001.
[5] 王细荣，韩玲，张勤．文献信息检索与论文写作［M］．上海：上海交通大学出版社，2013.
[6] 童国伦，程丽华，张楷焄．EndNote & Word 文献管理与论文写作［M］．北京：化学工业出版社，2014.
[7]［美］D·罗德里格斯，R·罗德里格斯．姜婷婷，马宇宇，译．怎样利用 Internet 写论文［M］．沈阳：辽宁科学技术出版社，2014.
[8] http：//www. medsci. cn/sci/.
[9] http：//cpquery. sipo. gov. cn/.
[10] http：//www. docin. com/p－366345769. html/.
[11] http：//ztflh. xhma. com/.
[12] http：//www. nlc. gov. cn/.
[13] http：//www. csdl. ac. cn/.

冶金工业出版社部分图书推荐

书　名	作　者	定价(元)
稀土冶金学	廖春发	35.00
计算机在现代化工中的应用	李立清　等	29.00
化工原理简明教程	张廷安	68.00
传递现象相似原理及其应用	冯权莉　等	49.00
化工原理实验	辛志玲　等	33.00
化工原理课程设计（上册）	朱　晟　等	45.00
化工设计课程设计	郭文瑶　等	39.00
化工原理课程设计（下册）	朱　晟　等	45.00
水处理系统运行与控制综合训练指导	赵晓丹　等	35.00
化工安全与实践	李立清　等	36.00
现代表面镀覆科学与技术基础	孟　昭　等	60.00
耐火材料学（第2版）	李　楠　等	65.00
耐火材料与燃料燃烧（第2版）	陈　敏　等	49.00
生物技术制药实验指南	董　彬	28.00
涂装车间课程设计教程	曹献龙	49.00
湿法冶金——浸出技术（高职高专）	刘洪萍　等	18.00
冶金概论	宫　娜	59.00
烧结生产与操作	刘燕霞　等	48.00
钢铁厂实用安全技术	吕国成　等	43.00
金属材料生产技术	刘玉英　等	33.00
炉外精炼技术	张志超	56.00
炉外精炼技术（第2版）	张士宪　等	56.00
湿法冶金设备	黄　卉　等	31.00
炼钢设备维护（第2版）	时彦林	39.00
镍及镍铁冶炼	张凤霞　等	38.00
炼钢生产技术	韩立浩　等	42.00
炼钢生产技术	李秀娟	49.00
电弧炉炼钢技术	杨桂生　等	39.00
矿热炉控制与操作（第2版）	石　富　等	39.00
有色冶金技术专业技能考核标准与题库	贾菁华	20.00
富钛料制备及加工	李永佳　等	29.00
钛生产及成型工艺	黄　卉　等	38.00
制药工艺学	王　菲　等	39.00